JN171468

# 探査ジャーナリズム／調査報道

## アジアで台頭する非営利ニュース組織

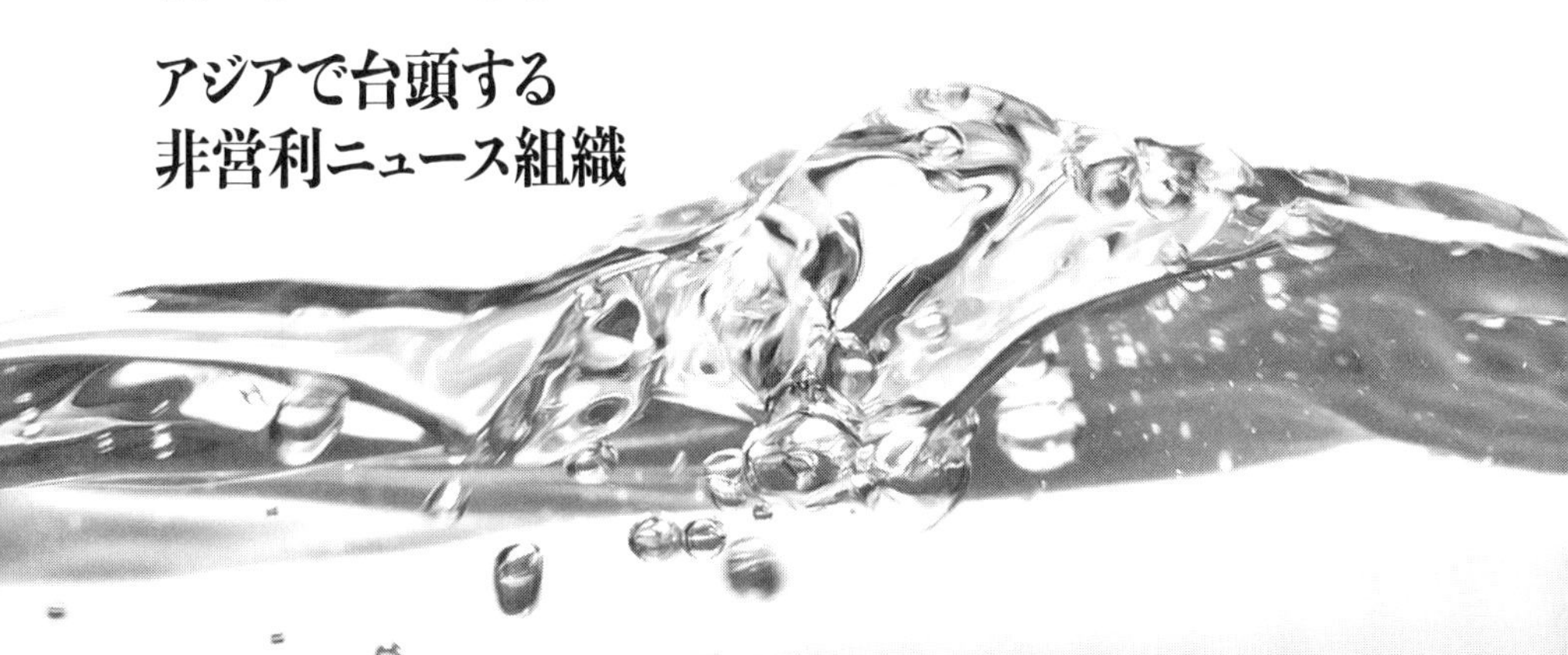

編著
花田達朗
スティーブン・バトラー
渡辺周
木村英昭
ワセダクロニクル

彩流社

もくじ◉探査ジャーナリズム／調査報道——アジアで台頭する非営利ニュース組織

## 第II部　アジア地域における探査ジャーナリズム／調査報道

## まえがき◉突破口としての探査ジャーナリズム

花田達朗

### 1．アジアで探索ジャーナリズムに何が起こっているのか――本書の狙いと構成

探査ジャーナリズムという言葉で語られるジャーナリズムとはどのような形のものであろうか。それは、20世紀のジャーナリズムの停滞を脱して、21世紀の新しい「権力監視ジャーナリズム」を作り出そうとする自己革新（イノベーション）の運動であり、その特色はジャーナリズムの主体であり、当事者である「個」としてのジャーナリストによる運動（ムーブメント）であること、つまりメディア組織や企業や業界のやっている運動ではないということ、そしてそれがグローバルに展開されていることである。この運動には「中心（センター）」というものがない。ジャーナリストによって運動が立ち上げられたそれぞれの「場所（ローカル）」が運動の中心なのである。

確かに運動の規模という点では米国の存在は大きい。米国では20世紀の終わりころから探査ジャーナリズムの運動が起こるが、拍車がかかるのは10年前の２００８年のリーマンショックからである。深刻な金融不況の中で

広告主が新聞や放送から広告費を引き揚げたため、メディアの経営が悪化し、多くの記者がリストラされた。また、お金と時間のかかる探査ジャーナリズムは敬遠されるようになった。そこで、自分たちのやりたいことを求めてマスメディアを去ったジャーナリストたちは非営利のニュース組織を立ち上げ、ネットで発信を開始した。米国の彼ら・彼女らにとって幸いだったのは、米国にはそのような非営利ニュース組織に助成金を出す大型の財団がいくつもあり、資金を提供する富豪が何人もいたということである。２００７年開始の「プロパブリカ」はこの条件のもとで可能となった成功事例である。もちろん、非営利の原則を掲げてこの運動をリードしてきたチャールズ・ルイス氏の個人としての功績は大きい。彼は１９８９年に「公共の高潔さのためのセンター」を立ち上げ、さらにそこから、のちに「パナマ文書」報道で有名になる「国際探査ジャーナリスト連合」（ＩＣＩＪ）を１９９７年に立ち上げた。彼はＣＢＳのドキュメンタリー番組 60Minutes のプロデューサーだったが、そこに見切りをつけて辞めて、この運動に身を投じた。

しかし、米国がこの運動の中心というわけではない。この分野でアジアの先駆けは、１９８９年にフィリピンに設立された「フィリピン探査ジャーナリズムセンター」（ＰＣＩＪ）である。これは英語で発信しているので、欧米の運動からも認知され、高く評価された。

そして、２０１０年代になって東アジアの各国で、気づかれることなく、小さな新しい動きが始まった。今、それらははっきりと見える形になって、相互につながりのあることとして私たちに認識されるようになった。２０１２年、韓国で「ニュース打破（タパ）」が労働組合の会議室に間借りしてひっそりと発足した。２０１５年、台湾で「報導者」が登場した。２０１７年、日本で「ワセダクロニクル」が創刊された。それらは探査ジャーナリズム活動をミッションとし、ネットで発信する非営利のニュース組織である。それらにはさらにある共通性がある。

それぞれの国の言葉で発信しており、英語サイトはあっても補完的なものであること、財源では外国の財団や基金に依存せず、それぞれの国内で調達していること、である。その「国内立地」はそれらの成立が強く国内事情に規定されたものだということを物語っている。それらのニュース組織は米国の動向とはまったく無縁のところで誕生している。「プロパブリカ」の成功に刺激を受けたわけではない。

　東アジアの各国で、こうした一見共通性を持っているように見える探査ジャーナリズムのニュース組織が誕生したのはなぜなのだろうか、何が起こっているのだろうか、何を目指しているのだろうか。本書はこうした問いへの考察を対象としている。

　本書の狙いは「状況への介入（インターベンション）」である。ここで状況とは、ジャーナリズムとメディアを含む社会的状況である。介入とは、状況を傍観するのではなく、また非難するのでもなく、状況へ関与し、状況のなかに入って状況を理解し、状況のなかから一緒になって状況を変えていこうとすることである。そして、その帰結に対して責任を取ることである。

　本書ではその「状況への介入」は2通りのやり方で行われる。第Ⅰ部「アジアで探査ジャーナリズムの台頭が意味するもの——背景・現状・展望」は論文編であり、論文を書くという認識手段を用いて状況を観察し理解し説明し解釈し、展望（パースペクティブ）を示すこと、それによって状況に介入する。6本の論文で構成されている。鄭寿泳、林怡蕿、木村英昭、田中裕の各氏のものは本書のための書き下ろし論文である。マーティン・ファクラー氏のものは既発表英語論文を本書のために翻訳したものであり、花田のものは既発表論文の再録である。

　鄭論文は「ニュース打破」を、林論文は「報導者」を、木村論文は「ワセダクロニクル」を対象にしつつ、それぞれのニュース組織の設立の背景にあるものを明らかにし、それぞれの現状と課題を分析している。そこで明らかになるのは、前述のような共通性の向こう側にいかに大きな差異があるかということであり、それぞれがどのような特有の条件と経緯のなかで誕生し、いかに現在を生き抜いているかということである。それはそれぞれの国の固有の歴史や政治および社会やメディアの状況を、そしてとりわけ市民社会のあり様と動態の違いを強く反映したものとなっている。それを通じて、まさに運動における「場所」という問題が浮かび上がってくる。

普遍的理念や原理はそれだけでは抽象的な観念でしかなく、現実に対して何らの意味を持たない。それらは固有の「場所」を得て、そこで解凍されて、作動し駆動し始めて、はじめて意味を持つのである。逆の方向から言う方がより現実的であろう。状況のなかから固有の「場所」が当事者たちによって創り出されたときに、そこから手が伸びて普遍的理念や原理をつかみ取ってくるのである。そして、それらに自分の解釈を加えて、それらを自分のものにしていくのである。

ファクラー論文は、そのなかで特に日本における「ワセダクロニクル」の成立の背景を解明したものとして重要である。２０１４年9月11日の朝日新聞の原発「吉田調書」記事取り消し事件をこれだけ詳細に描写し分析した英語文献はほかにない。ここで翻訳して掲載するに値する。同氏は母国語の英語のほかに日本語、中国語、ハングルを操り、東アジア状況の外からの参与観察者として大変貴重な存在である。

花田論文は探査ジャーナリズムの現状と展望を「ジャーナリズムの居場所」の転位という視点から総論的に捉え、鳥瞰図を与えるだろう。田中論文は哲学者アンリ・ルフェーブルの「空間の生産」という概念を援用して、ジャーナリズムと社会運動の関係を分析し、そこでの探査ジャーナリズムの意味について論じている。

次に、二つ目の介入とは、国際会議の開催をテコにして状況を変えていこうという、「状況への介入」の仕方である。本書第Ⅱ部「アジア地域における探査ジャーナリズム／調査報道」はその意図で行われた国際シンポジウムを記録したものである。それは単に過去の記録を残すということではなく、今の状況を作り変えていくアクチュアルな力を持った内容である。その国際会議はどのようにして開催されたのか、それをこのあと見ていこう。

## 2．なぜ国際会議の開催か——世界から注視された日本の「言論・表現の自由」状況

２０１７年６月４日、早稲田大学総合学術センター・国際会議場井深ホールで国際シンポジウム「アジア地域における調査報道ジャーナリズム——その可能性と展望」が開催された。早稲田大学ジャーナリズム研究所・ワセダクロニクルと米国のジャーナリスト保護委員会（ＣＰＪ）が共同主催し、早稲田大学総合研究機構が後援し、世界探査ジャーナリズムネットワーク（ＧＩＪＮ）の協力で行われた。

その会議はどのような状況のなかで、どのような理由から開催されたのであろうか。今思い返せば、会議開催の前年、２０１６年という年は日本のジャーナリズムにとってはいつもとは何か違う年であった。その年の意味は記憶されるべきではないかと思われる。どういう点からであろうか。それは、鎖国状態のように、ガラパゴスのように、閉じた世界を作ってきた日本のメディアおよびジャーナリズムの世界が外から抉じ開けられるかのように覗き込まれ、見られ、その異様さが注目されたということ、そういう希有な事態が起こった年だったということである。その日本の状況が世界の関心の埒外ではないということ、日本の国内問題として自己充足していることはもはや許されないということ、国際社会は日本の状況を無関心に放置してはおかないということ、そのことが示された年であった。

２０１６年４月４日、国際探査ジャーナリスト連合（ＩＣＩＪ）がいわゆる「パナマ文書」報道を解禁して、

世界中のメディアが一斉に報道を始めていたただなかで、11日に国連人権理事会「表現の自由」特別報告者のデービット・ケイ氏が日本調査のために成田空港に到着した。もともとは前年12月に予定されていた訪日日程が日本政府によってドタキャンされて、先送りとなっていた。その訪日が遅れて実現したとき、世界は「パナマ文書」報道で沸いていたのである。

ケイ氏は精力的にインタビュー調査を行い、離日前の19日に暫定的調査結果を公表し、記者会見を行った。同氏は特定秘密保護法、高市総務大臣発言（総務大臣は、放送局が政治的公平性を欠くと判断した場合に放送法第4条への違反を理由として電波停止を命じる可能性があるという、２０１６年2月の発言）などの政府によるメディアへの圧力、記者クラブ制度などの問題点を指摘し、報道の独立性が重大な脅威に晒されていると警告した。その翌20日、国際ＮＧＯ「国境なき記者団」（ＲＳＦ）は２０１６年の世界各国の報道の自由度ランキング（インデックス）を発表し、日本を72位に位置付けた。前年の61位からさらに後退し、ＯＥＣＤ諸国のなかで最下位となった。

それら二つを報道する日本の既成メディア「マスコミ」の姿勢は、「我が事」というよりもどこか他人事であった。あたかも政府だけに問題があるかのような姿勢がその報道には見られた。報道の自由度インデックスとは政府の透明性（情報公開など）を表しており、それは政府とメディアの関係性を表現している。政府の姿勢だけの問題なのではなく、もしもメディアの権力監視が機能しているならば、結果的に政府の透明性は向上してくる。日本が72位ということは、日本政府が報道の自由をあまり尊重せず、政府の透明性が低いということを言っているばかりではなく、日本のメディアの報道、その権力監視の能力が低く、世界で72位だということを言っているのに等しい。日本の「マスコミ」には後者への自覚と反省はほとんど見られなかった。自分のことが言われていると は受け止めていないのである。したがって、この二つ、つまりケイ氏の日本調査と報道の自由度インデックスについての報道の量は一定程度はあったけれども、メディアおよびそこで仕事をする人々は「我が事」としてみずからの現実に向き合うことはせず、それらの報道にも関わらず現実は何も変わらなかった。通過列車のように過ぎていっただけだった。

しかし、日本のメディアの独立性に大きな疑問があり、奇妙な「言論表現の自由」状況だということ、そして「自主規制」や「忖度」のもとで日本のジャーナリストは闘っていないということが世界に知られてしまっているということ、これは否定しようのもない事実である。今日では人権や自由ということについて日本という国はちょっと変わっているのではないか、異質なのではないかという見方が世界のなかで広がっていると言ってよい。私たちはそのことから出発しなければならない。

そして、世界の方は私たちの状況を放ってはおかなかった。無関心ではいなかった。その年の6月、私はCPJの専務理事、ジョエル・サイモン氏に東京で会った。ケイ氏からの紹介だった。ケイ氏とは彼の訪日中に2度会って、様々な話をした。サイモン氏はそのことをケイ氏から聞いていた。サイモン氏と話し合って出した結論は、東京で探査ジャーナリズムの国際会議を開催することだった。私も彼も何かをしなければならないと考えた。なぜそれが国際会議だったのか。どのような国際会議だったのか。その会議が本書第Ⅱ部に記録されることになったシンポジウムである。

## 3．シンポのコンセプト——日本のポジティブな潜在的力から出発する

その国際会議をどのようなコンセプトで開催するのか。準備段階で私が確認したことは次の点だった。トラン

プ政権下で大きなプレッシャーを受けている米国のジャーナリストが出席して、日本のジャーナリストと交流すること、日本のメディア批判という従来の切り口ではなく、日本のジャーナリズムのポジティブな実績と可能性を確認しつつ、将来を切り拓く展望につなげること、アジア各国の探査ジャーナリズムのニュース組織を招待して、意見を交換し、経験を共有し、連携する関係を作り出すこと、この3点であった。

２０１６年7月、私はＣＰＪのアジア・プログラム・コーディネーターのスティーブン・バトラー氏と東京で初めて会い、その後9月にも会って、彼と会議の内容と編成、そして登壇者の人選を話し合い、徐々に詰めていくことになる。彼は常にアジア地域のなかを移動しており、忙しそうだった。先週ニューヨークだと思えば、今週はインドとパキスタンという具合だ。そのような彼と頻繁にメールをやり取りしながら、進めていった。

結果的に、シンポは2部構成となり、第1部では「日本における調査報道ジャーナリズムの経験」として、日本におけるポジティブな実績を確認するとともに問題点や課題を洗い出すことにした。朝日新聞、ＮＨＫ、アジアプレスにおける報道実績とやり方を紹介しつつ、そこでの課題を話し合うこととし、同時に日本の報道の客観的な観察者であるマーティン・ファクラー氏にも登壇してもらうことにした。第2部では「アジアにおける調査報道ジャーナリズムを支える新モデル」として、4カ国のニュース組織が一堂に会し、それぞれのモデルややり方について意見交換し、将来の連携を探ることにした。どちらの部でも日本のジャーナリズムに元気の出る話にしたいと考えた。追い込まれたら、跳ね返さなければならない。

そこで、日本におけるポジティブな実績と可能性とは何なのか。一つは新聞やテレビなど既成メディアのなかにおけるウォッチドッグ（権力監視）のポテンシャルである。それは高いとも言えるだろうし、低いとも言える。それは、作品の量と質、そして社会的効果（報道の結果、社会をどれだけ変えることができたか）によって測られはずだ。既成メディアは潤沢な資源（ヒトとカネと時間）を持っている。そこから優れた作品が生まれているのは事実だ。そこに希望を見い出すこともできるだろう。問題はそれらの優れた作品が、仕事が、既成メディアにおいて通常のことなのか、例外的なものなのか、ということである。

他方、そのような既成メディアから独立して、その外側で活動するインディペンデント・ジャーナリスト（フリーランスの概念よりも限定され、強い）の存在があり、そこにポジティブな実績と可能性を見ることができる。圧倒的に既成メディアによって占められている日本の情報空間のなかで、インディペンデントであることは発表媒体的にも経済的にも困難さがあるが、強い信念と創意で既成メディアとは「違ったもの」を提出してきたジャーナリストの存在を忘れてはならない。その少数者たちの努力から今後の探査ジャーナリズムの運動は多くを学ぶことができるだろう。

さて、この早稲田大学でのシンポジウムはその2日前の2017年6月2日に上智大学で開催されたシンポジウム「報道の自由とジャーナリストの保護」とペアの関係にあって、どちらにもCPJが関わっていた。さらに国連人権理事会に日本の「言論表現の自由」について最終報告を提出したばかりのケイ氏が、そのシンポの前に記者会見を行った。私もその場にいた。その記者会見を日本の「マスコミ」は〈日本政府対デービッド・ケイ〉という構図で描こうとし、また実際にそうしたのだが、実は、私の見るところ問題はそこにはなかった。ケイ氏やCPJが関心を払い、かつ憂慮したのは日本のジャーナリストの現状であったと私は思う。言論表現の自由やメディアの独立のために闘おうとする実践に乏しい、それが可視化されていない、「見えない」ということなのである。日本の「マスコミ」は、〈日本政府対デービッド・ケイ〉の構図だけをことさら強調することによって、自分たち自身の独立性がケイ氏から問われているということ、自分たち自身も、すなわちメディアもジャーナリストも勧告を受けている対象者であるということを覆い隠したのである。これでは、ジャーナリズムという「イズム」の担い手は一体どこにいるのだ、当事者はどこだということになる。これはひょっとしたら世界に例を見ない特殊な国なのではないのか。国際的な尺度の通用しない国なのではないか。つまりガラパゴス的発展をしてきたメディア状況なのではないか、ということだ。

ＣＰＪは地球上で言論の弾圧やジャーナリストの殺害・拘禁が行われる国々や地域のジャーナリストを擁護する仕事をしてきた。以前であれば、日本はＣＰＪが関心を払うような国ではなかっただろう。しかし、ＣＰＪはケイ氏の調査を切っ掛けにして気が付いたのであろう。日本もまた、形は違っていても、自由なプレスが脅威に晒され、ジャーナリストが奇妙な困難に立たされている国であると。そして、ＣＰＪが関心を払うべき場所だということを。また、日本における権力監視の機能不全はアジア全体に関わる問題として重要だということを。

## 4.「マスコミ」とは別の土俵を作る――「マスコミ」とのコラボレーションは幻想

こうして本書収録の国際シンポは成立した。その成果は本書をご覧いただきたい。ここで要約を試みる必要はないだろう。その国際シンポの後も状況は刻々と動き、変化し、私たちはそのなかでその都度の判断を下しながら、前に進んできた。その際、このシンポの成果が活かされてきたことは言うまでもない。国際シンポから1年以上が経とうとする今、私たちはどういうところに立っているだろうか。そのことを少し述べておきたい。

米国、韓国、フィリピン、台湾、日本のジャーナリストたちが参加した国際シンポが終わってみて、私がつくづく感じたことは、ジャーナリストとして、あるいは探査ジャーナリストとしてある意味で共通の目標のために、つまり権力の監視という目標のために活動していながらも、そのやり方、考え方、闘い方は多様であって、かなり違っているということであった。それはそれぞれが闘っている現場の条件、端的に言えば、「国情」が違うということである。まずもって、闘っている相手が同じく政府であっても、日本の政府と米国の政府では違う。競争している相手が同じく既成メディアであっても、日本の「マスコミ」と米国のメインストリーム・メディアでは違う。そのことは、日本と韓国の間でも、日本と台湾の間でも同じことだ。相手の違いということから必然的に戦略も違ってこなければならないというのが私が得た教訓であった。

米国では、シンポに参加したAP通信のジャーナリストが述べていたように既成のメインストリーム・メディアと新しい探査ジャーナリズムのメディアは比較的良好な競争関係にあり、両者の補完関係なり、コラボレションが可能となる条件がありうるようである。私もかつては、そのような米国のあり方やドイツの非営利ニュース組織「コレクティブ」のやり方を観察して、日本でも探査ニュース組織にとって既成メディアとのコラボレーションが必須の課題であると考えた。そして、それを目指して準備に入ったこともあった。日本では、その相手は「マスコミ」ということになる。具体的には全国紙や地方紙、NHKや民放ということだ。シンポの第1部で提示されたように、日本にも「調査報道」の優れた業績が「マスコミ」にはある。しかし、よく聞いていればわかるように、残念ながら、それは決して主流なのでなく、周縁に置かれた少数派の優れた仕事なのである。前衛とは常に少数派であり、日本ではそれが組織の中枢を握り、大勢を動かしていくことにはならない。前衛はやがて牙を抜かれていく。したがって、それが「マスコミ」の価値や文化を変えていくこともない。

私がいろいろ手探りしてわかったこと、掴んだことは、日本の「マスコミ」とコラボレーションを目指すことには当面ほとんど可能性はないということである。私は何もしないでそういう結論に至ったわけではない。わずかの希望にかけても、そこに期待をしても、結局それらの工作活動は水泡に帰してしまったという複数の苦い経験から得られた、私の知見である。ここは米国でもドイツでもないということ、条件がぜんぜん違うということ、したがってほかの国でうまくいっているモデルを日本に持ってこようとしても無理だということ（不覚にも、以前はそれができると私は考えた）、その単純な事実から出発するほかないのだ。甘い幻想（イリュージョン）から出発することはもうやめて、冷厳な現実から出発しなければならないと悟った。幻想に決別しなければ、次のことは始まらない。ここで「幻想」と言っているのは、言い換えれば、「思い込み」である。それには往々にして「思い入れ」が付随する。「思い込み」と「思い入れ」、この両方の言葉にはしばしば「勝手な」という形容詞がセットで付く。したがって、自分の責任なのであって、自分で目覚めるしかないのだ。つまり、状況を定義しつつ、一つ一つに判断を下し、決着を付けていかなければ、前には進めないということ。後戻りすることなく、前に進もうというのであれば、そうするしかないということである。

ワセダクロニクルは早稲田大学ジャーナリズム研究所のプロジェクトであることを1年間で卒業して、今年の2月、非営利活動法人として独立した。その際、ワセダクロニクルはメディアを名乗ることはせず、「ジャーナリズムNGO」を名乗った。すなわち、既成メディアとは別の土俵を築いて、そこでやっていくことにしたのである。はっきり言えば、それは既成メディアのみならず、もう米国のプロパブリカやドイツのコレクティブとさえ違う範疇のものだと言ってもいいかもしれない。したがって、ワセダクロニクルはもはや日本の「マスコミ」とは競争もしないし、補完関係に立つこともないだろう。そういう独自の立ち方をする地点にまでに到達したということが、あの国際シンポのあとから描いてきた航跡の一つなのであり、私たちが状況から学んだ結果なのである。

## 5．アジアの非営利ニュース組織が一堂に会して――グローバルな土俵で勝負する

では、これからどうするのか。それは国際シンポジでの討論「アジアにおける調査報道ジャーナリズムを支える新モデル」にヒントがある。その時期、そこで、アジアの4カ国の探査ジャーナリズムのニュース組織が一堂に会したことは画期的なことだった。それこそがこのイベントの最大の意義であったと言えよう。それぞれに異なる条件のもとで、またそれぞれに異なる理由から立ち上がったニュース組織は探査ジャーナリズムという共通の価値を追求している。その活動はグローバルに広がるムーブメントの一角であり、アジア地域におけるローカルな実践なのである。それぞれの活動のローカルな文脈に違いはあっても、探査ジャーナリストにとって国境はないことがごく当たり前のように確認された。そこには、気持ちが良いほどに自然に成り立つジャーナリスト同士の連帯感が感じられた。日本の国内ではほとんど見られない経験と実感だったと言ってよい。

準備段階で、どこのニュース組織を呼ぶのかを話し合った。その結果、バトラー氏は韓国の「ニュース打破(タパ)」とフィリピンの「ラプラ（Rappler）」の名を挙げ、私は台湾の「報導者」を挙げた。それぞれをCPJとジャーナリズム研究所の費用で招待することになった。そこに、日本の「ワセダクロニクル」が加わって四つとなった。ワセダクロニクルはその年に発信を開始したばかりで、最も若い組織であるが、ほかの組織も歴史は浅く、いずれも2010年代に入って設立されたものである。この社会と世界を変えるために新しいジャーナリズムの形を求め、それを探査ジャーナリズムの方法で実現しようと考え、その実現を新しいテクノロジー、インターネット、ソーシャルメディア、デザインの活用で進めようとしてきた。そのどの国でも既成メディアは高度に発達し、大きな産業として成立している。その結果、必然的に権力機構や経済市場に深く食い込み、同時にそれらのなかに

深く取り込まれている。そのためジャーナリズムの権力監視機能を果たせなくなっている。そのような状況下で、新しいニュース組織はいずれも既成メディアとは「違うこと」をやること、それが設立の理由や動機となっている。

そのような背景から、活動の財源もまた既成メディアとは「違う」ものにならざるをえない。広告（広告主への依存）や購読料（商品の対価）ではなく、市民からの直接的な支援、すなわち寄付金である。財源を寄付金に求めるという「発見」こそは、20世紀のマスメディア時代とは違う原理によってジャーナリズムを賄っていくことを意味している。20世紀は確実に終わり、21世紀は確実に始まっているのだ。その厳しくも、夢のある過渡期のなかを、私たちはどこからも干渉されない独立性を求めて歩んでいかなければならない。日本においてはこの寄付金モデルもまた幻想であるとしたなら、どうしようか。私たちはそれが幻想ではないことに賭けている。それは日本における市民社会のポテンシャルに賭けることを意味している。

シンポが開催されたとき、ワセダクロニクルは世界探査ジャーナリズムネットワーク（ＧＩＪＮ）への加盟申請を出していて、結果の出るのを待っていた。私はシンポ会場で台湾の「報導者」のシェリー・リー氏にも加盟を勧め、メールでＧＩＪＮ事務局長のデービッド・カプラン氏に取り次いだ。ことはスムーズに進み、両者は6月末に揃ってＧＩＪＮのメンバーとして承認された。

シンポ後も交流を続けるなかで、すなわち具体的な探査プロジェクト開始の話し合いを続けるなかで、私たちは昨年２０１７年11月に南アフリカ共和国のヨハネスブルグで再会した。第10回世界探査ジャーナリズム会議（ＧＩＪＣ）に揃って参加し、様々のセッションで発表したのである。とりわけアジア・セッションでは、「ワセダクロニクル」と「報導者」は新規加盟組織としてあたたかく歓迎された。また、別のセッションでは、特集「買われた記事」についての、渡辺周編集長の発表のあとで大きな拍手とともに賛辞が送られた。こうしてワセダクロニクルはグローバルな舞台、その土俵にデビューし、迎え入れられたのである。

選択はこれしかない。ここで勝負していくのだ。そうようにワセダクロニクルのメンバーはヨハネスブルグで思ったことだろう。私もそう思う。その確信は私たちだけの恣意的なものではない。その確信と私たちのやり方を日本外国特派員協会（FCCJ）は「2017年FCCJ報道の自由推進賞」を渡辺周・ワセダクロニクル編集長と私に授与することによって、認知して承認してくれた。私たちに賞を授与するという迅速な判断と対応に私は正直に言って驚いた。たとえ日本の「マスコミ」の人々から、そしてそれに同伴し、それを補完するOB／OGやコメンテーターや研究者などから無視されようが、評価されまいが、私たちには市民社会のなかに直接の支援者がいるし、世界のジャーナリストのなかに信義ある僚友がいる。

国際シンポの開催、そして本書の出版にあたっては多くの方々にお世話になった。

第Ⅰ部の論文編に力作を寄稿してくださった著者および翻訳者のみなさんにお礼を申し上げたい。そして、第Ⅱ部の国際シンポ編では特に次の方々に謝意を表したい（敬称略）。

ジョエル・サイモン（CPJ）、スティーブン・バトラー（CPJ）、デービッド・ケイ（カリフォルニア大学アービン校）、マーティン・ファクラー（ジャーナリスト）、デービッド・カプラン（GIJN）、長井鞠子（同時通訳）、池内尚郎（同時通訳）、岩崎眞美子（ステノグラフ）、会場の設営・受付を手伝ってくださった皆さん
早稲田大学総合研究機構からはシンポジウム開催助成金をいただいたことを記して、感謝したい。

本書の編集者である出口綾子さんには多大なご苦労をおかけしたが、その闘う姿勢に編者一同、助けられた。心強い味方に心から挨拶を送りたい。出版を実現していただいた彩流社にお礼を申し上げる。

# 第I部

# アジアで探査ジャーナリズムの台頭が意味するもの

## ——背景・現状・展望——

# 1　韓国探査ジャーナリズムセンター「ニュース打破」[*1]

## ——「言論積弊の清算」と「民主的メディアシステムの構築」、その長い道のりを共に歩く

鄭寿泳

２０１６年の冬、韓国市民は「ろうそく広場[*2]」で「大統領弾劾」を要求した。[*3] ２０１７年の春、いわゆる「ろうそく民心」は「大統領弾劾[*4]」と「早期の大統領選挙[*5]」を導き出し、文在寅候補者を第19代大統領として選択した。政権交代を成し遂げたそれらの出来事やプロセスは、「ろうそく民主主義」あるいは「ろうそく革命」と言われている。「ろうそく民主主義」の過程の中、最重要課題として浮かび上がったのが、いわゆる「積弊清算」であった。文在寅政府の「国政課題１００」で最も重要視されているのも「積弊清算」である。

「積弊」とは、「長期にわたって積り重なってきたネガティブな慣行や悪習、腐敗や不祥事などの弊害」を言う。積弊を清算するには、組織や社会など国全体の改革と革新的な努力、当事者や責任者の徹底した反省、問責や処罰も必要とされる。積弊清算を求める「ろうそく民心」は、李明博政権（２００８年2月〜２０１３年2月）と朴槿恵政権（２０１３年2月〜２０１７年3月）に向かっており、両政権期に決定執行されたあらゆる政策や慣行、社会のあらゆる領域で積み重なってきた誤りや悪習、不祥事などをきちんと取り調べ、それを徹底的に清算する

よう求めている。注目すべきなのは、「ろうそく民心」および文在寅政府の「国政課題」の中に「言論積弊の清算」も含まれていることである。

「ろうそく民主主義」の開始に火をつけたのは2016年からのニュース報道であった。[*6]同年7月に総合編成チャンネル（以下、総編）[*7]の「TV朝鮮」が、同年9月には「ハンギョレ新聞」が朴槿恵大統領の影の実力者とされる崔順実（チェ・スンシル）による国政壟断疑惑を報道した。同年10月には同じく総編であるJTBCが崔氏のタブレットPCを入手し、その証拠を特ダネとして報道した。いわゆる「朴槿恵・崔順実ゲート」の実態が明らかになってきた。新聞や放送、インターネットなど、韓国のほとんどのメディアは関連ニュースの取材・報道に突入した。特に、JTBCの報道部門社長であり看板ニュース番組「ニュース・ルーム」のメインアンカーである孫石熙は、「朴槿恵・崔順実ゲート」に関する特ダネと深層に迫る報道で「ろうそく民主主義」を成立させた主役として評価されている。[*8]権力監視、民主主義の維持と発展などに寄与すべきジャーナリズムの役割と、その巨大な力を実感しうる出来事であった。

にもかかわらず、「ろうそく広場」ではメディアも積弊清算の対象として批判されていた。なぜだろうか。積弊として清算すべき対象とは具体的に誰と何を指しているのだろうか。「ろうそく広場」で数多くのメディアが取材報道に取りかかっている中で、公共放送である「韓国放送公社」（以下、KBS）と「文化放送」（以下、MBC）は歓迎されなかった。取材やインタービューの依頼を断られたというKBSとMBC記者の経験話も数多く報じられていた。そして2017年9月4日、KBSとMBCの労働組合は「言論積弊の清算」を求めるストライキに入った。ストライキで要求していたのは両公共放送の理事や社長など、朴槿恵政府によって任命された経営陣の辞任である。[*9]市民社会からは労働組合のストライキを支持する声明が次々と発表された。過去9年間、政府から送り込まれた経営陣による統制や内部検閲の結果、政治的独立や制作現場での自主性が多大に棄損されてしまったという認識からである。すなわち、「言論積弊の清算」を要求する主張の核心には公共放送の改革がある。ところで、ＫＢＳとＭＢＣの経営陣が交代すれば、公共放送の改革は成功するのだろうか。「言論積弊」は清算できるのだろうか。その問いに対する答えを出すには、まず、韓国ジャーナリズムに関する理解から始めるべきであろう。その上で、メディアに向かっている市民からの怒りや批判の原因とその本質、責任の所在について考察しなければならない。本稿では大きく三つにわけて議論を進めていく。

一つ目は、韓国ジャーナリズムに潜んでいる問題である。２０１４年に沈没した旅客船セウォル号に関するメディア報道を中心として考えてみたい。「セウォル号大惨事」とも言われているその事故は韓国社会を衝撃に追い込んだ前代未聞の出来事であった。当時のメディア報道は、いわゆる「セウォル号言論報道の大惨事」と批判されており、それをきっかけに「ギレギ[*10]」という名が記者のことを指し示す日常的な呼称として広がっていった。どのような問題があったのであろうか。セウォル号言論報道に関する各種のセミナーや討論会では、一連の報道を「災害報道」の問題として規定し、災害報道システムの構築や災害報道専門記者の育成などが提案された。だが、厳密に言えば、長い間積み重なってきた無責任で非倫理的・非道徳的な取材報道のやり方と組織文化が、その臨界点に達して爆発してしまった現象であると考えられる（鄭寿泳　２０１５）。よって、「セウォル号言論報道の大惨事」は韓国ジャーナリズムに根付いているネガティブな慣行、すなわち、「言論積弊」の実態を現す象徴的な事件であると言える。

二つ目は、韓国ジャーナリズムにおける市民参加や連帯の歴史についてである。２０１４年、セウォル号が沈没した当時、主流メディアの報道に失望し怒りを感じた市井の人々はセウォル号大惨事の真実を求めて、ＪＴ

BC、インターネットオルタナティブメディアやブログ、海外メディアなどを積極的に訪ねていた。彼らが訪ねていたメディアの一つが、韓国探査ジャーナリズムセンター・ニュース打破（以下、「ニュース打破」）である。2012年1月27日に発信を開始した「ニュース打破」は、李明博政権期に解雇された放送記者や自ら退職したジャーナリストが中心となっている。インターネットにおけるオルタナティブメディアとして、非営利・探査ジャーナリズムを標榜している。外部からのあらゆる圧力や介入から自由になるため、政府・利益団体からの支援や広告などを一切排除し、専らサポーター会員からの寄付金で運営されている。[*11] すなわち、韓国社会で非営利・探査ジャーナリズムが台頭し、「ニュース打破」のような財源モデルが成功している背景には、市民社会と市井の人々がいる。そして、彼らが地道な実践と様々な試行錯誤を体験しつつ作り上げてきた参加と連帯の歴史がある。

三つ目は、韓国ジャーナリズムにおける探査ジャーナリズム、そして「ニュース打破」のもつ意味合いについてである。KBSとMBCのストライキを支持する一般世論が拡大していく中、「ニュース打破」が企画・制作したドキュメンタリー映画『共犯者たち』が注目を集めていた。『共犯者たち』は2016年10月に公開されたドキュメンタリー映画『自白』[*12]に続き、「ニュース打破」の企画・制作で2017年8月に一般市民向けの映画として全国の映画館で封切りされた二つ目の映画である。二つの映画ともに2012年の放送局ストライキに参加したことでMBCから解職された崔勝鎬プログラム・ディレクター（以下、PD）が監督を務めた。[*13] 製作費には一般市民が参加する「ストーリー・ファンディング」[*14]と定期寄付金が充てられた。映画『共犯者たち』では公共放送のKBSとMBCが政権によってどのように掌握されてきたのか、その共犯者は誰なのか、それらの実態に迫っている。後述するが、「ニュース打破」と映画『共犯者たち』は「両公共放送の経営陣の辞任―公共放送の改革─言論積弊の清算」という構図の最前線に立っていた。

ところで、公共放送を積弊清算の対象として指名しながら怒りを表出している「ろうそく民心」は、なぜ「ニュース打破」を信頼しており、進んで寄付金を支払っているのだろうか。そこにはどのような期待と要望が潜んでいるのだろうか。本稿の最後では、上述した三つの議論から浮かび上がる成果や限界をもって、その問いに対する答えと今後の課題について探ってみたい。

## 1. 韓国ジャーナリズム、何が問題なのか

### (1)「セウォル号言論報道の大惨事」

2014年4月16日、304人の命と共にセウォル号が沈没した。韓国のあらゆるメディアは特別取材チームを組んで特報体制に突入した。しかし、報道すべきイシューはほとんど報道されなかった。行方不明となっている被害者の家族はニュース報道と事故現場の様子が全く異なると抗議しながら、真実の報道を強く求めていた。しかし、大手メディアは彼らの要求に目を閉じていた。数多くの誤報が頻発しており、出所不明の未確認情報を乱発する「かも知れないジャーナリズム」が蔓延した。歪曲とやらせの疑惑も絶えなかった。ほとんどの大手メディアが怒りの的となってしまい、韓国の「国家基幹放送」で「災害主管放送局」であるKBSも例外でなかった。多くの市民は大手メディアのニュース報道を拒否し、特定のインターネットニュースサイトや海外メディアの報道を探し回った。まるで「ニュース亡命者」のようであった。

メディア報道に対する怒りと批判が強まってくると、一部のメディアや記者は公の場で謝罪した。事故発生か

ら4日後の4月20日、韓国記者協会は「セウォル号惨事報道のガイドライン」を発表した。同年の9月16日には、韓国新聞協会・韓国放送協会・韓国新聞放送編集人協会・韓国記者協会・韓国新聞倫理委員会など、五つの団体が共同制定した「災害報道準則」も発表された。にもかかわらず、セウォル号言論報道で浮かび上がった数多くの問題は、その後も相変わらず発生し続けており、「ろうそく民心」は「言論積弊の清算」を求めている。

### (2)「言論積弊」の本質とその根幹

前述のように、「セウォル号言論報道の大惨事」は韓国ジャーナリズムに根付いているネガティブな慣行を探索できる象徴的な出来事である。重要な点は「セウォル号言論報道の大惨事」が大型災害という「特殊性」から起因する問題ではないということである。ジャーナリズムの役割や責任に関する自覚と省察の欠如の上、無責任な取材報道体制が日常的なジャーナリズム文化として「普遍性」を獲得してきた結果である（鄭寿泳2015）。韓国ジャーナリズムに積み重なってきたネガティブな慣行として、①書き取りジャーナリズム、②商業性を追及する無限の競争、③取材報道現場における自主性の欠如、など三つを取り上げて考えてみよう。

#### ①「書き取りジャーナリズム」——記者団・記者室の閉鎖性・排他性・独占性

セウォル号大惨事の際、多くのメディアが政府と海警当局の発表内容をそのまま報じていた。その発表内容に対し、疑問を投げかけることもなく、最小限のファクト・チェックを行うこともなかった。被害者や遺族の視線と声ではなく、政府や行政当局の立場と主張のみが伝えられた。そして、誤報が量産された。いわゆる「書き取りジャーナリズム」である。「書き取りジャーナリズム」は日本で使われる用語「発表ジャーナリズム」を指す言葉である。記者が主導的・積極的にイシューを発掘してそれを報じるのではなく、政府や行政当局の記者会見、企業などが企画したイベントなどに招かれ、彼らの言う内容をそのまま書き取りするような受動的・消極的取材報道体制を批判する言葉である。

「書き取りジャーナリズム」における主な取材源・情報源は、公的な人物・組織・機関などである。取材の便宜、情報の信憑性、情報ネットワークや記者派遣システムなどを鑑みると、公的な人物・組織・機関などに依存する取材報道体制は、韓国メディアだけの問題ではない普遍的な慣行とも言える（Shoemaker & Reese 1996）。確かに、セウォル号沈没の現場で政府や行政当局の公式発表を活用するのは、流言の拡散を抑えるための取材報道準則にも相応しいと言えよう。しかし、問題になるのは、政府や行政当局の発表、公的な人物・組織・機関などの提供する情報に対し、質問や最小限の検証プロセスが抜け落ちると、彼らの主張や論理が優先されてしまうことにある。「大勢同調型」の画一的・集団的な思考、情報統制や世論操作などに陥る可能性が高くなる（藤田２０１０）。さらに、取材源・情報源として政府発表や公的な人物・組織・機関などに依存する結果として誤報が発生した場合、メディア側や記者はその責任を政府当局や公的な取材源・情報源に回すこともできる。

韓国における「書き取りジャーナリズム」は主に記者団や記者室を中心とした受動的・消極的な取材報道体制に起因する。韓国の記者団・記者室は日本の記者クラブ制度を導入したものである。植民地支配の１９２０年代、「朝鮮日報」、「東亜日報」、「時代日報」の朝鮮人記者らが「無名会」や「鉄筆倶楽部」などの言論運動団体を結成するほか、日本の記者クラブを手本として官公庁ごとの記者団を組織したのがその始まりである（金南石２００１）。不要な競争を防止し、公的情報を効率よく獲得し伝達しうるという肯定的な側面もあるが、取材源・情報源との癒着関係、閉鎖的・排他的・独占的な情報のカルテルの形成などが指摘されてきた（金オクジョ

２００４）。盧武鉉（ノムヒョン）政権（２００３年2月～２００８年2月）は、「取材支援先進化方案」という政策で記者団・記者室の弊害を改善しようと試みたが、「言論の自由への弾圧」を強調する大手メディア側の強い反発によって、その意を貫くことはできなかった。[*15]

### ②商業性を追求する無限の競争――速報優先主義とセンセーショナリズム

セウォル号が沈没して約2時間後、ＪＴＢＣを除いたほとんどのメディアは「全員救助」という速報を競争的に伝えていた。誤報であった。出処不明の未確認情報をそのまま報じた結果である。ＫＢＳは他のメディアが訂正報道をした後も、「全員救助」という誤報を伝え、公共放送であり災害主管放送局という位置づけを自ら揺さぶってしまった。ＭＢＣでは事故現場から最も近い地域の木浦（モッポ）に駐在している記者がソウルのデスクに誤報の可能性を報告したが、そのまま黙殺された。「全員救助」という誤報は、事故現場での救助作業を大混乱に陥れ、一人の生存者も救助できなかったという最悪の結果に繋がった。その後も様々な誤報が続発した。徹底したファクト・チェックと文脈の解釈などをもって報道の「正確性」を追求するより、激しい競争や締め切りなどに追われて「速報性」を取り込まざるをえない取材報道の現状から起因するものであった。商業性を追求する無限競争の結果、被害者や遺族の人権を多大に侵害する「集中豪雨型の集団的過熱取材」[*16]、同一のイシューやフレームに総がかりする「総ジャーナリズム状況」[*17]に陥ってしまった。

韓国言論振興財団の『２０１６年度韓国言論年鑑』によると、２０１５年の時点で韓国内では総計４６１６のメディアが活動している。１３４２社から発行される紙新聞が１４４７紙、52の放送事業者（ＫＢＳとＭＢＣなど公共放送20社を含む）が運営する57の報道チャンネル、２７６７社が発行するインターネット新聞３０９４紙、そして18のニュース通信社などが厳しい競争に追い込まれている。[*18] ここでの問題は、それぞれのメディアの持つ固有の特性、設立目的や制度的な相違などにも関わらず、ほとんどのメディアが広告収入や商業的利益を獲得するための激しい競争に集中しているところにある。そのような厳しい競争の下に置かれているあらゆるメディアは良質で正確なニュースを制作し報道するための競争ではなく、速報優先主義とセンセーショナリズムを拡張させる競争の方に向かって走っている。ＫＢＳとＭＢＣなどの公共放送も例外ではない。

③取材報道現場における自主性の欠如――「編集権」と「内部的編集の自由」

いかに重要なイシューや人物であっても、ゲートキーピングのプロセスで排除あるいは縮小されると、公的に議論される最小限の機会も剥奪される。そして当該イシューや人物に対する「象徴的抹殺」が発生してしまう（Tuchman 1981）。つまり、ニュースは「知識と権力の源泉」であると言える（Tuchman 1978/1995：21-22, 291）。セウォル号言論報道では、真実究明を求める遺族の声はもとより、大統領を初めとする政府・行政当局の法的・道徳的責任を追及するために必要なイシューは排除されたり縮小された。その代りに選択され強調されたのは、セウォル号大惨事の本質を希釈し曖昧にするセンセーショナルなイシュー、政治的・イデオロギー的な扇動の可能性が高いイシューなどであった（金チュンシクほか２０１４、放送記者連合会２０１４、鄭寿泳 ２０１５）。セウォル号大惨事の本質や被害者と遺族に対する「象徴的な抹殺」が発生しており、権力偏向的な「傾向性（tendentiousness）」[*19] も発見されたのである。セウォル号言論報道におけるやらせ疑惑や権力偏向的な傾向性の大きな原因として「外部からの不当な介入」と「メディア組織内部での統制」が指摘されている。その二つが絡んで内密に作動した結果、取材報道現場における自主性が多大に毀損されてしまったのである。

外部からの介入や統制を防ぐために作られたのが自主規制のあらゆる装置である。たとえば、各種の倫理綱領やガイドラインなどがある。[*20] セウォル号言論報道に対する批判の声が高まる中、メディア側は「セウォル号惨事報道のガイドライン」や「災害報道準則」を新しく制定し発表した。しかし、花田達朗（1999：164-170）が指摘したように、自主規制の装置は「国家行政」、「市民社会」、「メディア事業者」の間における「権力関係のリプレゼンテーション（representation）」である。その権力関係の構図で、「メディア事業者」は言論・表現の自由と独立、自主性を標榜しつつ、自己規制や自己制御の機能不全に起因する市民社会からの苦情や批判、内部からの批判などを「不当な介入」ととらえる傾向がある。さらにジャーナリストとしての役割よりメディア企業に所属しているサラリーマンとしての立場が求められている現状では、各種のガイドラインや倫理綱領などがあるとしても、記者個々人の倫理的・自主的判断はメディア企業の方針や組織の論理に従属されやすい。その上、様々な利害関係が衝突している取材報道現場で行われる「自主規制」というものは、メディア事業者や記者個人による「事前検閲」や「自己検閲」を正当化する手段にもなりえる。

このような権力構図のメカニズムに潜まれているのが「編集権」という概念である。「編集権」は日本と韓国のみで通用されている独特の用語であり概念でもある。[*21] 日本新聞協会の「新聞編集権の確保に関する声明」（1948年3月16日）に起因した。その声明では「編集権」を「社主や経営管理者が行使する排他的な権限」として定めている。その用語と概念が韓国に導入されたのは1960年代である（林グンス 1964）。そして、「韓国放送法」（2000年制定）では放送編成の自由と独立（第四条）を、「新聞などの振興に関する法律（新聞法）」（2005年制定）では編集の自由と独立（第四条）をそれぞれ保障している。[*22] しかし、韓国内で「編集権」に関する解釈や適用は未だに混乱している。「編集権」の所有と行使が経営陣にあるという主張、編集局の自主的・

独立的な領域であるという主張、経営陣と編集局が共有するものであるという主張などが絡み合っている。その目的についても、外部からの不当な干渉や介入を防げる装置であるという視点、「内部的編集の自由」[*23]として把握する視点などが混在している（李承宣 2009）。「編集権」の主体や目的については様々な解釈と主張があるものの、その中で共通しているのは「編集権」を自らが行使すべく「排他的な権限」として認識していることである。そこで市民社会や市井の人々の存在は言及されておらず、彼らはメディア環境を共に構成していく主体としてではなく、他者や客体としてのみ認識されている。

## 2. 言論民主化と改革を目指す市民参加と連帯の歴史

「編集権」と「内部的編集の自由」に関する主な議論の中で市民社会や市井の人々は除外されてきたにもかかわらず、韓国社会における言論民主化と改革の歴史は、市民参加と連帯を目指してきた様々な実践の歴史でもある。朴正熙（パクチョンヒ）の維新独裁（1961～1979年）、全斗煥（チョンドファン）の軍部独裁（1980～1988年）の厳しい時代を経て、言論の自由と民主化を勝ち取るための抵抗と闘争が広がっていた。1970年代には学生や知識人、宗教人など、いわゆる在野勢力が抵抗を主導していたが、1980年代に入ると、労働者、農民、都市貧民などの市井の人々にまで拡大した。そのような抵抗が1987年6月の民主化運動に繋がったのである（民主言論市民連合 2017）。1987年以降にも、市民社会と市井の人々の参加や連帯の動きは続いていた。その形式や内容も様々である。ここでは韓国ジャーナリズムの歴史の中、市民からの参加や連帯の特徴及びその意味がうかがえる出来事として三つを取り上げてみたい。それは⑴東亜日報白紙広告事件、⑵ハンギョレ新聞の創刊、⑶オーマイニュースの創刊である。

(1)「東亜日報白紙広告事件」と激励広告

1945年の解放（日本の敗戦）以後、韓国では米軍政期を経ながら左派（進歩）論調の新聞が跡形もなくなり、多くの主流新聞は右派（保守）勢力の反共産主義イデオロギーを代弁していた。だが、政府に対しては批判的な姿勢を持ち続けており、特に東亜日報は第一共和国当時の野党紙を代表するものとして知られていた（蔡白2015）。そのような中で、1961年の5・16クーデターで登場した朴正熙政権（第三共和国）は言論に対する直接の統制と弾圧を加えた。1974年1月8日には大統領緊急措置一、二号を発布し、維新憲法を反対・否定・誹謗するような全ての行為を禁止した。

1974年10月24日、東亜日報と東亜放送の記者らおよそ180人は「自由言論実践宣言」を発表し、「自由言論に逆行するあらゆる圧力に屈せず、自由民主社会が存立するための基本要件である自由言論を実践するため、全ての努力を尽くすことを宣言」した。これに対し、軍事独裁政権は広告弾圧という手法で東亜日報の経営陣に圧力を加えた。広告解約という事態が発生したのである。東亜日報の広告部長は同年12月30日付の紙面上で激励広告を募集した。「大手の広告主からの大型広告が中断されてしまい、広告人としての職責を果たすため、やむを得ず個人・政党・社会団体からの意見広告、そして、本紙を激励してくれる広告や年賀広告を募集する。積極的な声援を望む」という趣旨であった。その広告を目にした市井の人々が東亜日報に激励広告や支援金を送り始め、翌年の5月までおよそ1万352件の激励広告が掲載された（韓国新聞放送編集人協会 2007）。

しかし、東亜日報の経営陣は、記者らによる「言論自由守護運動」を「会社の人事・編集及び方針などに対する集団的抗議や抗命」による「位階秩序の紊乱」と見なすとともに、政権による「広告弾圧」については「外部からの広告弾圧」による「経営上の危機」として認識した。そして、「発行人から委任された編集人の新聞・出版・放送の制作・編集・編成に関する権限」を侵害したという理由で、記者、PD、アナウンサーなどおよそ150人を解雇した。その後、政府権力に対する批判的論調はなくなってしまい、維新体制の正当性を積極的に広報していった。第一共和国当時には野党紙として政府に対する批判的な論調を見せていた「東亜日報」を初めとし、ほとんどのメディアは政権の「政治的象徴操作」を遂行する「権力の侍女」に転落してしまった。「権言複合体」あるいは「制度言論」という名で批判される中、企業としての成長を成し遂げていく道を選んだのである（蔡白2015、韓国新聞放送編集人協会 2007）。

結局のところ、「言論自由守護運動」とそれを支持する市井の人々の参加は成功までには至らなかった。そのような結果をもたらした要因のひとつが「社主や経営管理者が行使する排他的な権限」として解釈された「編集権」概念である。以降、「編集権」概念は言論の民主化を目指し、言論の独立や自主性を高めようとする、あらゆる実践を無力化してきた。しかし、「自由言論実践宣言」の精神および市民参加の経験は、言論の民主化および改革を目指すその後の様々な実践や、参加と連帯の土台となった。

### (2)国民株による「ハンギョレ新聞」の創刊

引き続き、1980年代は言論の抹殺期であり暗黒期であった。全斗煥軍部（第五共和国）は一九八〇年七月、ジャーナリストの大量強制解職とメディアの統併合政策をもって独裁権力の基盤を構築した。いわゆる「反国家のジャーナリスト」に対する多大な粛清が始まったのである。「言論基本法」と「報道指針」などを通した言論統制や操作が日常化した。自己検閲に慣れた体制順応型の記者が量産され、熾烈な批判精神よりは現実安住の風土が蔓延した。権力と野合したメディア各社が大企業として成長していく矛盾の時期でもあった（尹ドクハン2000）。

しかしながら、1980年代の半ばに入ると、いわゆる「制度言論」が目を閉じたり歪曲していた真実を報道し解説する新たなメディアが登場し始めた。1984年12月19日には解職された記者や出版人らが「民主言論運動協議会」（以下、民言協）を作り上げた。現在、韓国社会で言論市民団体として活躍している「民主言論市民連合」（以下、民言連）の前身である。*24 1985年、民言協はオルタナティブメディアの月刊誌「マル」を創刊し、*25 その創刊号（1985年6月15日付）で「新たな言論機関の創設」を提案した。彼らが構想していたのは、民主言論を渇望する民衆自らが出資し共同で所有し共に動いていく民衆の表現機関であった（蔡白 2015）。翌年の1986年には「KBSの視聴料支払いを拒否する運動」や「KBS番組の視聴を拒む運動」などの市民運動が全国に広がった。*26 そのような参加と連帯の動きは、1987年6月の民主化運動の土台となり、「ハンギョレ新聞」の創刊を導いていく原動力として作用した。

1988年5月、「民主言論・民衆言論・民族言論」を標榜する「ハンギョレ新聞」が「国民株方式」で創刊された。国民株方式というのは、市井の人々が少額の株を購入する型で募金活動を行い、新聞社の株主として直接支える方式である。株の公募は1987年10月30日にあった創刊発起宣言大会の直後から本格化した。公募初期には知識人らが株の主な購入者であった。だが、同年12月の大統領選挙で民主化運動陣営で支持していた候補者が敗北した後、市井の人々による株の購入が急増し、およそ2万7000の人々がその公募に参加した。創刊基金額として50億ウォン（約5億円）を募金するといった目標は公募開始からわずか108日をもって達成できた。

「ハンギョレ新聞」は1970年代から1980年代にかけて解職されたジャーナリストを中心として創刊された。これは、1970年代の「東亜日報白紙広告事件」の時、激励広告で「言論自由守護運動」を支持していた市井の人々、1980年代にオルタナティブメディアである「マル」誌に呼応しつつ「KBS視聴料の支払いを拒否する運動」や「KBS番組の視聴を拒む運動」などに賛同していた多くの人々があったからこその出来事である。独裁政権に対する抵抗と言論民主化を渇望していた草の根の市民運動によって実を結んだ成果としてみることができよう。

### (3) 全ての市民が記者である「オーマイニュース」の創刊

2000年2月22日には、インターネット新聞「オーマイニュース」(http://ohmynews.com)が創刊された。双方向コミュニケーションや簡単にアクセスできるなどインターネット技術の特性を生かしつつ、従来のメディアやコミュニケーション構造に対する批判と、新たな公共圏の構築を目指す目標などが組み合わさって急速な成長を成し遂げた。[*27] そのような急成長ができた最も大きな要因は、市民参加ジャーナリズムを標榜する「市民記者制度」である。「オーマイニュース」の創刊者であり代表記者でもある呉連鎬は、月刊誌「マル」の記者であった。「マル」誌の特ダネ記者や深層報道記者として活躍したものの、非主流メディアに所属している記者として様々な限界を体験しており、大手メディアによって掌握されたニュース生産文化に対する問題意識を持ち続けていた。[*28] それらの限界や問題意識から探し出したのが「すべての市民は記者である」という概念である。

市民参加型のジャーナリズムという側面からみると、「オーマイニュース」に注目すべき特徴は主に二つある(洪ソング 2003)。一つは、「市民記者の参加」を活性化するために様々な手法を採用していることである。創刊初期から市民記者の記事作成を支援するため、「記者作り」プログラムを運営している。市民記者が作成する記事の内容や形式にも制限をかけてない。著作権概念も柔軟に適用し、市民記者自らが取材・作成した記事は他のインターネット新聞に同時掲載できる。もう一つは「読者の参加」を活性化するため、インターネットならではの特性を最大に活用していることである。たとえば、「オーマイニュース」はそれぞれの記事に読者掲示板を設けており、読者が記事を読んで自分の意見をすぐ提示できるようにしている。今では記事と掲示板を連携する形が珍しくはないが、そのような方式を国内に導入したのは「オーマイニュース」が初めてである。

「オーマイニュース」が急速な成長を成し遂げたのは、従来の大手メディアに対する不信、金大中（キムデジュン）大統領と盧武鉉大統領による進歩的政権の誕生、そして政治参加に対する市民の熱望があったからである。このような背景を持つ「オーマイニュース」は、大手メディアが独占してきたニュースの「生産―流通―消費の構造」や、独占的で排他的な記者群による取材報道文化などを市民参加型に変えるため、様々な工夫を実践し続けている。*29 そのような背景と実践の結果として、いわゆる「ニュースゲリラのニュース連帯*30」が実現できたのであろう。

## 3．探査ジャーナリズムの台頭と「ニュース打破」

### (1) 放送局のストライキとドキュメンタリー映画『共犯者たち』

「ニュース打破」が企画・制作したドキュメンタリー映画『共犯者たち』が２０１７年８月から全国の映画館で上映された。監督を務めた崔勝鎬ＰＤは、ＭＢＣの時事報道ドキュメンタリー番組『ＰＤ手帳』などで多くの反響を呼んできた人物である。２０１２年７月に解職され、２０１３年から「ニュース打破」に合流した。

では、2012年には何があったのであろうか（鄭寿泳 2012：381～382）。当時、韓国社会や放送界で大きなイシューとなったのが放送局のストライキである。2012年1月、MBC労働組合から始まったストライキはKBS、YTN、連合ニュースなど、韓国内の多くの放送局に拡大された。政府から送り込まれた社長の辞任や、放送の独立と自主性、公正さの保障が求められた。しかし、ストライキの最中に、時事報道番組は次々と廃止された。多くの記者やPDは解職されたり懲戒処分にされた。ニュース番組では政府に対する批判の代わりに、天気予報や休日の様子などが伝えられていた。政府に不利なイシューを隠すため、連続殺人事件のニュースを拡大報道するよう求める青瓦台（大統領官邸）からの「広報指針」があったという疑惑も浮かび上がった。「国境なき記者団」や「フリーダム・ハウス」は、韓国の言論自由度に対する評価とそのランキングを大幅に下げており、「部分的言論自由国」と規定した。国連は人権侵害に当たる各種の法令を改定するよう求めてきた。

同年6月、KBS労働組合は業務に復帰し、94日も続いたストライキを終了した。目標であった社長退陣には失敗したものの、ストライキに参加した労働組合員に対する懲戒を最小限にする、公正放送委員会を構成する、探査報道チームと時事番組を復活させる、大統領のラジオ演説番組を廃止するなどについて労使の間で合意があったと伝えられていた。MBC労働組合は開始から170日となる同年7月にストライキを中断したが、MBC本社で解雇6人、停職38人などを含め、総計で98人の労働組合員が重い懲戒処分を受けた。18の系列社でも56人が人事委員会にかけられ、懲戒が順次に進んだ。一方、23年ぶりのストライキに突入した連合ニュースはストライキを開始してから100日となる同年6月、業務に復帰した。公正報道、合理的な人事、ニュース通信の競争力強化、勤労条件の改善、社内民主化レベルの引き上げ、地域取材システムの改善及び差別の解除、中間評価を受ける編集総局長制度（仮）の導入、公正報道責任評価制度の実施などについて労使間の合意があったと言う。

長期にわたった放送局労働組合のストライキがその幕を閉じてから5年の歳月が経った2017年、公共放送のKBSとMBCの労働組合は経営陣の退陣を求めて再びストライキに突入した。2012年当時の状況と類似しているか、さらに悪化しているようにも見える。2012年、それぞれの放送局で労使が合意した約束事はほとんど守られなかった。放送局の官僚的体質、政府から送り込まれた社長によって毀損された放送の独立や自主性も回復されず、親政府的な傾向性の強いニュースが蔓延していた。経営陣は人事権を行使し、労働組合員に対する懲戒も続けていた。ただ、いくつかの変化も見えてくる。政権が交代されたこと、「ろうそく民心」が「言論積弊の清算」を強く求めつつ労働組合のストライキを支持していること、複数のオルタナティブメディアが活躍していることなどである。2012年ストライキの主役であった「ニュース打破」の崔勝鎬PDが監督を務めて制作されたドキュメンタリー映画『共犯者たち』について、「ニュース打破」のインターネット・ホームページで、次のように紹介している。*31

2014年のセウォル号大惨事、2016年の崔順実国政壟断事件など前例のない国家的「災難」が、成熟した民主主義国家として評価されている大韓民国で堂々と起こってしまった。その理由は何だろうか。実は、その二つの事件が惨事のレベルになる前、何度もその信号が送られてきた。ちゃんと目を開けて見ていたならば、特にわが国で最も多くの報道人力を保有し、一日で1000万人以上の人々にニュース報道を吐き出している公共放送がちゃんと監視さえしていたならば、これらの事件は惨事のように大きくはならなかったはずであろう。

映画『共犯者たち』は権力に麻酔を打たれ口を閉じてきた公共放送によって、大韓民国がどのように座礁したのか、その当事者からの証言や資料を通して生々しく見せてくれる。そして、政権による言論掌握の陰謀に忠実な助け役を果たしてきた「共犯者たち」を訪ねて、その責任を問う。特に、多くの「共犯者たち」の中で最も重い責任を負うべき李明博（イミョンバク）元大統領がカメラの前で初めて言論掌握の責任を追及される。

映画『共犯者たち』を通して、公共放送の内部で何があったのかについて、市井の人々も確認できるようになった。[*32]「言論積弊の清算」を強く求めている「ろうそく民心」は両公共放送のストライキを支持しつつ経営陣の退陣を強く要求した。その結果、ＫＢＳとＭＢＣ両公共放送の経営陣が交代されることになった。２０１７年11月、ＭＢＣの社長が解任され、同年12月には新しい社長が就任した。ＭＢＣの新社長として就任したのは「ニュース打破」の崔勝鎬ＰＤである。崔勝鎬新社長は、ＭＢＣの改革を完成してから「ニュース打破」に戻ってくると明言した。一方、２０１８年１月に開かれたＫＢＳ理事会で社長解任案が可決されており、同年四月には梁承東（ヤン・スドン）元ＫＢＳＰＤが第23代目のＫＢＳ社長となった。このように、２０１２年には達成できなかった経営陣の交代という目標を２０１７年のストライキでは成し遂げることができた。そして、ＫＢＳとＭＢＣの新社長は公共放送の改革および「言論積弊の清算」という「ろうそく民心」からの期待や要望を共に背負っている。

### ⑵韓国ジャーナリズムの歴史と景観からみる「ニュース打破」の意味合い

韓国では「探査ジャーナリズム」と類似した概念や活動として「ＰＤジャーナルズム」という用語がいち早く広がっていた。ＰＤジャーナリズムは、「従来、番組の企画や制作、演出などの領域を担当していたＰＤが、それまで記者の領域として認識されてきた報道領域に入って、時事問題を報道し解説するためのドキュメンタリー番組を制作し放送する持続的な活動」を指す。ＫＢＳの『追跡60分』（１９８３年3月5日~現在）、ＭＢＣの『ＰＤ手帳』（１９９０年5月1日~現在）などの番組が代表的である。ＰＤジャーナリズムは記者室に縛りつけられている報道局の取材システムを迂回し、より創造的な問題意識や取材手法をもって韓国のジャーナリズムを一段階跳躍させたとも評価されている。

報道局記者による取材報道活動を称する、いわゆる「記者ジャーナリズム」[*33]と比べてみると、ＰＤジャーナリズムは大きく五つの特性がある（崔榮默　２００４）。第一に、ＰＤは担当部署や機関の記者室から自由であるため、権力と癒着する可能性が低く、不祥事を暴くのにはばかりがない。第二に、比較的時間の短い報道局のニュースと比べ、深層報道ならではの強さを持つ。第三に、記者が受けている記事作成訓練を受けてないので、ニュース・フレームという枠から自由である。第四に、長期にわたる深層報道ができるので、深みのある描写と解釈ができる。第五に、ＰＤ組織は番組制作における自主性が比較的に高い方である。

以上のような特性からみると、ＰＤジャーナリズム、すなわち探査ジャーナリズムは、韓国のジャーナリズムに潜まれているネガティブな慣行を克服できる可能性を持っている。そして、その可能性と影響力を発揮しているのが「ニュース打破」である。

第一に、セウォル号言論報道は、「書き取りジャーナリズム」による受動的・消極的な取材報道、記者団の閉鎖性・排他性・独占性などが結合した産物であった。その結果、政府や行政当局の論理と主張に偏向したニュース報道が量産されてしまった。やらせ疑惑も絶えず提起されていた。「ニュース打破」は取材源・情報源にアクセスしにくい非営利オルタナティブメディアとしての限界と「書き取りジャーナリズム」の弊害をともに克服するため、「データ・ジャーナリズム」を採用している。「ニュース打破」のデータ・ジャーナリズム研究所長を務めている権ヘジン記者によると、「データ・ジャーナリズム」は情報公開法やオープン・ソース（open source）などを活用することによって、豊富なデータを徹底して収集・解釈し、隠されている真実を掘り出すことができる（崔ユンウォン 2015）。彼らにとって主な取材源・情報源は記者室でアクセスする公的な人物・組織・機関ではなく、自らが徹底的に発掘するデータである。

第二に、セウォル号言論報道は「集中豪雨型の集団的過熱取材」や「総ジャーナリズム状況」に陥ってしまった。商業性を追求する無限の競争によって速報優先主義とセンセーショナルなニュースが量産された。ファクト・チェックも省略されており、深層報道にも欠けていた。それに対して、まるで映像を取り入れた「時事週刊誌」と類似したようにも見える「ニュース打破」は、商業的競争に走り続けている大手メディアが排除・縮小してしまうイシューを発掘し、その背景や文脈の深層に迫ることで、「なぜ」を質問し、「どのようにすべきか」に対する答えを分析・解釈して提示している。

第三に、２０１２年と２０１７年、公共放送のＫＢＳとＭＢＣ労働組合が経営陣の辞任を求めるストライキに入ったが、両公共放送の経営陣は辞任を強く拒否していた。その主な根拠や武器として持ち出されていたのが「編集権」概念である。実際、韓国放送法第四条の「放送編成の自由と独立」が「経営管理者の排他的な権限」の一つとして解釈されてしまうことに対する懸念もある。[*34] 専らサポータ会員の支持と財政的支援によって運営されている非営利オルタナティブメディア・「ニュース打破」は、閉鎖的で官僚的な大手メディア組織の中では具現しにくい「内部的編集の自由」を発揮できる可能性が高いと言えよう。

一方、市民参加からなるジャーナリズムの形式や内容は様々な試行錯誤を重ねつつ、絶えず進化してきた。しかしそれぞれ限界もある。たとえば、国民株制度を採用して創刊された「ハンギョレ新聞」の場合、主流メディア市場で進歩的論調を代弁しつつ、韓国社会や言論の民主化に大きく寄与してきた。しかし、「ハンギョレ新聞」の主な財源は広告収入である。主流メディア市場の中に編入されている限り、韓国ジャーナリズムの中に根付いているネガティブな慣行から完全に離れることはできない。「オーマイニュース」は、市民記者制度を通して市民参加やパブリック・ジャーナリズムなどの長所を発揮しつつ、主流の大手メディアが掌握しているニュースの「生産―流通―消費の構図」やジャーナリズム文化などに大きな変化をもたらしてきた。しかし、取材報道のプロセスや深層的な解説などに求められる専門性にはやや欠けているのではないかとの指摘もある。

「ニュース打破」はそのような限界を修正・補完しつつ進化してきた制度的な形式とも言えよう。市民参加型の財源モデルを採用した非営利オルタナティブメディアとして、独立性や専門性を自らの強みとして発揮しつつ探査ジャーナリズムを実現している。当然のことであるが、ＫＢＳやＭＢＣなどの制作環境と比べると、「ニュース打破」が置かれている「物理的な環境」ははるかに劣悪であろう。大手の主流メディアが掌握しているジャーナリズム環境で、非主流派とも言えるオルタナティブメディアが乗り越えねばならない壁も依然として高いだろう。にもかかわらず、市井の人々からの支持や自発的な支援は、「ニュース打破」を支えている最も大事な土台であり、滋養分である。

「ろうそく民心」が「ニュース打破」を支持する背景には、１９７０年代以降続いてきた「自由言論実践宣言」の精神のもと、言論民主化のために抵抗してきたジャーナリストと市民社会との連帯や、市井の人々からの支持と自発的な参加、共に体験してきた成功や失敗の経験と数多くの試行錯誤の積み重ねという歴史がある。その上、韓国のジャーナリズムに根付いてきたネガティブな慣行、すなわち「言論積弊」を清算しうる適任者の一人であるという期待もある。韓国のジャーナリズムにおける「言論積弊」、すなわち「ネガティブな慣行」の積み重ねの片隅で、そのような積弊を清算しようとする動機付与や潜在力の積み重ねである「ポジティブなダイナミックス（dynamics）」が生まれたのではなかろうか。

## 4.「言論積弊の清算」と「民主的メディアシステムの構築」を目指して

前述したように、「ニュース打破」とドキュメンタリー映画『共犯者たち』は、「言論積弊の清算」と「ろうそく民主主義」の完成を熱望する市民らの期待を背負って、KBSとMBC両公共放送による2017年ストライキの最戦線に立っていた。ということで、冒頭で提示した問いを改めて投げかけてみたい。公共放送の経営陣を交代することで公共放送の改革は成功するだろうか。韓国ジャーナリズムに隠されているネガティブな慣行を改善し、「言論積弊」を清算できるだろうか。

カラン（J. Curran）が提示した「民主的メディアシステムモデル（Model of Democratic Media System）」[*35]によると、公共放送は市民が普遍的に共有しアクセスできる「中核メディア（Core Media）」であり、「中核的公共圏（the Core Public Sphere）」としての可能性が最も高い制度的形式である（Curran 2002:240-247）。つまり、多メディア・多チャンネルといったメディア環境が現実になっており、市民からの支持と連帯の中で数多くのオルタナティブメディアがその成果を上げている現在においても、公共放送の役割に対する期待を捨てることはできない。映画『共犯者たち』の紹介文に書かれているように、「わが国で最も多くの報道人力を保有し、一日で1000万人以上の人々にニュース報道を吐き出している公共放送」が「中核メディア」で「中核的公共圏」としての役割を果たしていたならば、「セウォル号の沈没」や「朴槿恵・崔順実ゲート」は大惨事までには至らなかったはずである。

したがって、「権力に麻酔を打たれ口を閉じてきた公共放送」が韓国社会を「座礁」させてしまったという「ニュース打破」の問題意識は正当であり、「言論積弊の清算」を目指す道のりの出発点が「公共放送の改革」であるという認識にも異論の余地はなかろう。

ところで、公共放送とは具体的に誰を指しているのだろうか。公共放送というのは経営陣と同意語ではないはずである。とすれば、公共放送と韓国社会のシステムが崩壊しつつあった時、「最も多くの報道人力を保有」している公共放送の内部の構成員らは何をしていたのだろうか。経営陣による不当な圧力や内部検閲が発生していた時、なぜ外に向けてより強く告発できなかったのだろうか。主流の大手メディアはなぜそれらの問題を積極的に報道しようとしなかったのだろうか。記者室や記者団による弊害、商業性のみ追求する無限の競争が作り出す弊害、取材報道現場で言論の自由と自主性を侵害する「編集権」概念から起因する弊害などは、公共放送内部の組織文化や取材報道体制の中に依然として深く根付いている。過去9年の間、より深刻になったとは言え、それらの弊害は数十年間にかけてジャーナリズム文化としての「普遍性」や「日常性」を獲得してきた根深い慣行である。そうであるならば、「言論積弊」の責任は公共放送の社長や経営陣のみが背負うべきものではない。

公共放送ＫＢＳとＭＢＣで新たな社長や経営陣が就任した。彼らは「言論積弊の清算」を求める「ろうそく民心」からの期待と要望を背負っている。そして、セウォル号が沈没してから4年の歳月も経った2018年4月現在、「セウォル号大惨事」および「セウォル号言論報道の大惨事」の復旧を目指した改革作業にようやく踏み出すことができた。だが、それは一つの扉を開いたことに過ぎず、「言論積弊」は簡単に清算しうるものではない。内部構成員一人一人が「言論積弊の当事者」であるという徹底した反省から始めない限り、経営陣の交代のみでは「言論積弊」を清算しうる糸口は見つからないかも知れない。身の回りにネガティブな慣行が山積しているという自覚、それらを除去していこうとする地道な努力、民主的で透明な内部組織文化を構築していこうとする実践、そして市民社会や市井の人々を「民主的メディアシステム」を共に構築していくべき主体として認める日ごろの姿勢も必要であろう。

本稿で紹介したように、「ニュース打破」の探査ジャーナリズム、そしてドキュメンタリー映画『共犯者たち』は公共放送の改革と「言論積弊の清算」を目指した長い道のりの方向性を提示し主導していける力を見せてくれた。「民主的メディアシステム」を構成するオルタナティブメディアとして「ニュース打破」の次なるプロジェクトは、韓国ジャーナリズムの主流文化の中に深く根付いている「言論積弊」、すなわちネガティブな慣行を取り除くための更なる工夫と実践を目指して、非営利・探査ジャーナリズムならではの強みを発揮していくことにほかならない。

＊注

（1）韓国では「investigative journalism」の訳語として、「探査報道（탐사 보도）」あるいは「探査ジャーナリズム（탐사저널리즘）」という用語を使っている。「ニュース打破（뉴스타파）」の公式名称も「韓国探査ジャーナリズムセンター（한국탐사저널리즘센터）」である。

（2）「ろうそく広場」とは、ろうそく集会が開かれたソウル都心の光化門広場のことを指す。誰でもアクセスできる開かれた空間としての意味合いや、ろうそく集会とその民心を象徴する言葉として広く使われている。

（3）２０１６年10月29日、全国各地で1回目のろうそく集会が開かれた後、毎週土曜日には光化門広場で大規模なろうそく集会が開かれていた。1回目のろうそく集会に参加した人が予想をはるかに超えるほど多かったので、集会を組織的に進行・運営する団体が必要となった。よって、１５３３の市民団体が参加し、「朴槿恵大統領退陣を求める非常国民行動（以下、退陣行動）」が公式に出帆した。その後、全国17広域市道のおよそ２３００市民団体・草の根団体が参加するまで拡大した。２０１７年４月29日まで総計23回のろうそく集会が開かれ、累積でおよそ１７９９万人（主催側による推算）が参加した。ろうそく集会の準備や開催にかかる費用は市民からの募金や支援金が充てられた。退陣行動の財政決算報告（２０１７年５月12日付）によると、募金額は総計39億８３１５万７３７４ウォン（約３億９８３１万５０００円）であった。退陣行動は２０１７年５月31日に解散宣言を発表したが、ろうそく集会の成果を継承するための市民社会連帯活動を計画し実践している。退陣行動とその活動については（http://bisang2016.net/）参照。

（4）大統領の弾劾は国会での発議を経て、憲法裁判所の判定で確定される。２０１６年12月９日、大韓民国国会は、憲法や法律に反する犯罪疑惑を事由として朴槿恵大統領の弾劾訴追案を可決した。在席国会議員３００人の中で２９９人が票決に参加した結果は、賛成が２３４票、反対が56票、無効が７票、棄権が２票であった。２０１７年３月10日、憲法裁判所は裁判官全員一致で朴槿恵大統領の弾劾と罷免を決定した。

（5）第19代大統領選挙は公職者選挙法によって２０１７年12月の実施を予定されていた。しかし、大統領の罷免日から60日以内に選挙を実施せねばならないという韓国憲法に従い、２０１７年５月９日に大統領選挙が行われた。文在寅大統領の任期は選挙日の翌日から始まった。

（6）しかし、朴槿恵大統領の辞任を要求する主張は初めてではなかった。第18代大統領選挙における国家情報院の世論操作疑惑（２０１３年）、セウォル号大惨事に関する真実隠ぺい疑惑（２０１４年）、韓国史教科書の国定化の強行（２０１５年）、警察の放水で死亡した農民運動家・白ナンギ氏事件（２０１６年）など、朴大統領の辞任を要求する主張とデモは以前からあった。

（7）総合編成チャンネル（略称、総編）は２０１１年12月１日に開局した。ケーブルテレビや衛星放送などの有料プラットフォームでニュース、ドラマ、教養、娯楽、スポーツなど、全てのジャンルの番組を編成できる放送局である。ＴＶ朝鮮（朝鮮日報系列）、ＪＴＢＣ（中央日報系列）、チャンネルＡ（東亜日報系列）、ＭＢＮ（毎日経済新聞系列）など四つの事業者がある。

（8）ＪＴＢＣに対する信頼と支持は「セウォル号大惨事」のニュース報道から本格化した。当時ＪＴＢＣはＫＢＳやＭＢＣなどの公共放送、大手新聞社などとは全く異なるニュース報道に励んでいた。最も大きな特徴は、被害者・遺族の視点からのイシュー選択と解釈、比較的充実したファクト・チェックや深層報道などである。他の放送局がセウォル号に関するイシューから別のイシューの方に報道体制を転換した後も、セウォル号沈没の真実究明や救助現況について報道し続けていた。

（9）KBSの社長は最高議事決定機構であるKBS理事会が推薦し大統領が任命する。理事会は政府与党が推薦する7人、野党が推薦する4人など、合わせて11人の理事によって構成される。MBCの社長は管理監督機構である放送文化振興会の理事会で選任される。放送文化振興会の理事会は政府与党が推薦する6人、野党が推薦する3人など、合わせて9人で構成される。ストライキ開始の2017年9月現在におけるKBSとMBCの理事や社長は朴槿恵政府の下で任命された。一方、2018年4月現在、韓国放送法の改定案が議論される中、市民社会では政府や与野党が介入してきた公共放送理事会の構成方式および理事の選任方式などの改革を強く求めている。

（10）「ギレギ」は「記者（キジャ）」と「ゴミ（スレギ）」の両言葉をかけ合わせて作られた造語である。

（11）2017年末を基準として寄付金を定期的に支払っている会員はおよそ4万人を超えている。「ニュース打破」の決算報告（2018年3月31日）によると、2017年の一年間一般市民から寄せられた寄付金の総計額は59億5818万467ウォン（約5億9581万8000円）であった。「ニュース打破」の公式サイト（https://kcij.org/board/notice/628）を参照。

（12）ドキュメンタリー映画『自白』では、李明博政権下の2012年にあった、いわゆる「ソウル市公務員スパイ操作事件」を追跡している。当時、国家情報院は華僑出身の脱北者でソウル市公務員を勤めていた柳ウソン氏を北朝鮮からのスパイとして拘束した。柳氏の妹による「自白」を初め、国家情報院が提示したほとんどの証拠は操作されたものであった。崔勝鎬PDは40ヶ月をかけて韓国、中国、日本、タイなどを回りながら真実を追跡した末、スパイ操作事件の実態を明らかにした。2015年10月、大韓民国大法廷は柳氏にかけられていたスパイ容疑に対し、無罪の判決を下した。

（13）2012年の放送局ストライキについては後述する。

（14）ストーリー・ファンディング（story funding）とは、映画の企画や制作過程にクラウドファンディング方式を導入したものである。企画意図や趣旨、ストーリーなどに賛同する不特定の人々がインターネットなどを経由して制作費の募金に参加する形式で行われる。ドキュメンタリー映画『自白』と『共犯者たち』のストーリー・ファンディングに参加した人々には、その見返りとして試写会の招待券が与えられた。なお、映画のエンドロールには参加者全員の名前が表示された。

(15) 記者室・記者団の改革を目指した盧武鉉政府の政策、韓国メディア側からの反応や対応については、森類臣（２００９）を参照。

(16)「集中豪雨型の集団的過熱取材」は「大きな事件や事故が発生した際に、多数のメディア関係者が一般市民や被害者に殺到、執拗な取材が繰り返されることで犯罪被害者や家族の心情を傷付け、周辺住民にも迷惑を及ぼすなどの弊害をもたらすこと」を総称する。早稲田大学ジャーナリズム教育研究所（２０１２）の１８３頁から引用。

(17) 新井直之（１９７９）は「総ジャーナリズム状況」について「事件が発生すると、新聞・ラジオ・テレビ・週刊誌・月刊誌を問わずすべてのマスメディアが総がかりで取材にあたり、活字メディアは紙面を大々的に割き、放送は特別番組を組み、そしてその報道内容がどれも似たり寄ったりする状況」であると説明した。

(18) ２０１５年現在、紙の新聞の全体収入は広告が56・７パーセント、新聞販売が15・９パーセント、インターネットコンテンツ販売が４・４パーセントなどで構成されている。放送の収入源は広告が42・６パーセント、協賛が11・１パーセント、番組販売が13・５パーセント、受信料が12・０パーセントなどとなっている。インターネット新聞は、広告収入が全体の44・７パーセント、付帯事業およびその他の事業収入が41・１パーセント、インターネットコンテンツ販売収入が14・２パーセントなどを占めている。詳しくは、韓国言論振興財団（２０１６）の１０７頁を参照。

(19) 李準雄（２０１０）によると、「傾向性」は「記事を通して利用者の理解を特定の方向に追い立てること」を意味する。記事の論調やアクセスの方式、特定のフレームのみならず、記事内容の一部を選別・強調したり、情報源や引用文を選択的に提示することによって作り出される。

(20) 韓国には「新聞倫理綱領」（１９５７年制定、１９９６年改訂）、「新聞倫理実践要綱」（１９６１年制定）などがある。その他、個別の新聞社や放送局、関連協会や団体でも倫理綱領や放送綱領、取材報道準則、各種のガイドラインなどをそれぞれ制定し運用している。

(21) 欧米では編集の独立（editorial independence）、編集の自由（edition freedom）、ジャーナリズムの自由（journalistic freedom）、編集の自律性（editorial autonomy）、内部的メディアの自由（internal freedom of the press）などの用語が使われて

いる（石村善治 1979）。

(22) 韓国放送法の第4条（放送編成の自由と独立）で「①放送編成の自由と独立は保障される。②放送編成について、同法または他の法律に基づくものでなければ、何人からのいかなる規制や干渉もできない。③放送事業者は放送編成責任者を選任し、その氏名を放送時間内で毎日1回以上公表せねばならないし、放送編成責任者の自主的な番組編成を保障せねばならない。④総合編成または報道専門編成をする放送事業者は放送番組制作の自主性を保障するため、取材および制作従事者からの意見を受け入れた放送編成規約を制定し、それを公表せねばならない」と規定している。

(23)「内部的編集の自由」とは、「メディア内部にいる個々人のジャーナリストが編集方針や経営方針に対して批判する自由、社会的責任に反する報道・制作活動を拒否しうる良心の自由、職種の選択や職能教育などを要求する権利などを包括する自由」を意味する。「内部的編集の自由」や「内部的メディアの自由」については石村善治（１９７９）、花田達朗編（２０１３）などを参照。

(24) １９９０年代に入ってから民言協は言論市民団体である民言連へと変わり、一般市民が会員として参加し始めた。２０１８年現在、民言連の会員はおよそ６０００人であり、全体会員の約80パーセントを占めているのが一般市民である。１９７０～80年代の解職記者らは民言連の指導部として参加している。民言連はメディア報道のモニター及び監視、メディア政策の監視、メディアリテラシー教育など様々な活動を展開している。民主言論市民連合（２０１７）を参照。

(25)「マル（말）」は言葉を意味する韓国語である。民主・民族・民衆言論を志向する「マル」誌は、全斗煥政権による「報道指針」を暴露するなど、当時民主化運動を報道する唯一のメディアであった。「不法メディア」であったにも関わらず、創刊号は一日で売り切りとなった。解職記者の専門性やバランス感覚などを基とし、南北統一問題や朝鮮半島の情勢、労働組合のストライキ、海外の民主化動向などに関する情報やニュース、解説を掲載していた。民主言論市民連合（２０１７）を参照。

(26) 当時、「受信料」ではなく「視聴料」が公式用語として使われていた。

(27) 設立資本金が2億ウォン（約２０００万円）、常勤記者4人、市民記者７２４人をもって創刊された「オーマイニュース」は、２０１７年９月現在、累積で８万６０２４人の市民記者が91万９１９４件の記事を作成してきた。「オーマイニュース」によると（２０１４年12月17日付）、イギリスの日刊紙ガーディアン（The Guardian）が２００４年12月16日付で報道した記事では、ＢＢ

C（http://news.bbc.co.uk）、ニューヨークタイムズ（http://nytimes.com）、グーグルニュース（http://news.google.co.uk）、スコートマン（http://scotsman.com）などとともに、世界五大ニュースサイトとして選ばれた。

（28）たとえば、「老斤里事件」報道がある。呉連鎬は「マル」誌の記者であった１９９４年10月、朝鮮戦争の時、老斤里で約４００人の良民が米軍によって虐殺された事件を報道したものの、国内メディアでは誰も注目しておらず、韓国国民の大多数もその事件について知らなかった。５年後の１９９９年９月、ＡＰ通信がその事件を特ダネとして報道し、全世界で大きな波紋を呼び起こしてから、韓国の大手メディアでもその事件をニュースとして取り上げることになった。

（29）たとえば、２００２年12月、読者が購読料を支払う「自発的有料化」制度を導入し、２００９年７月には「10万人クラブ」の会員を募集し始めた。「10万人クラブ」は、オーマイニュースの自立的な経済体制を構築するため、月１万ウォン（約１０００円）の金額を定期的に寄付する支援者の集まりのことを言う。「10万人クラブの出帆宣言」（２００９年７月８日）によると、資本の影響力から自由である市民参加型のジャーナリズムを具現するためには、読者が直接支払ってくれる収入の割合を最低50パーセントまでに引き上げるべきという思惑からの試みである。２０１７年９月現在、「10万人クラブ」の会員は１万４２１７人である。詳しくは、公式サイト（www.ohmynews.com/NWS_WEB/payment/pay_hunthousand_main.aspx）を参照。

（30）「オーマイニュース」が創刊の時から標榜しているスローガンである。ニュースゲリラは市民記者のことを指す。

（31）「ニュース打破」の公式サイト（https://film.newstapa.org/2#about）を参照。

（32）全国映画館の10割りに当たる48ヶ所の映画館で上映された。

（33）「ＰＤジャーナリズム」とは違って、「記者ジャーナリズム」という用語は一般的には使われてない。「ＰＤジャーナリズム」に関する議論の中、両者を区別するために使われた相対的・暫定的な用語である。特に、報道局を中心とした記者の間では、ジャーナリズムというのはそもそも記者固有の領域であるため、「記者ジャーナリズム」という用語自体が成立しないと批判的である。なお、記者群とＰＤ群の間では、「記者ジャーナリズム」と「ＰＤジャーナリズム」それぞれの特性に関する解釈や評価も異っている。

（34）韓国放送法では、放送に関する事業や業務の実行とその監督管理などを「放送事業者」の権限として定めており、放送事業者は通常当該放送局を代表する者としての社長に当たる。すなわち、放送法第４条で「放送編成の自由と独立」が規定されているものの、その実行可否は放送事業者とも言える社長の権限によって左右されてしまう。結局のところ、韓国放送法の第四条と「内部的編集の自由」は「編集権」概念に含まれている「経営管理者の排他的な権限」という言説の中に閉じ込められていると見ることができる。韓国放送法の第４条については本稿の「脚注22」を、また上述の解釈および主張については鄭寿泳（２０１２）を参照。

（35）「民主的メディアシステムモデル」は、ヨーロッパのメディアとその実践活動などを基にしている。当モデルでは「中核メディア」をメディア環境の中心部において、その周辺に「私的企業部門（Private Enterprise Sector）」、「市民メディア部門（Civic Media Sector）」、「専門職メディア部門（Professional Media Sector）」、「社会的市場部門（Social Market Sector）」などの四つを配置している。

＊参考・引用文献

〈日本語〉


新井直之、１９７９、『ジャーナリズム　いま何が問われているか』東洋経済新報社。

石村善治編、１９７９、『開かれたマスコミとは何か』時事通信社。

森類臣、２００９、「韓国・盧武鉉政権による「記者クラブ」解体の研究」『評論・社会科学』第八九号、31〜87頁。

森類臣、２０１６、「韓国における代案言論メディア創出のダイナミズム―言論民主化運動の系譜から」奥野昌宏・中江桂子編『メディアと文化の日韓関係―相互理解の深化のために』新曜社、２１５〜２５３頁。

早稲田大学ジャーナリズム教育研究所編、２０１２、『エンサイクロペディア現代ジャーナリズム』早稲田大学出版部。

花田達朗、１９９６、『公共圏という名の社会空間―公共圏、メディア、市民社会』木鐸社。

花田達朗、１９９９、『メディアと公共圏のポリティックス』東京大学出版会。

花田達朗編、２０１３、『内部的メディアの自由―研究者・石川明の遺産とその継承』日本評論社。

藤田博司、２０１０、『どうする情報源―報道改革の分水嶺』リベルタ出版。

〈韓国語〉


高ソンピョウ、２００３、「第三の言論権力・オーマイニュースの大解剖」『月刊中央』３月号（第29巻3号、通巻３２８号）ＵＲＬ：http://jmagazine.joins.com/monthly/view/211605

金オクジョ、２００４、『メディア倫理【改訂増補版】』コミュニケーションブックス。

金南石、２００１、「出入り処記者団――記者室の形成過程と現状」『寛勲ジャーナル』夏号（第42巻2号、通巻79号）、１８５～１９６頁。

金チュンシク・柳ホンシック・ジョンナゴン・李ヨンファ、２０１４、『災難報道の現状および改善策に関する研究――「セウォル号惨事」報道内容分析』韓国言論振興財団。

民主言論市民連合、２０１７、『民主言論市民連合30年史Ⅰ　民主言論、新たな挑戦』黒い牛。

放送記者連合会、２０１４、『ジャーナリズム研究シリーズⅢ　セウォル号報道、ジャーナリズムの沈没――災難報道の問題点と改善策』放送記者連合会。

放送記者連合会ジャーナリズム特別委員会、２０１４、『ジャーナリズム研究シリーズⅡ　ジャーナリズムにおける七個の問題と点検目録、放送ニュースの正しいやり方』カルチュラル・ルック。

尹ドクハン、２０００、「全斗煥政権下の言論」宋建鎬ほか『韓国言論の正視』五つの車、４８８～５２６頁。

李承宣、２００９、「編集権に関する法的議論の特性および限界」『社会科学研究』第20巻1号、１４３～１６６頁。

李準雄、２０１０、「韓国言論の傾向性といわゆる「事実と意見の分離」の問題」『韓国言論学報』第54巻2号、１８７～２０９頁。

林グンス、１９６４、「新聞における公正さの実際――編集権の擁護と独立」『新聞と放送』５月号、17～19頁。

鄭寿泳、２０１２、「編集権・編成権に閉じ込められた内部的編集の自由――日本新聞協会の編集権声明の国内導入に関する歴史的考察」韓国放送学会編『観点のある韓国放送文化史』ハンウル・アカデミー、３８１～４４０頁。

鄭寿泳、２０１５、「セウォル号言論報道の大惨事は復旧できるのか――ジャーナリズム規範のパラダイム転換のための理論的省察」『コミュニケーション理論』第11巻2号、56～１０３頁。

蔡白、２０１５、『韓国言論史』カルチュラル・ルック。

崔榮默、２００４、『ＰＤ手帳、韓国ＰＤジャーナルズムの宝庫』コミュニケーションブックス。

崔ユンウォン、２０１５、「データ無しでは真実を語り難い」『放送記者』第24号、34～35頁。

韓国新聞放送編集人協会編、２００７、『韓国新聞放送編集人協会50年史――１９５７～２００７年』ハンウル・アカデミー
韓国言論振興財団、２０１６、『２０１６年度韓国言論年鑑』韓国言論振興財団。

洪ソング、２００３、「インターネット新聞の成長と言論秩序の変化」『社会科学研究』第42号、２３７～２５３頁。


〈英語〉

Curran, J. 2002 *Media and Power.* London: Routledge.
Tuchman, G. 1978 *Making News: A Study in the Construction of Reality.* Free Press. 朴フンス訳、１９９５、『メイキングニュース――現代社会と現実の再構成に関する研究』ソウル：ナナム出版。
Tuchman, G. 1981 The Symbolic Annihilation of Women by the Mass Media. In Cohen, S. & Young, J. Eds. *The Manufacture of News: Deviance, Social Problems and the Mass Media.* Beverly Hills, CA: Sage, pp.169-185.
Shoemaker, P. J. & Reese, S. 1996 *Mediating the Message: Theories of Influences on Mass Media Content 2th ed.*. NY：Longman.

# 2　台湾の「報導者（The Reporter）」

## ――市民社会の発展、メディア改革の社会運動、そして非営利探査ジャーナリズムの誕生

林怡蓤（リンイーシェン）

## はじめに

台湾では、2015年12月に初の探査報道専門の非営利ネットメディア「報導者」（The Reporter）が登場した。以来、徐々に支持者を集め、運営基盤を安定させ、報道内容の質も国内外で評価されるようになる。新興メディアとしてスムーズにスタートを切り、この2年半の間の軌跡を見て順風満帆とまでは言えないものの、「独立か統一か」というナショナリズム・イデオロギーに左右され、資本家や政治家の意向に翻弄されやすい台湾のメディア環境から見れば、「報導者」はメディア界の「清流」として多くの期待が寄せられている。

では、そもそもなぜ、台湾に「報導者」のようなメディアが登場したのだろうか。

欧米では探査報道メディアやそれを支援するNGO／NPO団体が30年以上前からすでに登場し、近年、探査報道メディアは一種の世界的潮流として、先進国だけでなく多くの開発途上国においても脚光を集めるようにな

る。なかでも2016年のパナマ文書報道や2017年のパラダイス文書報道は、探査報道の国際連携の成功例として、ジャーナリストが国境と言語の壁を越えて政治・経済勢力の利権に果敢に挑戦した実績として歴史に残るに違いない。他方では、経済不況による広告費の削減や読者離れ・メディア離れという世界的現象のなかで、台湾も例に漏れず数多くの主流メディアやネットメディアが低コストに走り、即時性・娯楽性の高いニュースを産出することに腐心し、時間もコストもかかる探査報道が切り捨てられるということは、業界ではすでに既成事実として知られている。こうした相反する現象の中で、「報導者」のような探査報道メディアが登場する背後には、どのような社会的変化が見られ、台湾社会はその登場をどう受け止めているのだろうか。また、どのようなメディアの可能性を示しているのだろうか。

本論文では、「報導者」を突如現れた単独事例として扱うのではなく、「報導者」のようなメディアを生み出した台湾社会を歴史的、社会的、経済的側面から考察していく。まず、探査報道の歴史を回顧した上で、90年代以降の市民社会の登場およびメディア環境を取り巻く熾烈な競争によってもたらされたジャーナリズムの危機を考察し、市民とメディアとの関係の変化を取り上げる。最後に、探査報道を唯一の報道スタイルとして掲げる「報導者」について、内部組織の運営からテーマ選び、そして取材・編集のプロセスについても考察し、市民社会の知る権利に貢献できるメディアのあり方について考えていく。

## 1. 台湾における探査報道の歴史

### (1)「報道文学」の持つ批判意識

台湾の探査報道は、当初は新聞報道という形ではなかった。文学の形式から形成されたことに特徴があり、それは「報道文学」と呼ばれている。報道文学とは、作家が取材調査を行い、そこで得た事実と証言を元に文学的描写と要素を加えてストーリーを組み立てて作成したものである。作品は事実に基づいて書かれるものの、登場人物の対話やディテールの描写には濃厚な文学的要素を含んでおり、作者による主観的な解釈をあえて排除しないものである。1935年に作家の楊逵が台中新竹大地震の被災地に入り、実際の取材をもとに『台湾地震災区勘査慰問記』を発表した。これは台湾における最初の探査ジャーナリズムの要素を含んだ文学作品である（林淇瀁 2013）。

戦後、台湾社会はしばらく混乱とメディアの言論統制を経験したが、70年代には『中国時報』の「人間副刊」（人間文芸面）が報道文学の作品を積極的に掲載したことがきっかけとなり、報道文学ブームが巻き起こった。若い世代の作家が台湾社会の低層にいる労働者、原住民族、女性、貧困者らに目を向け、山奥や辺境地に赴き、当事者の声を作品を通して読者に伝えた。それが多くの社会的反響を引き起こし、社会改革の意識向上に繋がった。さらに、1985年に作家の陳映真は台湾の報道文学を代表する雑誌である『人間』を創設した。『人間』は、そのタイトルにあるように、「人間」そのものに焦点を当てる報道をモットーに掲げていた。人間の生活、思想、感情、希望、失意、尊厳、束縛、解放などから人間存在の価値を問い、「顔の見えない」マイノリティの人たちや主流メディアが見ようとしない現実社会を報道することに徹する姿勢を見せていた。『人間』が1989年に休刊するまで、権威主義の政治と資本主義の経済環境からなる台湾社会が抱えていた環境汚染、労働者、農民、退役兵士、ホームレス、エイズ患者、未成年売春、児童虐待などの問題を露わにし、多岐にわたるテーマで多くの報道文学作品を世に送り出した。創設者の陳映真が私財を投げ打って経営を支えていたが、やはり経営難を乗り越えることはできず、4年余りで休刊となった。しかし、『人間』の報道文学ジャーナリズムは、今でも探査報道の先駆けして語り継がれ、多くの痕跡を残している。その最も大きな成果は、文学を社会運動と報道に接続させ、記者、文学創作者、社会運動家がともに一つの報道媒体を作り上げることに結実させたことである。また、『人間』の報道写真は、文章に劣らず訴える力を持ち、強いインパクトを以って報道文学のスタイルを確立させていた。[*1]

### (2) 90年代以降の探査報道の登場と伝統の不在

90年代に入ると、放送と活字メディアの規制緩和と新規参入が続々と起こった。いわゆるメディアの民主化と自由化が発展し始める時期である。それと同時に政治的、社会的地盤変動によってもたらされた「新しい」時代に直面した市民の情報に対する欲求は、以前にも増して高まる一方だった。他方では、競争が激化し始めるメディア業界では、記者の中には探査ジャーナリズムへの知識も経験もない者が大多数を占める中で、わずかではあるが探査ジャーナリズムを志す記者もいた。

１９９６年10月、『亜洲週刊』の記者・謝忠良は、政治家の汚職と秘密外交との関連を暴露した記事を発表した。国民党の財産と予算を統括する投資事業管理委員会の委員長である劉泰英が、密かに当時のアメリカ大統領・クリントンに１５００万ドルの政治献金をした疑惑についてのスクープ記事だった。これは台湾メディア史上、政治とカネが絡み合う裏の真相を大胆かつ綿密に暴露した探査報道であり、代表的事例でもある。記事掲載後、謝忠良はこの記事によって劉泰英に民事と刑事訴訟で訴えられたが、3年間の訴訟を経て台北地方裁判所は謝忠良に無罪の判決を言い渡した。裁判所は、憲法の「表現の自由」を拠り所に周到な取材と調査によってなされた記事に対してその権利を適用すべきであるとの判断を下した。ニューヨークに拠点を置いたジャーナリスト保護委員会（CPJ）は1997年に謝忠良とその取材仲間の陳婉瑩に「International Press Freedom Award」を贈り、この案件はアジアにおける報道の自由の勝利であると評価した。*2 さらに謝忠良は2002年に台湾の週刊誌『壱週刊』に在職しながら引き続き国民党に関わる秘密政治資金の存在と流用の過程を追い、いわゆる「国家安全秘密資金」が当時の総統、李登輝の承認によって国内外でマネーロンダリングされ、政治的利益に繋がった過程を特集記事として掲載した。この特集は30万部の売り上げを記録し、大きな注目を受けた（林照真 2006：51）。結果として2004年4月に李登輝が裁判所で証人尋問台に立たされ、劉泰英を含めた多くの関係者が一時収監されるなど、裁判を通して政治秘密資金の存在とその不法性が証明された。しかし、謝忠良自身は国家安全局に2年あまりにわたり盗聴されたうえ、「外患罪」として提訴され、度重なる尋問と捜査を受け、外国渡航禁止処分を下された（林照真 2006：63-65）。探査報道ジャーナリストが重大な調査活動を行う際に多大なリスクと代償を負わなければならないことを物語っている。

90年代の雑誌における大型探査報道の登場のほか、それ以降は一部の主流メディア、たとえば『聯合報』『中国時報』『蘋果日報』において探査報道の専門部署が成立し始めた。『蘋果日報』はパパラッチ式の取材や撮影によるセンセーショナル報道として有名だが、探査報道にもある程度力を入れており、なかには有名企業の欠陥テレビ製品の製造と流通を暴露した報道などで社会的評価を博した。放送メディアで言えば、公共放送の「独立特派員」「記録観点」や民間全民テレビの「異言堂」などの深度調査（in-depth）、探査報道番組が登場し、社会現象や問題を幅広く取り上げていた。また、近年においてフリージャーナリストが自ら行った探査報道の中にも、主流メディアが及ばない程の質と影響力を備えた作品が数多くある（羅世宏 2012：68）。このように90年代から探査報道がある程度根付いているように見えるが、しかし、多くの研究者が指摘するように、全体的に見ると、台湾のメディア企業は市場原理に走るあまり、権力監視、ウォッチドッグという理念を具現化する探査報道のモデル確立に消極的な姿勢を見せていた。そのため探査報道は、組織化されたチームワークというよりは少数の記者の志と個人の意思に依存する部分が大きく、とりわけ活字媒体では孤軍奮闘のパターンが多いため、メディア組織の中で経費削減や部門縮小の際に槍玉にあげられる対象となりやすい。

上述した探査報道の虚弱な基盤と伝統の不在のなかで、探査報道の必要性、重要性を改めて社会に提起する動きがあった。1986年に設立された呉舜文新聞賞が2005年から従来の速報ニュース賞や時事評論賞の他に「新聞深度報道賞」を設け、また、メディア報道分野における最高栄誉とされる卓越新聞賞が2011年から「調査報道賞」を新設したことだ。同年活字メディアの受賞者はいなかったが、放送部門の調査報道賞は独立ジャーナリスト李惠仁に贈られた。彼は自費制作作品「不能戳的秘密（突っ込まれてはいけない秘密）」の中で鳥インフルエンザH5N2の流行を隠蔽した政府部門のウソを暴露した。翌年から月刊誌、週刊誌、NPOネットメディア、新聞社から推薦作品が寄せられるようになり、放送と活字媒体における探査報道の重要性が徐々に再評価されるようになる。

### (3)クラウド・ファンディングの導入と市民参加

2000年以降、インターネットの普及に伴い、メディアを所有することやそれに所属することがジャーナリズム活動の先決条件ではなくなったことがきっかけとなり、ジャーナリズムの言論活動が新たな一面を見せるようになる。そこで前節で述べた既存メディアにおける探査報道への関心の低迷に対して、インターネットの双方向性を生かして、主流メディアが長年批判されてきた市場原理主義を導入せず、探査報道の新たな可能性を探る動きが登場した。２０１１年４月にメディア研究者の羅世宏と胡元輝が先頭に立って「優質新聞発展協会」を設立し、同年の12月にネットで「weReport」という名称の、探査報道のテーマ提案と寄付活動を結びつけるプラットフォームを立ち上げた。「weReport」は、一般市民による委託制作（public commissioning）という理念から、クラウド・ソーシング（crowdsourcing）という概念を取り入れて市民による探査報道テーマの提案を奨励し、それをクラウド・ファンディング（crowd-funding）形式で資金調達を行い、作品の取材と公開に繋げるプラットフォームである。その理念や形式は、主に「Spot. Us」[*3]というアメリカ初のクラウド・ファンディング・ジャーナリズムのサイトを参考に立ち上げたものである。

「weReport」は「you support, we report」というスローガンを掲げ、探査報道に関心を持ち、行動する意欲のある市民であれば誰でも提案、意見交換、そして賛助することができる仕組みとなっている。ちなみに既存メディアに在籍している記者は寄付を受ける対象にはならないという規定がある。weReport運営委員会は提案されたテーマに対して、内容の可否についての審査を行わず、形式的審査と意見を提供し、あくまでも市民の判断と選択に委ねることを原則とする。また、weReportは、プラットフォームの運営以外に、探査報道の講演会、研究ワークショップなども開催し、多くの経験と知識を市民社会に還元し、循環を形成していくことを目指している。

WeReportは設立当初、大学教員や大学生、ジャーナリストなど、メディア改革に強い意識と意欲をもっている、いわゆる専門家集団が中心的な役割を果たしていた。[*4]しかし、その中心メンバーの林麗雲が指摘したように、異なる分野の人々や一般市民にも共鳴してもらい、参加してもらうことは大きな課題だった。初年度には21件のテーマ提案と19件の完成作品があり、２６０万元（約８００万円）の賛助金が集まったが（陳宜欣 2015）、テーマの約9割が独立ジャーナリストやメディア学部所属の学生から提案されたもので、それ以外の市民への浸透にはまだ成果が見られない結果だった（林麗雲 2012）。賛助金の集金状況を見ても、初期はメディア関係者（ジャーナリスト、メディア研究者、メディア関連学部の学生など）による拠出が65％以上を占めていた。

ところが前述の独立ジャーナリスト李惠仁が社会的に大きく注目され、彼もweReportで製作資金を募ったことをきっかけに、２０１２年には一般市民や団体からの賛助金の割合が5割以上を占めるようになった。設立２年目には累計30件のテーマ提案があり、３年目には57件にまで増加した。２０１８年8月現在では累計85件の提案は、政治、環境、農業、労働者、司法、メディア、人権、教育などのジャンルに亘り、合計１５４５人以上から賛助金を得ている。weReportは規模や社会における認知度にはまだまだ努力の余地があり、完成作品の発表や公表の方法においても改善すべき点が多く見受けられるが、問題（テーマ）提起者とそれに賛同する人々をつなぎ、「賛助」という信頼関係を通して、作品が社会に向かって産出され、還元されていく循環モデルを作り上げたことにその存在意義があるように思われる。

## 2. メディア環境の変化と市民社会の発展

前節では探査報道の歴史と近年の新たな動きを短く考察したが、本節ではその下地であるメディア環境と台湾社会をとりあげる。ここでは80年代以降展開されたメディアの民主化と自由化の結末、メディア改革に対する市民社会の強い意識、そして社会運動を通しての実践を考察していく。

## ⑴民主化と自由化の光と陰

日本の植民地統治から戦後の国民党一党権威統治を経て、１９８７年にようやく民主化の兆しが台湾社会に現れた。それをもっとも象徴した出来事は、戒厳令の解除だった。政治的構造転換は、放送ディアにも大きな影響を及ぼした。具体的には、非合法ラジオと非合法ケーブルテレビの合法化の動きに加えて、ラジオ、ケーブルテレビ、衛星放送の新規参入をめぐる法的整備が行われ、政治的反対派やマイノリティの人々の声が正々堂々と電波に乗って放送されるようになった。地上波については既存3局のほか、民進党の支持者によって設立された民間全民テレビが新規参入し、それまで国民党が独占していたメディア言論に対抗する構図を作り上げた。また、１９８９年には商業テレビの不足を補うために公共テレビ局が設置されるなど、80年代から90年代にかけていわゆるメディア言論の民主化とメディア産業の自由化が幕開けしたのである。

さらに２０００年代に入ると、それまで地上波テレビの経営に関わっていた政党、政府、軍隊の勢力を排除するための改革が行われ、さらに放送通信業務を監督する独立行政機関「国家放送通信委員会」（ＮＣＣ）が成立し、原住民族テレビと客家テレビというエスニック・マイノリティのためのテレビチャンネルが設立された。台湾のメディア環境は以前の権威主義的言論コントロールから脱却し、90年代以降、メディア公共化が一部実現されるほか、多チャンネル、多言語、政治的異議が自由に発声できるようなメディア空間も繰り広げられるようになる（林怡蓉 2014）。

しかし、こうした制度的、構造的な改革を通して、台湾の放送メディアが従来の政治権力との癒着から解放されつつあるように見えるが、実際のところ、政治権力は、メディア市場の自由化を利用し、巨大な経済資本を通してより巧妙な形でメディアの経営に入り込み、メディアのあり方にまで影響するようになった。さらに新自由主義の風潮の中で市場原理と利益至上主義が強調される台湾の活字と放送メディアは、当初理想とされていた市民社会のウォッチドッグという役割よりも、自らの産業化と肥大化とともに政治や経済権力の利権と複雑に絡み合い、市民社会からはいつの間にか巨大猛獣化してしまったように見えた。それを象徴する現象として、たとえば政治的言論の二極化、報道内容の娯楽化と過激化に加え、近年においては報道内容のでっち上げ、プライバシーの度重なる侵害、SNSや車載カメラの映像を記事として配信するような安易な報道手法が主流化するなど、報道倫理に関わる重大な問題のみならず、ジャーナリズムそのものの理念と価値自体を損なうような事態まで発生してしまう。

また、台湾のメディア言論にはもう一つ特徴がある。それは、台湾の独特な歴史的経緯からきたナショナル・アイデンティティとエスニック・アイデンティティをめぐる立場の軋轢である。前者は、中国との政治的、外交的関係をめぐる「統一か、独立か」の中国ナショナリズムと台湾ナショナリズムの間の対立であり、具体的には国民党の「統一志向」と民進党の「独立志向」がある。後者は「自分は何人？　中国人？　台湾人？」をめぐるエスニック・アイデンティティの再確認、そしてマイノリティである客家と原住民族の存在を承認する台湾社会におけるエスニック秩序の再構成という問題である。メディア報道を含めたほとんどの政治的主張や論述はこうしたナショナルおよびエスニック・アイデンティティの対立軸によって構成され、台湾社会の二極化を招く結果となる。民主化と自由化は、一方では社会とメディアの解放のきっかけをもたらしてくれたが、他方では、社会の深層に根付いた矛盾と対立が表面化し、ナショナリズムの異なる志向によって分断される社会を作り出した。そこで架橋を務めるはずのメディアは、しかし、みずから鮮明な立場を打ち出すことによってかえって対立や分断を深めてしまうケースがしばしば起きる。

## (2) メディアの不況と市民社会の不信

90年代が台湾のメディア秩序の再編の時代だとするならば、2000年以降はメディアの肥大化と競争激化の時代だと言える。2000年代から投資ファンドや外国資本、さらに異業種の資本が次々と活字および放送メディアに進出し、メディア企業の買収・合併、そしてグループ化する動きが現れ、加速する。台湾四大紙の一つである『中国時報』の創設者一族は、中天テレビと国民党が所持していた中国テレビを買収し、2007年に活字、放送、インターネットメディアを擁する「中国時報集団」を形成した。しかし2008年には経営不振のため、中国に拠点を置く大手食品会社の旺旺集団に買収され、「旺旺中時媒体集団」と名称改変した。異業種による大規模なメディア買収だった。さらに「旺旺中時媒体集団」は、2010年にケーブルテレビの大手「中嘉網路」、そして2012年に香港資本の「壱伝媒」の買収に乗り出し、さらなるメディア版図の拡大を図ろうとした。ところが「旺旺中時媒体集団」オーナーの中国寄りとメディア言論への強い介入の姿勢が懸念され、この買収が成立すれば「旺旺中時媒体集団のメディアの独占」という社会的懸念が強く沸き起こった。2011年からメディア研究者を中心とする買収反対運動のほか、台湾記者協会などの民間団体と各大学の学生団体が「メディア独占反対デモ」を催し、多くの市民が街頭に現れた。こうした市民社会からの反対意見が一部功を奏して、NCCは2013年に「中嘉網路」の買収案について、NCCが出した附加条件を満たしていないとの理由で、不許可の最終決定を下した。

また、ケーブルテレビ業界でも、合併買収が繰り返されている。2013年に、18のチャンネルを擁する年代電視集団は、「壱伝媒」傘下の「壱電視（ネクストTV）」の買収を発表した。さらに2015年には大手ケーブルテレビ「東森テレビ」の6割超の株式が中国資本の関連企業によって買収される話が浮上し、中国勢力が台湾メディアと言論に与えうる影響について多くの懸念の声が上っている。このようにメディア間の合併買収によって、台湾のメディアは表面上の多チャンネル化とは裏腹に、経営所有権の集中化現象が起きている。

前述の買収合併の背景には年々萎縮する広告収入に伴うメディアの経営難がある。２０１６年上半期のデータで見れば、メディア全体の広告収入は１８０億元と前年度より12・5％減少し、活字（新聞、雑誌）、放送（ラジオ、地上波、ケーブル）のいずれも下落傾向である。[5] とりわけ活字メディアの下落幅が2割と最も大きいとされる。それに対してネットメディアの広告収入は増加の趨勢を見せており、２０１６年上半期ではすでに放送メディアのそれを超えている。[6] 限られた広告収入を得るために、各メディアは経営面では記者のリストラや部門の規模縮小、報道面では購買量が最も稼げるイエロージャーナリズムが主流となるほか、ステルス・マーケティングという記事を装った広告宣伝の手法が横行し、特定の政治家や政府機関や公式イベントなどの宣伝記事が頻繁に登場し、一面を飾ることもしばしばある。

このように政治的言論の二分化、メディアの集中化、ジャーナリズムのセンセーショナル化する現象に日々接触している台湾の人々は、メディアに対して深い不信感を抱いている。２０１６年に天下雑誌社の調査[7]によれば、一般市民の記者に対する信頼度は、裁判官に次いで二番目に低い結果が出ており、「信頼していない、非常に信頼していない」と答えた割合は58・3％にのぼる。遡って２００９年に研究者が20歳以上の市民を対象に行った調査[8]では、回答者の60・2％はメディア全般を「信頼していない」との答えが出た。また、「メディアが報道した政治情報は関心を持つに値するものであるか」という質問に対して、「同意しない」割合は47・3％、「メディアが報道した政治情報は信用できるものか」という質問に対して、81・8％は「同意しない」との反応を示した。他方では、「政治官僚と代議士がメディアに報道されている政治情報をとても気にすると思うか」質問に対して、

「同意する」答えは64・8%で、「メディアが報道した政治情報は、よく政党や財団から影響を受けていると思うか」という質問に対して、79・9%は「同意する」という結果であった。メディアは政治・経済権力に近い位置にあり、市民社会から最も遠い存在だと認識されている様子が窺える。

### (3) 社会運動の隆盛と新興ネットニュースメディアの登場

前節で述べてきたメディア環境の悪化に対して、不信と批判の声をあげながら積極的に改革を求める市民社会の動きがある。90年代から台湾にはメディア改革を目的とする社会運動とNGO団体が多く登場するようになった。大きく分ければ、メディア報道内容の改善とメディア環境の構造的改革を求めるものに区別できる。前者についてたとえば「台湾メディア観察教育基金会」(1999年設立、以下では設立を省略)、「視聴者メディア監督連盟」(2003年)があげられる。後者は、記者と当事者が主体となるメディアNGOである。

1994年に『自立晩報』の経営権移転の問題をきっかけに、編集部の取材と編集の自由を求めて街頭デモを起こした記者たちは、翌年に「台湾記者協会」を設立し、報道の自由と記者の労働者としての権利を守ることを主張として掲げている。ほかに「マスメディア学生の集結」(1994年)、「地上波テレビ民主化連盟」(2000年)、「メディア改造学社」(2003年)は街頭デモのほか、研究会の開催、学術論文の発表、電子ジャーナルや書籍の出版など、積極的に意見を公表し、メディア業界との対話を重ね、社会におけるメディア改革意識の醸成と集結に務め、メディア政策の形成と関連法案の改正には一定の貢献をしてきた(林怡蓉 2014)。こうしたメディア改革の声を牽引しているのは、メディア研究者と学生とジャーナリストである。メディア専門教育が盛んに行われている台湾の大学と大学院は、メディア活動の研究・分析を行うほか、改革運動の拠点としても機能し、学術界から社会改革に向かって積極的に働きかけている。また、90年代から政治的対抗運動や社会的改革運動では大学生が主役を務める伝統があり、前述の「メディア独占反対デモ」（２０１２年）、「ひまわり社会運動」（２０１４年）、「高校歴史教科書微修正反対運動」（２０１４年）が例としてあげられる。こうした社会運動の隆盛とともに、オルタナティブ・メディアは大きな存在感を示している。

戦後台湾におけるオルタナティブ・メディアの歴史は、50年代の党外雑誌から80年代の非合法ラジオや非合法テレビに遡ることができるが、近年インターネットの急速な普及とともにネットメディアが主流となりつつある。２０１７年の調査結果では、ブロードバンドでインターネットに接続している人口は１８７９万人に達しており、総人口の８割以上を占めている。[*9] 90年代のウェブサイト、電子報、ブログから近年のＳＮＳまで、様々なネットメディアを通して個人や団体は社会問題について発信し、意見交流と情報交換を行なっている。たとえば「苦労網」は社会運動団体が運営するニュースサイトで、マイノリティの労働搾取問題を取り上げている。農業と土地問題にフォーカスし、自社農産品の売り上げでニュース部門を支える自給自足型メディアである「上下游News&Market」、台風の被害と復興再建を追跡する「88news: 莫拉克獨立新聞網」、大学が拠点の「生命力新聞」、フリージャーナリストが自ら運営する「環境報導」などは代表的な存在である。また、公共テレビの「PeoPo 新聞」のようにプラットフォームとして映像や文章の投稿を統合し、当事者、ローカルな視点からの報道を提供するものもある。

ＳＮＳについても、近年の Facebook の急速な普及に伴い、[*10] 個人や団体がこうした手軽な発信手段によって社会に思わぬ大きな影響力を及ぼす事例が多く出ている。２０１４年の「ひまわり社会運動」の際に、主流メディアが運動に対して否定的な報道に一辺倒していることに疑問を持った数名の大学院生が、現場の状況をリアルに伝えようとFacebookの「台大新聞E論壇」ページで報道記事を載せ始めた。現場の路上でパソコンで記事を作成し、グループで編集と事実確認作業を行い、終日記事と映像を提供し続けた。この「台大新聞E論壇」の報道は大学生が主体となる総勢90名の市民による自主報道活動となり、22日間において延べ1234件の記事、12万5000人あまりのフォロワーという規模に達した。このように市民による自発的な報道活動とそれを受け入れる社会的基盤ができつつあるのは近年における大きな特徴である。

他方、前述のボランティアベースで非営利のもののほかに、ネット専業メディアと呼ばれる専門ニュースサイトがここ数年、雨後の筍のように続々と登場する（山田 2017）。遡れば、2000年に「明日報」が登場し、ネットでのみ配信するニュースメディアの時代の幕を開いた。ところが資金難のためわずか1年で休刊となった。2009年には「新頭殻（New Talk）」が登場しハードニュースを売りにしていたが、現在は娯楽や旅行、美食などのソフトニュースも発信する総合ネットメディアに変身した。さらに近年では「風伝媒」、「上報」、「端伝媒」、「信伝媒」などが続々と現れて、ネット専業メディアの戦国時代の到来を告げている。その多くは既存メディアから人材をスカウトし、プロによるメディア報道をネット上で展開しようとする試みである。ほとんどは設立者の資金繰りと広告収入に頼っており、いずれも安定した経営基盤を築くにはまだ多くの課題がある。近年ネットメディアの広告収入が放送メディアのそれと逆転したものの、既存メディアもウェブサイトを立ち上げて広告費獲得の競争に参入している現状の中で、ネット専業メディアはどこまで勝ち残れるのか、今後注目すべき点である。

## 3．試行錯誤中の「報導者」とそれがもたらす意味

これまで述べてきた台湾の市民運動とメディアの状況変化をみると、既存メディアだけでは市民社会の情報に対するニーズが満たされておらず、そのためオルタナティブ・メディアやメディアNGOの情報収集・発信活動が盛んに行われていることがわかる。これらのメディア活動はいずれも小規模だが、社会的影響力は無視できないものに成長しつつある。そこで「報導者」は、これまでになかった探査報道だけに特化したメディアとして登場し、そして市場原理モデルでは探査報道の未来が見えないという考えで非営利の道を選んだ。

### ⑴財源、台湾の寄付文化

「報導者」は2015年9月1日、台湾の「記者の日」に発足し、同年の12月から正式にオンラインした。その創設者で初代の編集長となるのはベテラン新聞記者の何栄幸である（＊補注1）。彼はこれまで28年あまりの記者生涯の中で、『自由時報』、『中国時報』、『天下雑誌』を歴任した傍ら、1995年に台湾記者協会の初代会長、台湾大学新聞研究所でも講座講師を務め、多数の著書を出した経歴の持ち主である。『中国時報』の副編集長だった時に「調査報道室」を率いて多数の探査報道作品が授賞を受けたほか、『天下雑誌』に在籍中は「天下@独立評論」というネット言論プラットフォームを創設し、会社から支持を得て広告費に依存しない形で運営していた。彼は現在の若者の新聞離れという現象を目前に、新しい世代と対話するには新たなメディアが必要だと痛感し、そしてかねてから商業ベース、つまり広告費が財源であるメディア経営に常に疑問と限界を感じるところがあったため、自ら「報導者」を設立する道を選んだ。彼が理想としていたのは、アメリカの非営利探査報道メディア

ProPublicaであった。

非営利という組織形態で設立した「報導者」は、寄付金を唯一の財源とした。最小限の規模を維持するには推定年間約3000万元（約1億円）の運営資金が必要であることから、創設準備期に何栄幸はまず台湾の実業家の童子賢に相談した。童子賢はパソコンと携帯部品を生産するIT企業の社長だが、本人は台湾の文学と芸術活動の推進にとても積極的な人物で、文芸関連団体に長年にわたり資金援助や投資を行うほか、公共放送グループの理事も務めた経験があり、メディアと文化活動の支持者として知られている。童子賢は「報導者」の設立理念に共感し、最初の3年間、毎年2000万元（約6000万円）のポケットマネーによる寄付を承諾した。実際彼はこれ以上の寄付を出しており、2017年度の公表資料を見ると、さらに1000万元の寄付記録がある。これほど多額の寄付を出した童子賢は、「報導者」の経営と内部運営について「所有しない、介入しない、回収しない」という「スリー・ノー原則」を示した。つまり、「報導者」を自分が所有するものとみなさず、運営や取材編集に口を出さず、そして利益の見返りを求めない、という原則である。これはのちに「報導者」が寄付を受け入れる際の基本原則となり、さらに100万元（約300万円）以上の大口寄付を受け入れる際には、「報導者」の母体である「報導者文化基金会」の「寄付審査チーム」の同意を得ないといけないという手順を設けている。

童子賢は上述の「スリー・ノー原則」を徹底的に守るため、自ら「報導者」の経営母体である「財団法人報道者文化基金会」の理事や監事を務めず、「報導者」の編集局にも自分の気に入った人材を推薦しないなどして、完全に背後に退いた。このように童子賢のような大口寄付者がいたお陰で「報導者」が非営利メディアとして最初の一歩を踏み出すことができた。しかし長期的に考えれば、特定の大口資金源に依存するよりも、一般市民からの寄付をどう増やすかが、今後の安定した経営基盤の構築における大きな課題となる。その可能性を考える手がかりとして、ここでは台湾の寄付文化について少し触れておき、非営利メディアを支える社会的経済資源を考える際の参考としたい。

台湾の一般市民による寄付について、近年最もよく知られているのは2011年の東日本大震災の200億円を超える義援金だった。台湾の人々は、近隣国で起きた非日常的な大惨事に対して積極的に寄付する姿がとても印象に残るが、では日常生活の中で寄付文化がどれくらい浸透しているのであろうか。まず世界140カ国を対象に調査したCharities Aid Foundation（CAF）の2017年度世界寄付指数報告[*11]（CAF World Giving Index 2017）を取り上げる。

これは、「過去1ヶ月の間に以下のことをしたことがあるか　①見知らぬ他者を助ける　②慈善団体に寄付する　③ボランティア活動を行う」という設問から得られた結果として、台湾は全体として52位であった（ちなみに韓国62位、日本111位[*12]）。②の「寄付」項目のみを見ると、台湾は39位、韓国は31位、日本は46位だった。世界中で見れば、韓国と同じく前3分の1という悪くない結果なのだが、しかし突出して寄付が盛んに行われている国でもないとも捉えられる。

国内の調査を見ると、主計処（台湾の統計局）が公表した2003年全国調査の結果[*13]では、過去1年の間に約600万人が金銭による寄付を行った経験があり、つまり4人に1人が寄付したということである。さらに「ユナイテッド・ウェイ台湾[*14]」が2011年に公表した調査結果では、調査対象者の8割以上が過去1年間寄付したことがわかり、平均額は約1万円にのぼる。直近の2015年の大学機関が行った調査結果[*15]を見ると、調査対象者の67％は寄付をした経験があり、そのうち56％の寄付先が慈善団体だった。さらに慈善団体の運営を監視する民間団体の試算[*16]によれば、台湾の年間の寄付総額は500億元（約1兆500億円）以上で、GDPの0・37％

を占める。

総合的に見れば、政府に頼らず個人の寄付を通して弱者の状況を良くすることや、社会改善のために使うなどの慈善意識は台湾社会にある程度浸透しており、それが大きい災難や社会変動が起きる時に瞬時にモノやカネが集結される原動力になると言える。また、近年の社会運動の現場を見れば、たとえば２０１４年の「ひまわり社会運動」の際に、現場には市民から寄付される機材、飲料、食料品、生活用品などが短期間に大量に集められ、それが運動の長期抗戦に繋がる資源だったことを考えれば、公権力への異議申し立てや社会改革のテーマにおいても、市民からの寄付の力が無視できないことがわかる。

こうした寄付の力はメディア分野にも及んでいくかどうかについて、前節で考察した「weReport」のほか、「公民行動影音記録資料庫」という例からも少しヒントが得られる。「公民行動影音記録資料庫」は社会運動を映像で記録し、市民参加を奨励するオルタナティブ・メディアである。もともと政府の研究奨励プロジェクトとして立ち上げられたのだが、２０１４年から社団法人として独立し、市民の寄付を財源に運営し始めた。記者や特約執筆者の人件費、交通費、オフィス賃料、雑費など毎月約16～20万元（50～60万円）を必要としている。これまで財源難の状況に数回見舞われたが、支持者の大口・小口寄付とボランティアの支援でなんとか持ちこたえ、現在も社会運動の現場での報道と記録に尽力し、当事者の視点に立つメディアとして認識されている。その取り組みが認められ、２０１７年の卓越新聞賞の「社会公器賞」が贈られた。小規模の非営利メディアは市民からの経済的支援のみに頼っていても、ギリギリ成立できるという参考事例として考えられるが、しかし、欧米と比べると、まだまだ成長する余地がある。

話が戻るが、「報導者」の財源は、上述のように特定の実業家の大口寄付のほか、中小企業から約５００万元の寄付及び個人の小口寄付によって、年間3000万元の予算が賄われている。読者による小口寄付は2種類に分かれており、毎月一定の金額が指定口座から引き落とされる定期寄付と1回きりの不定期寄付がある。定期寄付は毎月約30万元（約100万円）で、不定期寄付は年間約140万元と合わせて、読者による小口寄付は年間500万元に達しており、全体予算の6分の1というところにまで成長してきた。4年目以降の財源を考えれば、やはり個人による小口寄付の割合を増やしていくことが望ましいと考えられ、そのためには「報道の質を高め、よりたくさんの市民に支持してもらうほか方法はない」と編集長の何栄幸も総主筆の李雪莉も語った。台湾の市民社会は、個人の小口寄付によって非営利の探査ジャーナリズム活動を長期的に支えられるのか。4人に1人が寄付経験者である台湾には、そこに可能性が潜んでいるかもしれない。これについて何栄幸は楽観的ではないが、悲観視もしていないと語った。

### (2)非営利メディア組織の運営体制

非営利メディア「報導者」の経営母体は「財団法人報導者文化基金会」（以下基金会と略する）であり、基金会の理事の中に大学教員をはじめ、社会起業家、実業家、ネットメディア専門家、ドキュメンタリー監督、フリージャーナリストが入っており、異色な組み合わせである。基金会は「報導者」の運営を管理・監督する立場であり、取材編集には干渉しない方針である。「報導者」のスタッフは総勢27人で、台北市内のあるビルの6階にオフィスを構えている。パソコン机と資料の山が所狭しと置かれ、広いとは言えないオフィスフロアだが、壁一面がガラス張りで太陽の光が燦々と室内を照らし、全体の雰囲気が明るい。

設立当初は主流メディアのベテラン記者、フリージャーナリスト、新卒の若者世代が一室に集まる状態での出発だった。記者職の求人募集をかけたところ、400名余りから応募が殺到したという予想外の出来事があった。予算上のため10人しか採用できなかったが、応募者の中からは特約で記事を書いてくれる人材を確保し、多元的な視点の確保に努めた。「報導者」の組織構成は、管理層（編集長、副編集長、総主筆）、各部門の責任者、スタッフ、という構造である。しかし、実際のところ管理層や部門責任者は絶対的な存在ではなく、取材や運営に関するほとんどの決定は、毎週の全体会議で議論し、議決するという形で行われ、フラットな組織構造に近い。特に設立初期段階では、管理層会議で決めたことが全体会議によって否決されたことが何回もあり、そうした意見のぶつかり合いとすり合わせが繰り返されていた。理想が高く個人主張も強い記者たちが集まるこの非営利メディアでは、異なる意見をめぐる議論がしばしばあり、組織の求心力が破綻寸前になるような危機的な状況も起きた。しかし、そうしたプロセスを経たからこそ現在ではある程度の共通認識が醸成されたと言える。このようなフラットな組織構成と意見形成の仕組みは設立初期のオルタナティブ・メディアや新たに起業される組織の特徴と言えるが、ヒエラルキーと上下関係に拘束されず、組織メンバーがより自由に意見交換と業務分担を行うことで組織の成長と維持にプラスな効果をもたらすことが期待される。

また、記者の平均年齢が低いのも、「報導者」の特徴である。編集長の何栄幸が50代で最年長、そのほかは大学院新卒の20代、中堅の30、40代はそれぞれの世代目線で台湾社会の労働問題、社会における不平等や差別、文化の異種混合などの現象に敏感に反応し、そうした社会をこれから生き抜いていく立場からの、ある意味では自省を込めての取材活動を行なっている。

### ⑶「報導者」の探査ジャーナリズム

台湾では探査報道（investigative journalism）はしばしば「深度報道」（in-depth reporting）の同義語として使われている。しかし、総主筆の李雪莉が語ったように、両者の間には「ある人々がある事実を意図的に隠蔽しようとする」[17]という要素があるかないかによって大きな違いがある。彼女をはじめとする多くの「報導者」の記者はこうした「隠された何かがある」というジャーナリスティックな感性を持ち、事実や問題の根源を探求するだけに満足せず、そこに隠された権力側のでっち上げやウソがどのように弱者を苦しめているのかという点についても、しっかりと目を向け、報道活動を行なってきた。これまでの特集報道や単独報道のほとんどは、「人」を出発点にして、そこから制度や環境、社会問題を考える目線が貫かれており、当事者や市民に近い位置から報道することが主流メディアと一線を画すところである。

初期の「報導者」ホームページは、きわめてシンプルなデザインで構成されており、画面一面の写真を用いて、そのうえに見出しやリードを入れて視覚的インパクトを伝えようと工夫していた。記事のほか、コラムや読者の投書を掲載するスペースも設けるようになり、記事とコラム内容をリンクさせ、報道と意見の多種多様な観点を読者に提示するための工夫がされている。

2年目以降は､記事本数や形式が充実してきたため、一面写真という基本スタイルのほか､多メディアコーナー、写真と映像の報道コーナーが新設されるようになった。3年目からは編集者のおすすめ及び記事カテゴリーの分類一覧が充実し、関連記事を羅列する工夫がされている。また、マルチ手法を駆使し、一つの特集や記事を映像、CGグラフ、データ、写真などを用いて、複雑な政策内容や制度の現状を分かりやすく説明する方法を積極的に導入している。長い文章を敬遠する読者や時間を節約したい読者にも読んでもらうことが狙いである。

また、初年度からメディア業界に大きなインパクトを与えたのは、ニュース・ゲームの導入であった。医療特集「救急人生　救急センターの崩壊、あなたが知るべき台湾の医療ジレンマ」には、読者が救急センターの医者の多忙さを体験できるゲーム「私が救急センターの医師だったら」が組み込まれた。それを通して救急センターの医者が日々直面する人手不足、患者やその家族からの暴力、医療資源の無駄遣いなどの問題を当事者の立場から疑似体験できる仕組みとなっている。医療現場の危機は「他人事ではない」という意識を読者に形成し、読者をさらに報道本文へと招き入れる狙いがあった。

読者との双方向コミュニケーションの側面で言えば、政府政策に対する読者評価を集約する仕組みがある。総統就任一周年を前に、2017年5月1日に蔡英文総統の労働政策を検証する「蔡英文の労働政策追跡大プラットフォーム」を発表した。蔡総統が掲げていた18項目の労働政策を対象に、「完全に実現した」、「部分的に実現した」、「政策破綻」、「まだ動きがない」という項目を設けて、総点検した。記者はそこで労働政策の追跡の仕方や指標基準の内容を公表したうえで、点検を行い、読者はそれに対して意見や指摘、そして政策への「満足度評価」（五つ星が最高評価）を行うことができる。検証の結果、18項目のうち「完全に実現した」項目が一つのみで、政府が公表した5項目の達成とは大きな開きがあることがわかった。

現在3年目を迎える「報導者」の記事カテゴリーはおもに「人権・社会」、「環境・教育」、「文化・芸術」、「政治・経済」、「国際・両岸」、「生活・医療」の六つがベースとなっており、報道活動以外に読者や市民との交流の場を継続的に設けている。初年度に「報導者は何者なのか」巡回講座を台湾各地で開催し、「報導者」の理念と取り組みを伝え、読者との近距離の会話によって一定の支持者層を築き上げた。また、記者養成ワークショップの開催のほか、編集長をはじめとする記者たちがラジオ番組に出演し、取材を通して見えてきた社会問題の裏側や問題の見方、視聴者が注意すべき点を話題にすることによって、他媒体における波及効果を期待している。さらに報道内容の書籍化と写真映像のデータベース化というコンテンツの２次利用にも取り組んでいる。書籍については、２０１６年８月に東南アジア出身の女性移民労働者が産んだ無国籍児童の問題を取り上げた記事は、SOPAアジア出版協会の「卓越人権報道賞」を受賞し、２０１７年２月にその記事の内容に基づいた絵本『透明的小孩（目に見えない子供）』が出版された。そして次の項で述べる国際協力取材の成果は、『血涙漁場――跨國直擊台灣遠洋漁業真相』というタイトルで内容がより一層拡充され、２０１７年５月に出版された。「報導者」は２０１８年５月の時点では延べ46の特集記事を発表している。

### (4) 年度特集と国際協力取材

２０１６年12月19日に「報導者」は最初の年度特集『造假・剝削・血淚漁場（でっち上げ、剥奪、血と涙の漁場）』（以下、『血と涙の漁場』と略する）を発表した。これは、テーマ選びから実際の取材チームが確定し、原稿が出そろい始めるまで半年近くかかった企画だった。全体は７本の長い記事、CGグラフ、映像音声と写真を組み合わせたものから構成された大掛かりな報道だった。

きっかけは一人のインドネシア国籍作業員の漁船上での死亡事故だった。台湾の遠洋漁船に雇われ出航してわずか３ヶ月余りで病死となったことに記者が疑問を持ち、真相を探るため取材チームがインドネシアの漁港と台湾各地の漁港に足繁く通い、こまめに関係者に話を聞いた。死亡数日前に携帯電話で撮影された映像、遺体検査の資料やほかの作業員の証言、検事の報告書などを細かく照合した結果、虐待死の可能性が高く浮上した。それとともに明るみに出たのは、年間約１３００億円規模、１６５０隻以上の遠洋漁船を擁する台湾の遠洋漁業産業は、実際のところそのほとんどは、低賃金で不当な契約条件によって雇われ、実際の人数すら把握されていないインドネシア国籍の作業員によって支えられているという「不都合な事実」だった。推定約4万人のインドネシア国籍作業員は、役所への賄賂で手に入れた偽りの船員証と技能証明を持ち、本国と台湾で2重、3重に仲介されたうえ、不当な契約内容で働かされ、船上での肉体処罰や虐待が日常茶飯事であることなど、まさに「現代の奴隷（modern slavery）」の実情が確たる証拠と証言、そして綿密な裏取りを基に報道された。また、読者の同情を引きやすい被害者報道に止まらず、台湾遠洋漁業が今日の規模に至るまでの軌跡を考察し、近年世界中に注目されるIUU違法操業問題、その裏にある管轄行政機関の怠慢、現場が抱えている漁業人材と労働力の深刻な不足問題、そして産業全体が直面している構造的問題についても、取材チームは台湾漁業署、元船長、機関長、科学オブザーバー、漁師や作業員などの関係者を多方面に取材し、大量な資料を渉猟した。こうした一連の報道を通して、行政側や仲介側のウソ、それによって犠牲になった人々のストーリーを読者に届け、社会に警鐘を鳴らした。

われわれ消費者が日頃の食事で食べているシーフードは、実際のところインドネシア作業員が奴隷扱いされている漁船によって提供されていることに、多くの読者が衝撃を受け、「報導者」の努力に共鳴した。報道掲載後の3日間、20万元（約65万円）の寄付と約60名の定期定額寄付者が増えて、「別に報道が出たからと言って、募金が集まるとは思っていなかったので、意外だった」と総主筆の李雪莉が振り返った。良い報道を出すと社会のどこかから支援が飛んでくるという意外な気持ちと同時に、それに応えなければならないという責任も同時に感じさせられる経験だったという。

この最初の大規模な取材の結晶である『血と涙の漁場』は、2017年に香港を拠点とするアジア出版者協会（The Society of Publishers in Asia, SOPA）から「卓越報道賞（Award for Excellence）」の人権報道部門と調査報道部門を同時に受賞した。また、CG映像と文字を駆使し制作した「離岸の前――インドネシア作業員の台湾ドリーム」は、同年に香港の人権新聞賞（Human Rights Award）の「中文マルチメディア新聞賞」を受賞した。２０１７年11月には、台湾の卓越新聞賞の調査報道賞を受賞した。中国語圏でのこの輝かしい受賞歴は、その努力に対する専門家の高い評価を物語っている。

この『血と涙の漁場』報道特集が成功できた重要な要素の一つは、インドネシア現地のメディアとの協力取材だった（２０３ページ～）。台湾の調査報道歴史上、初めてと言えるこの国際協力取材のきっかけは、総主筆の李雪莉が探査報道活動を支える国際ネットワークのＧＩＪＮ（Global Investigative Journalism Network）での出会いだった。李雪莉が２０１６年９月にネパールで行われたＧＩＪＮのアジア調査報道会議でインドネシアの「ＴＥＭＰＯ」編集長フィリップス・ペレラと初めて知り合い、その場で二人が情報と意見交換を行い、その後の国際共同取材の合意を取り付けた。「ＴＥＭＰＯ」の記者は実際に台湾に行き、漁港で作業員たちにインドネシア語で取材をして、当事者の生の声を通して労働現場の状況をレポートした。また、「ＴＥＭＰＯ」側の尽力によって「報導者」の記者が中部ジャワ州及びインドネシア行政機関への取材が実現し、こうして双方が国際協力取材体制を築くことによって、それぞれの視点を生かした報道をすることができた。

２０１７年１月、「ＴＥＭＰＯ」側は取材の結果を特集『Slavery at Sea: Human Bondage aboard Fishing Boats』[*18]として発表し、大きな反響を呼んだ。その一つの成果は、インドネシア政府が40～50軒の非合法仲介業者を処罰し、査証発行の権限を見直す改革に出たことである。他方では「報導者」の特集記事は自社サイトのほか台湾の大手新聞紙『蘋果日報』[*19]にも掲載されることによって多くの読者の目に届くことができ、さらに監察院[*20]

上の影響と成果が上がった。の監査委員は国会審議の場で『血と涙の漁場』記事の冊子を配り、関連の行政機関首長に諮問するなど、予想以上の影響と成果が上がった。

### (5) ネット炎上事件と読者の反応

前述のように「報導者」は2017年までの2年間、年度特集や批判的・内省的視点を提供する特集をはじめ、解説記事、データジャーナリズム、ニュース・ゲーム、映像、写真特集に至るまで、様々な角度と形式を模索してきた。読者の間では一定の評価が積み上げられており、「報導者」のFacebookページを見る限り、2017年6月の段階では20万人以上のフォロワーがついており、評価は5つ星に近い状態だった。順調に読者からの支持を取り付けているように見えた。ところが6月には「報導者」の存続を揺るがす出来事が起った。

そのきっかけは、ある精神疾患を抱える女性若手作家A氏の自殺だった。A氏は医師の家庭に生まれる才媛で、大学入試得点が全国トップで大学医学部に進学した。彼女は、一見順風満帆の勝ち組人生のように見えるが、実際は長年の精神疾患を抱え、そのせいで学業を中断せざるを得なくなり、病気と闘う毎日が繰り返される。「報導者」は2017年1月にそれを取り上げ、インタビュー記事の中には、社会が精神疾患患者に与えるレッテル、当事者の病気と向き合う苦痛が綴られた。その後A氏は小説作家としてデビューし、初めての作品は、ある聡明で美しい女子学生が塾の先生から性的侵害を受けて、精神疾患に罹ってしまうという物語だった。本人の境遇との高い類似度から、自叙伝ではないかと社会から高い注目を浴び、話題を及んだ。ところが同年4月には、A氏は新著の宣伝期間の真っ最中になんの前触れもなく自殺して亡くなった。このことが連日台湾の主流メディアとネットメディアを賑わせ、「塾の先生」とされる実在の人物が槍玉に挙げられ、司法機関も調査に乗り出すなど、極めて注目度の高い社会的事件にまで発展した。

こうした「A氏を自殺まで追いやった犯人探し」という社会的雰囲気の中で、「報導者」は6月に、小説が出版されるまでの経緯を振り返る形でA氏の生前の親友と出版社の編集担当のインタビューに基づいた記事を掲載した。A氏が小説執筆過程での自問自答、彼女が出版社探しの際に直面した拒絶の経験、社会の精神疾患患者に対する懐疑の目と出版社との信頼関係の問題にフォーカスした内容だった。記事の中では、A氏の小説出版を断った某出版社編集長B氏についての記述は匿名扱いにした。ところが、ネットではB氏の実名が晒し出され、バッシングを中心に炎上した末、B氏は自殺未遂した。このような急展開を受けてネット言論と主流メディアは一斉に初出記事を出した「報導者」への批判に転向し、Facebookでは一つ星のネガティブ評価が殺到して、「報導者」はその存在価値を全面的に否定されるような批判の嵐に晒され始めた。「報導者」の編集部は緊急対策として、謝罪の声明を出し、記事の一部記述を削除する形で対応した。

「報導者」内部では、匿名扱いの是非、記者がネットで個人意見を発表する際のガイドラインについての議論と反省が繰り返して行われた。この炎上事件では多くの情緒的な罵倒の声が現れ、記事内容とネットに広がるウィッチハンティングの風潮を冷静に区別して、記事内容を評価するコメントはごくわずかだった。各メディアにおいて情緒的な意見が先行している問題について、理性的な議論と建設的な意見はどこまで可能で、そこでどのような牽引役としての務めが果たせるのか、ネット炎上をどう回避できるのか、「報導者」の模索と試行錯誤を示す事例である。

## 4．民主主義社会におけるウォッチドッグ・メディアの存続条件と可能性

台湾では「同温層」（エコーチェンバー）という言葉があり、これは同じ政治的傾向や社会的立場の人々が自分好みのメディア言論にしかアクセスせず、さらにＳＮＳでは自分の価値観に合う人々だけで集まり、お互い「いいね！」を押し合うことで安心感を得るという状態を指している。近年、ネットメディアが大量発生し、多種多様な情報が流通しているにもかかわらず、かえってそうした「同温層」現象が目立っている。同温層だけで立場と意見が固まり、異なる意見を無視・排除することによって、色々な意見が平行線のまま偏見やステレオタイプだけが先行し、重要な社会的イシューについては逆に対立と誤解が深まるケースが多く見られる。台湾のメディア環境は、そもそも主流メディアの政治的傾向によって言論が二分化する傾向が強いうえ、ＳＮＳやネットメディアを中心とする同温層現象は、社会における共通認識とコンセンサスの形成を考える際に無視できない阻害要因として機能する可能性が高いと考えられる。

このような現状から台湾社会におけるウォッチドッグ・メディアの役割を考えると、従来の権力監視という役割とともに、いかにしてこのような社会的分断を乗り越え、理性的な対話に基づく意見交流の仕組み、もしくは意見が交差する場を作り上げるかが重要なことのように思われる。

「報導者」に集まる多くの記者は、もともと社会運動やマイノリティに強い関心を持っている。彼ら・彼女らは社会的不条理と権力濫用に対して敏感に反応し、記事を通して社会的不正に打撃を与えることを中心に仕事してきた。その支持者の多くも、こうした姿勢に共感している人々が多い。しかし、そういうコア支持者だけに止まらず、より多くの潜在的読者層を掘り起こし、社会問題への共同認識、理性的な議論を提供する探査報道メディ

アとしてさらに基盤を広げていくことが今後の大きな課題であろう。つまり、ナショナリズムや政治的立場による社会的分断を再び架橋できるものとして、権力監視というジャーナリズムのもっとも純粋で重要な原点に立ち返るしかない。政治権力のみならず、主流イデオロギーによって排除される人々、政府の不作為や制度の欠陥によって苦しむ人々、存在すら承認されない人々など、様々なイデオロギーと利害関係を乗り越えて、社会問題をすくい上げて報道するメディアを作り上げていくしかない。そういう意味では、80年代からの報道文学のインターネットにおける継承と新たな展開として期待することができるかもしれない。

また、すでに成果を挙げた国際協力取材のように、グローバル社会の中で多くの問題は一国の中では完結しないケースはしばしばある。むしろ国境というボーダーを外すと、より明確に問題を捉え、全体像をつかめることもあり、読者により包括な視点を提示することにも寄与できる。

「報導者」はこれまでのナショナリズムとエスノ・ポリティックスに基づく報道原理と即時ニュースが主流であるメディアのあり方に対して、一石を投じる試みとして立ち上げられた。このわずか2年半余りの歴史しかないネットメディアの事例をもって、台湾のメディアが抱える制度と報道問題のすべてに答えを見つけ出すことは難しい。しかし、非営利というやり方を通して市民に直接寄付を求め、そして探査ジャーナリズムの可能性を探し続ける多くのチャレンジを見る限り、財源と報道内容の両方の面において市民の支持を問い、それを組織存続の基盤とするこうしたメディアとジャーナリズムの「新たな」形は、市民社会とメディアが同盟関係にあるべき本来の構図を再構築するための一つの手がかりであるように思われる。

【補注1】　2018年8月、「報導者」の経営母体である「財団法人報道者文化基金会」は理事選挙を行い、その際、「報導者」

の従業員全員から推薦された記者の葉瑜娟が「記者理事」として選出された。これは、記者が労働者側の代表として経営母体の理事会に入るという新しい試みである。また、設立当初から基金会の執行長と「報導者」の編集長の二つの大役を一人でこなしてきた何栄幸は、２０１８年9月1日に編集長の職から退き、執行長の仕事に専念することになった。編集長の後任には、これまで総主筆の李雪莉（シェリー・リー）が就いた。これにより、基金会と編集局の責任者が分離されたことになり、それぞれが組織の安定した運営体制と取材編集の独立に努める。「報導者」が設立されてからちょうど3周年を迎えた節目での今回の大きな人事異動は、メディア組織としての初期の基礎づくり段階が完了したことを意味している。世代交代した新たな編集局が、今後どのような探査報道のジャーナリズムを作り出していくかを注視したい。

＊注

（1）台湾報道文学網（http://tns.ndhu.edu.tw/~xiangyang/report/about.htm）と林照真（2006: 237）を参考にまとめた。

（2）https://cpj.org/awards/1997/chan.php

（3）「Spot.Us」は、デビッド・コーンがKnight Foundation News Challengeから34万ドルの助成金を元に２００８年に設立したクランド・ファンディング・ジャーナリズムのサイトである。地域コミュニティの市民によって支えられるローカル・ジャーナリズムの実現を目指し、サンフランシスコがその最初の拠点だった。２０１１年にアメリカン・パブリック・メディアに買収されたが、その後経営不振のため２０１５年11月にサイトが閉鎖となった。

（4）設立基金はジャーナリスト出身のメディア研究者林照真からの個人献金１７０万元と胡元輝の10万元の合計１８０万元（約５００万円）によって賄われた。また、「weReport」とその母体である「優質新聞発展協会」に共通する特徴は、その設立や運営に関わる者はほぼメディア学者やジャーナリストによって占められていたことだった。具体的には、５人の執行委員のうち、４名がメディア研究専門の大学教員、１名がベテラン記者であった。

（5）凱絡媒体週報が公表した２０１６年上半期広告費報告、https://twncarat.wordpress.com/2016/09/14/ 專題報告：２０１６上

半年廣告量報告／

（6）DMA台北數位行銷經營協會が発表した「２０１６年上半期台湾デジタル広告量統計報告」https://www.dma.org.tw/trend/2

（7）天下雜誌、メディア信頼度調査　http://www.cw.com.tw/article/article.action?id=5076477

（8）林聰吉、２０１２、「台灣民眾的機構信任——以媒體信任為分析焦點」『東吳政治學報』30（1）、43~79頁。http://www2.scu.edu.tw/politics/journal/doc/j301/2.pdf

（9）財団法人台湾網路資訊中心 https://www.twnic.net.tw/ianews.php

（10）Ｆａｃｅｂｏｏｋの使用者数は１８００万人で台湾総人口の８割近くにのぼり、もっともよく使われているＳＮＳである。https://www.statista.com/statistics/295611/taiwan-social-network-penetration/

（11）CAF World Giving Index 2017 https://www.cafonline.org/docs/default-source/about-us-publications/cafworldgivingindex2017_2167a_web_040917.pdf

（12）1位から10位はミャンマー、インドネシア、ケニア、ニュージーランド、アメリカ、オーストラリア、カナダ、アイルランド、アラブ首長国連邦、オランダ。

（13）https://www.dgbas.gov.tw/ct.asp?xItem=3402&ctNode=4958

（14）https://www.unitedway.org.tw/news/12657

（15）草根影響力文教基金會が２０１５年に実施した調査結果 http://grinews.com/news/【民調發表】台灣民眾愛心有多少?-調査新聞稿暨/

（16）https://apatw.gitbooks.io/observation2014/content/TW/donation.html

（17）吳佳穎「走出迷霧森林〈血淚漁場〉調査報導過程（上）」財團法人卓越新聞獎基金會。http://www.feja.org.tw/modules/news007/article.php?storyid=2241

（18）Tempo Magazineの記事サイト https://magz.tempo.co/konten/2017/01/10/LU/32624/Human-Bondage-aboard-Fishing-Boats/21/17

(19) https://tw.appledaily.com/headline/daily/20161219/37490336/
(20) 国家最高の監察機関であり、調査、弾劾、糾弾および会計監査権などを行使する。

＊参考文献

陳宜欣、2015、『新聞群眾募資平台的實踐――以 weReport 為例』、中正大學電訊傳播研究所修士論文。

李雪莉・林佑恩・蔣宜婷・鄭涵文、2017、『血涙漁場――跨國直擊台灣遠洋漁業真相』行人文化實驗室。

林淇瀁、2013、「台灣報導文學的虛構敘事規約」『文史台灣學報』第6期、27頁。

林照真、2006、『記者、你為什麼不反叛?：調查報導的構想與實現』天下雜誌社。

林麗雲、2012、「台灣公共委製新聞傳布之初探――以 weReport 為例」『公眾委製新聞的時代來臨 調查報導平台的意義與展望』優質新聞發展協會、27～46頁。

羅世宏、2012、「調查報導的困境與前景：從西方回望東方」『公眾委製新聞的時代來臨 調查報導平台的意義與展望』優質新聞發展協會、47～76頁。

山田賢一、2017、「拡大する台湾の硬派型ネットメディア――その現状と課題」『放送研究と調査』7月号、NHK放送文化研究所、106～116頁。

林怡蕿、2014、『台湾のエスニシティとメディア――統合の受容と拒絶のポリティックス』立教大学出版会。

新聞E論壇、2014、『街頭守門人――台大新聞E論壇反黑箱服貿運動報導紀實』衛城出版。

# 3　日本の「ワセダクロニクル」
## ――「マスコミ」業界の擬態から離脱して、ジャーナリズムNGOへ

木村英昭

### はじめに

２０１７年2月1日に創刊されたワセダクロニクルは、自らをメディアではなくジャーナリズムＮＧＯだと自己定義している。新聞や通信社、テレビといった日本の既成マスメディア（いわゆる「マスコミ」業界）とは対抗的な行動様式や価値に立とうとしていることがうかがえる。同時に、ワセダクロニクルの創刊にかかわったメンバーが朝日新聞社を退職した記者たちだったということからしても、ワセダクロニクルを生み出した母胎は「マスコミ」業界であったということもまた事実であろう。ワセダクロニクルを論評する上で、「マスコミ」業界の解剖は避けて通れない。

ここでは日本の「マスコミ」業界の系譜を「擬態（ぎたい）」という言葉を観察の道具にして読み解いていく。生物の擬態は、周囲の環境の色や模様などに似せて外敵から隠れる隠蔽的擬態（mimesis）と、反対にわざと目立つことで利益を得る標識的擬態（mimicry）がある。いずれも、あるものに似せて正体を覆い隠す、ある生物の特殊な

生態である。色だけでなく形までも似せてしまう生き物もいる。

社会学の作法に則り、本論では問いと仮説を立てる。なぜ日本の「マスコミ」業界はジャーナリズム[*1]に擬態しているのか、という問いを設定する。その問いに迫るために、経営という補助線を引いて観察してみることにする。そして、自らの商品に付加価値を付けて利益を生み出すために「ジャーナリズム」という看板を掲げておいたほうが経営戦略上都合がいいからではないのか、という仮説を立て、その力を借りる。この仮説の検証に際して、本論では「あるべきジャーナリズム」を措定し、それとの偏差で「マスコミ」業界の問題点を指摘する手法は採らない。「本来なら～であるのに、そうなってないのはおかしい」というロジックだ。このロジックは、「マスコミ」業界は「ジャーナリズムである」という承認を強いる。その承認は、しかし、何も検証されず、何の証拠も提示されないままにただ強いられるのである。

例えば、小枝に擬態するシャクガの幼虫シャクトリムシは小枝でない。シャクトリムシである。節足動物門昆虫綱チョウ目シャクガ科ガ類の幼虫として観察するのが昆虫学者の作法というものだろう。シャクトリムシを本物の小枝だと見間違えて枝っぷりの良し悪しを観察する昆虫学者はいない。昆虫学者はだまされない。「マスコミ」業界を駆動させている価値は何か。その正体は何か。

## 1．擬態の様相——ジャーナリズムのふりをする日本の「マスコミ」

### (1)擬態の表出——収益構造からみえる本業の変態

日本の「マスコミ」業界は報道部門だけをやっているわけではない。高校野球や展覧会、将棋・囲碁大会、ママさんバレー、吹奏楽、不動産事業というように、本業以外にも多岐にわたる。「マスコミ」業界は多様で雑多な「メディア・イベント」（津金澤 1996a : iii - vi）を担っている。こうした「メディア・イベント」は、①メディアが主催するイベント、②メディアに媒介されるイベント、③メディアによってイベント化される現実、の3層に整理・分析できる（吉見 1996 : 26）。こうした多種多様な「イベント」への関与は、ニュース組織を自称する組織体としては世界的にも稀な業務形態（業態）であろう。

この「マスコミ」業界の業態を観察するため、カネの流れを追う。カネの流れは観察の道具として有用だ。

題材にするのは朝日新聞を発行している株式会社朝日新聞社（以下、「朝日」）と毎日新聞を発行している株式会社毎日新聞社（以下、「毎日」）である。なお毎日新聞社は2011年にスポーツニッポン新聞社と持株会社を設立し、株式会社毎日新聞グループホールディングス（同）に組織再編している。この2社を抽出する理由は、100年以上の歴史を持つ日本を代表する新聞社であり、有価証券報告書を金融庁に提出しているので比較的詳細なカネの流れを追いやすいからである。また、「朝日」は有価証券報告書で「取材報道は日刊新聞を発行する当社の基幹業務」（株式会社朝日新聞社 2018 : 11）と明示しており、かつて「ジャーナリズム宣言」を広告のキャッチコピーで使用したことがある。[*2] また、自社の企業価値を「社会に必要とされるジャーナリズムの担い手であり続けること」（株式会社朝日新聞社 2018 : 13）と記述している。「毎日」は「毎日ジャーナリズム」という独特な用語を使用している。[*3]「ジャーナリズム」という言葉は両社にとって業態を対外的に明示する重要な記号になっている。読売新聞グループは有価証券報告書の提出義務がないため、ここでは分析の対象から外している。

有価証券報告書を検討すると、カネの流れや借入金、資産状況など、経営の実態を詳細に把握できるが、本論ではセグメント別の収益に着目して検討していく。セグメントにどの項目を盛り込むのかは会社の判断が介入するが、経営サイドが事業を評価する際に用いる指標の一つであるので、一般的な傾向をつかみやすい。

「朝日」が2018年6月27日付で提出した有価証券報告書（第165期）によると、報告セグメントとして「メディア・コンテンツ事業」「不動産事業」を記載している。「メディア・コンテンツ事業」とは、日刊紙の『朝日新聞』や英文紙『Asahi Weekly』、『朝日小学生新聞』『朝日中高生新聞』『日刊スポーツ新聞』、そして『朝日新聞デジタル』といった電子情報サービスがある。一般的に「朝日」に対してイメージする商品である。また、これらの新聞の印刷をする印刷部門や新聞発送業務、「朝日」をはじめ、各メディア会社への「広告取扱業務及び広告制作業務」も「メディアコンテンツ事業」の業務に含まれている。「朝日」の子会社・朝日新聞出版が発行する『週刊朝日』『AERA』『アサヒカメラ』などの雑誌や書籍も「メディアコンテンツ事業」である。「不動産事業」は、不動産の賃貸事業や不動産管理業、朝日ビルディングの子会社・朝日エアポートサービスが空港で展開している免税店や機内食事業などが含まれる。売上高は3531億円で、「不動産事業」「その他事業」と合わせた総販売実績の約9割を占める。「メディア・コンテンツ事業」には、連結ベース（臨時従業員も含む）で7449人の全従業員のうち8割超の6150人がいる。

ヒトとカネが「メディア・コンテンツ事業」に集中している。「朝日」の基幹部門だと言える。ところが利益となると、主役は「不動産事業」に取って代わられる。

こうした傾向は、報告セグメントに「不動産事業」が登場した2011年以降顕著にみられる傾向だと言えるだろう（＝表参照）。「朝日」の有価証券報告書では従来「新聞」「その他」のみセグメント情報を開示していた。ところが、2011年から経営管理上区分するセグメントの業績開示が求められることになった（会計基準委員会2010）。このことを受けて、「その他」の中から「不動産事業」を抜き出して開示するようになったのではないかと考えられる。

報告セグメントの利益（営業利益ベース）を見ると、「メディア・コンテンツ事業」と「不動産事業」はそれぞれ2011年3月期が38億円と62億円、2012年3月期が36億円と51億円、2013年3月期が85億円と23億円、2014年3月期が65億円と27億円、2015年3月期が29億円と37億円、2016年3月期が69億円と41億円、2017年3月期が15億円と49億円、2018年3月期が39億円と38億円となっている。2011年（第159期）、2012年（第160期）、2015年（第162期）、2017年（第164期）は「不動産事業」からの利益が大幅に上回っている。

いずれも「メディア・コンテンツ事業」と「不動産事業」では一桁違う売上高の格差があるにも関わらず、利益となると「不動産事業」が「朝日」を支えている実態がうかがえる。

「毎日」はどうか。「毎日」の有価証券報告書（2015年第4期）のセグメント報告は「新聞・雑誌・書籍等の発行印刷・販売業」が記載されている。2159億円の売上高だ。だが、利益が出ているかというと、反対に17億円のセグメント損失を計上している。過去の利益をみてみても、2010年の（第33期）を除いて、2009年（第32期）から2014年（第3期）まで連続してセグメント損失を計上している。つまり、「毎日」では本業と考えられている部門で利益を出せていないばかりか、損をしている。「不動産等」の部門で利益を確保し、本業の赤字を補填している格好だ。

「朝日」「毎日」とも新聞などの売り上げは右肩下がりだ。こうした中、両社は「販売費」及び「発送費」の大幅な削減に着手している。両社の連結財務諸表によると、「朝日」は2005年3月期に1038億円だったのが、2018年3月期には半分近い574億円に削減した。「毎日」も2005年3月期の535億円から10年で100億円削減している。発行部数の減少率を上回る削減率だ。販売店の負担を拡大してはいないだろうか。「朝日」の場合は人にかかるカネも大幅に削っている。個別財務諸表によれば、本体の朝日新聞社の「給与手当」も224億円（2004年3月期）から123億円（2018年3月期）に大幅に減少している。製品を生産するために使われた人件費を指す「労務費」も838億円（2004年3月期）から478億円（2018年3月期）に減っている。

以上のことから、「朝日」「毎日」は、有価証券報告書のセグメント別の収益ベースからは、少なくとも、ジャーナリズムという価値に基づく行為の帰結として利益を生み出す経営構造にはなっていない姿が読み取れる。「不動産会社が新聞を発行している」と考えた方が両社の業態を素直に表現している。新聞購読者数も下げ止まりしない中で、本業以外からの利益が経営の頼みの綱になっている傾向は、「朝日」「毎日」に限られた特殊な現象ではあるまい。

一方で、こんな反論も出てくるかもしれない。「別の部門から利益を出し、それを本業に回している。ジャーナリズムを守るためだ」と。だが、「朝日」「毎日」の有価証券報告書を見る限り、少なくとも、本業からの利益をジャーナリズム活動に再投資しているカネの動きは確認できない。人件費にも投資している形跡もない。また、例えば、2016年3月期の「朝日」をみると、メディア・コンテンツ事業からのフリーキャッシュフロー（セグメント利益＋減価償却費－資本的支出（マイナス）〈有形固定資産及び無形固定資産の増加額〉）が118億円のプラスであるのに対し、不動産事業からのフリーキャッシュフローは146億円のマイナスとなっている。フリーキャッシュフローとは設備投資した後にどれだけ資金が残ったのかを示す指標である。つまり、不動産事業では設備投資資金を利益でまかなえてはいないということになる。どこからか資金を持ってこないといけない。他の決算期でもほぼ同様な傾向を示している。不動産事業において大阪・中之島プロジェクトといった一時的に大口の設備投資が生じた点を差し引いても、少なくとも不動産事業から生み出されたキャッシュフローをジャーナリズム関係の事業に還元している事実は認め難い。むしろ、ジャーナリズム関係の事業から生み出されたキャッシュフローを不動産事業に対する投資に充てている可能性がうかがえる。このことは何を意味するのか。組織全体として利益をどうあげるのかという、事業継続の観点が重要になってくるということだ。事業継続という経営政策の物差しがジャーナリズム活動において埋め込まれることにならないだろうか。こうした姿が、むしろ経営の悪化によって浮き彫りになってきたと言えるだろう。カネの動きを追うと、経営的・制度的な仕組みとして、ジャーナリズム活動の実効性を担保できているとは言い難い。

「ジャーナリズム」という言葉は公益性のあるイメージを持っている。民間の株式会社が公益性のある「看板」を掲げられることはなかなかない。たとえ利益が出なくなってしまっても、「マスコミ」業界の経営者たちはジャーナリズムの「看板」を手放すことはできないだろう。その看板は前述の「メディア・イベント」などにも有効に機能する。本当はそうではないのに、ジャーナリズムが本業であるかのように装いながら、実はジャーナリズムの原則や価値に照らして企業行動が規定されるのではなく、あくまで事業継続という経営政策で駆動しているのではないかという疑いが惹起してくる。

こうした駆動メカニズムを本論では「マスコミ」業界の「業態擬態」と呼ぶ。

「業態擬態」においては、ジャーナリズムはあくまで経営上の「看板」に過ぎない。その「看板」の上げ下ろしが自由である。ジャーナリズムという「看板」を掲げておくことが経営上有利に作用すると、経営戦略と合致するので「看板」を高々と掲げるだろうし、不利だと判断すれば見えにくくすることもできる。可動式である。ただ、外からその会社を見ている者はずっとその「看板」を見続けているので、ジャーナリズムの価値原理で駆動している組織体であることに疑いを持つことは難しいかもしれない。それゆえ、その会社がジャーナリズムの価値原理からズレた行動をすると、イライラしたり腹も立てたりするだろう。しかし、そもそも「マスコミ」業界というものは、ジャーナリズムを経営戦略上の「看板」として掲げている「業態擬態」の組織体だと考えれば、かえって冷徹に「マスコミ」業界の生態を観察でき、理解できる。

ここで一つの疑問が頭をもたげてくる。「業態擬態」は「マスコミ」業界のＤＮＡなのか。最近になって発生した一過性のものなのか。次節で、日本のジャーナリズム史上最悪の筆禍事件を題材にして考えてみる。

### ⑵業態の擬態――経営戦略としての「不偏不党」と白虹筆禍事件百年

白虹筆禍事件は大阪朝日新聞を舞台に起こった日本のジャーナリズム史上最悪の筆禍事件である。今年２０１８年はちょうど１００年が経つ。「これを契機として、憲政擁護運動と明治・大正初期における新聞紙面上での活発な政策論争は急速に勢いを失い、文民政治や非戦論を支持する声はなりを潜め、軍閥政治が主導する主戦論へと、政局転換が加速していった」（別府 2015 : 280）事件となった。

この事件については様々な著作や論文で考察が行われている。概要はこうだ――。

寺内正毅「非立憲（ビリケン）内閣」（１９１６年10月９日～１９１８年９月29日）の時期に起こった。シベリア出兵問題や各地で勃発した米騒動によって寺内内閣への批判は高まった。そんな中で１９１８年８月25日に大阪・中之島で「言論擁護内閣弾劾関西新聞社通信社大会」が開催された。各地から86社１６６人の記者が参加した。翌日の大阪朝日の夕刊でその大会の様子を伝える記事が載った。記事に「『白虹日を貫けり』と昔の人が呟いた不吉な兆(しらせ)が黙々として肉叉(フォーク)を動かしてゐる人々の頭に雷(いなずま)の様に閃く」という文言が載った。国にとって不吉な兆候を表す「白虹日を貫けり」の文言への懸念が社内から上がった。輪転機を止めて刷り直したが、一部は配られた。刷り上がった3万部のうち、1万部を回収できなかった。この文言が新聞紙法違反の罪に当たるとして、同年9月9日に、大阪朝日の編集人兼発行人の山口信雄、記事執筆者の大西俊夫が起訴された。検察側は第1回公判で「新聞紙の発行禁止を論及する考えである」と述べた（大阪本社販売百年史編集委員会 1979：264）。発行禁止になりかねない、朝日新聞最大の経営危機となった。

朝日新聞社に関連する主な出来事

|  |  |
|---|---|
| 1879 年 | 大阪で創刊 |
| 1881 年 | 村山龍平、上野理一の共同所有・共同経営に |
| 1882 年 | 政府から極秘の資金援助と出資を受ける。三井銀行が介在。経営が改善。1884 年に解消 |
| 1888 年 | 東京の『めさまし新聞』を買収。「東京朝日新聞」創刊 |
| 1889 年 | 大阪発行の新聞が「大阪朝日新聞」に。 |
| 1895 年 | 大阪朝日が合名会社に改組。経営は拡大発展へ |
| 1904 年 | 日露戦争（~1905 年） |
| 1905 年 | 大阪朝日に営業部が設置、その下に広告課も |
| 1906 年 | 下半期から広告収入が販売収入と拮抗する |
| 1907 年 | 下半期に 14 割 8 分の超高配当を実施 |
| 1908 年 | 大阪朝日と東京朝日が合併、朝日新聞合資会社に。資本金約 3 倍に増資 |
| 1916 年 | 大阪朝日が新聞料金の値上げ。大阪毎日も同時に |
| 1917 年 | ロシアで 10 月革命。翌年にシベリア出兵 |
| 1918 年 | 白虹筆禍事件 |
| 1919 年 | 株式会社に改組 |
| 1940 年 | 大阪朝日と東京朝日が朝日新聞に統一 |

（出典）「朝日新聞社ホームページ」『「中立」新聞の形成』『近代日本ジャーナリズムの構造』などから筆者作成

白虹筆禍事件と呼ばれる。

白虹筆禍事件に至るまでの朝日新聞の経営に関する出来事は表を参照してほしい。

白虹筆禍事件を前に、経営拡大をした朝日の発行部数は、日露戦争を機に飛躍的に伸びた。メディア史が専門の有山輝雄が分析した推定発行部数によれば、日露戦争前の１９０４年には29万部（大阪朝日：20万部、東京朝日：9万部）は１９１４年には47万部（大阪朝日：12万部、東京朝日：35万部）となった（有山 1995：14）。「マス」化する結果、何が起きるか。多様な読者の価値や関心に沿ったニュース編成が求められる。なぜか。そうしないと売れないからである。多様性は価値や関心を脱色化する。その結果、「たんなる事実の伝達者・媒介者として自らを提示していくことになる」（有山 1995：173）傾向が強まった。経営的にも堅調だった。収益が伸びれば伸びるほど、その循環から抜け出ることはできなくなるだろう。

朝日が1882年から10年以上にわたって政府からの極秘資金援助で経営を立て直した「政府の隠れ御用新聞」（有山　1995：173）だったことは有山の研究ですでに明らかになっているが、朝日の収益は増大し続け、下部構造の改良は進んでいった。やがて寺内内閣と激しく対立し、その過程で迎えたのが白虹筆禍事件だった。権力は朝日攻撃の口実があればなんでもよかった。まさに、いいがかりである。

白虹筆禍事件の裁判は1918年9月25日に始まった。開廷と同時に傍聴禁止になる。社長の村山龍平が暴漢に襲われたのはその3日後だった。同年10月には玄洋社や黒龍会主導の「浪人会」が「朝日膺懲（ちょうよう）運動」を展開する。沈黙を守っていた朝日経営幹部は、ついに村山社長の辞任を発表する。上野理一が新社長に就いた。これを受けて、編集幹部が次々と退社する。編輯（集）局長の鳥居素川、社会部長の長谷川如是閑、大山郁夫（論説班）、丸山幹治（通信部長）、花田大五郎（調査部長）たちだった。

新社長の上野は同年11月15日に編集総会で日本ジャーナリズム史で決定的に重要な言葉を発表する。「朝日新聞編輯（集）綱領」に盛り込まれた「不偏不党」という言葉である。同年12月1日の朝刊1面に「本紙の違反事件を報じ、併せて本社の本領を宣明す」と題する宣言文が掲載され、「朝日新聞編輯綱領」の全文が載った。そして、その3日後の12月4日。山口と大西に禁固2ヶ月の判決が言い渡される。発行禁止は免れた。大西は控訴を決意していたが、朝日幹部からの説得で断念する（大西　1977：69）。この「本領宣明」は、「一種の『改過の書』」（大阪本社販売百年史編集委員会　1979：264）だった。

以上のような背景で産み落とされた「不偏不党」という言葉は、それまでの寺内内閣に対する批判的言論活動への「おわび」を言語として表現したものである。つまり、決定的に政治権力と対抗関係に立つことを回避することで廃刊を回避した経営政策的な言葉だったと言い換えられるだろう。

白虹筆禍事件についての特徴として、以下の諸点を挙げることができる。

①白虹筆禍事件は言論擁護をテーマとした関西新聞社通信社大会に関する記事で起こった
②朝日は白虹筆禍事件について報道せず、対抗する記事も載せなかった
③同業他社やその記者たちは言論擁護をテーマとした大会で起こった事件だったが大阪朝日や起訴された記者たちを擁護・支援しなかった

沈黙の末、突然謝罪の「詫び状」を掲載したという流れだ。特に③については、大阪朝日のライバル紙、大阪毎日は、大阪朝日を攻撃をする浪人会の動きを「事実報道の形式をとって」（有山 1995：295）大きく報道した。有山は「『大阪朝日新聞』攻撃を利する報道であったことは明らかである」（有山 1995：295）と分析する。第20期（1918年5月～10月）の勘定報告書には「此間適々（たまたま）筆禍事件ノ起訴ヲ受ケ為ニ同業及浪人組ノ乗ズル所トナリ讒誣（ざんぶ）中傷至ラザルナク極力我販路ノ妨害に全力ヲ尽シタルモ」（大阪本社販売百年史編集委員会 1979：265）とある。筆禍事件に乗じた同業他社の販売妨害活動があったことをうかがわせる。しかし、こうした様態は経営企業体であれば当然に導き出される行動である。ジャーナリズムの価値や原則で駆動するメカニズムがないのであるなら

ば、経営戦略として権力と決定的な対抗関係に立つことは経営者の所作として避けなければならないだろう。経営的な視点からむしろライバルのピンチに乗ずることも経営戦略としてはあり得る。ジャーナリズムの価値を守るために「職（métier）」に基づいてジャーナリスト同士が連帯して攻撃に対抗するという発想が出てくる素地はない。[*4]

このように、「不偏不党」は、ジャーナリストたちが言論・表現の自由を獲得する過程で登場してきた言葉ではない。権力とは決定的な対抗関係には立たない、という権力への約束手形であり、廃刊を喉元に突きつけられ危機に陥った経営をいかに乗り切るのか、という経営上の処世術から産み落とされた言葉である。経営的ピンチを乗り切り、ジャーナリスティックな「不偏不党」という言葉を掲げることで読者に対してはジャーナリズムの会社であるように「業態擬態」することができた。ジャーナリズムの原則から考えれば決定的な敗北になったが、経営的には乗り切ったのである。白虹筆禍事件後、朝日の経営は鈍化しなかった。合資会社から株式会社へと衣替えし、ますます経営拡大路線を採用していく。「不偏不党」という言葉は特定の読者層ではなく「マス」の読者を相手にする経営スタイルにマッチした。「マス」には様々な思想と政治的立ち位置を持った人たちがいる。「不偏不党」は新聞という商品を「マス」に届けるための機能を表現した言葉とも言える。

新聞経営では擬態が有効に機能し、結果として収益に結びついていくことを、この白虹筆禍事件で朝日をはじめとした新聞各社の経営・編集幹部は知ったことだろう。白虹筆禍事件は「業態擬態」の作法が「マスコミ」業界の体内に埋め込まれる結節点になった事件だったと捉え返すことができる。

本節の最後に、社会学者の門奈直樹と、白虹筆禍事件で大阪朝日を去った長谷川如是閑の指摘を紹介しておく。

「『大阪朝日』の『不偏不党』『公平』の理念は『白虹事件』が政治権力の謀略から発生し、これに屈服した事件であっただけに、政治権力への妥協の所産として、ジャーナリストの自己規制、自己批判のイデオロギー機能として発揮されていったところに特徴があった。しかも、これらの理念は本山彦一[*5]のジャーナリズム観に典型的に見られるように、新聞の商業主義と重層関係をなし、特殊日本的なジャーナリズム状況を生み出す素地をつくる。それは資本主義的体裁を整え終えた新聞が統制された自由の中で政治権力に妥協し、産業的に発達していった帰結として日本の帝国主義体制に組み込まれた状況である。第二次世界大戦時、新聞は政治権力の補完装置になっていた。日本では『不偏不党』にはそういう歴史があった。」（門奈 2013b : 52）。傍点は筆者。

「今日のヂャーナリズムが『嚴正中立』とか、『不偏不党』とか稱する看板を掲げているのは、ヂャーナリズムが資本主義的商品となつた爲に、出来るだけその特殊の群的感覺を避け、普遍的の一般感を捉へることによつて、商品の普及性を擴大せしめんとするものに外ならない。本来のヂャーナリズムは決して萬國共通萬人共通の趣味に投じぜんとする資本主義的大量生産の商品のやうな性質をもつものではなく、ある社會群の特殊の地位に必然の『立場』をもつものであり、もたねばならぬものである。」（長谷川 1930 : 56）

### (3) 言葉の擬態——原則としての impartiality と業界用語としての「不偏不党」

「業態擬態」をするためにはテクニックが必要である。有効なテクニックの一つが、言葉で煙幕を張るやり方だ。本論ではそれを「擬態言語」と呼ぶ。前述の白虹筆禍事件で登場した「不偏不党」はいい例だ。政治権力に対しては白旗をあげつつ、読者に対してはジャーナリズムを堅持しているかのような装いを保つために製造された言葉が「不偏不党」だった。二つのベクトルが描かれる点に留意したい。ジャーナリズムの原則に関係するかのように見せかける術に長けているのが「擬態言語」の特徴だ。「擬態言語」は日本の「マスコミ」業界の特徴とも言える。筆者は「不偏不党」の他にも、「客観報道」「中立」「公平」「調査報道」「ジャーナリズム」「報道機関」といった「擬態言語」をいくつか発見しているが、ここでは前節の流れを受けて「不偏不党」という「擬態言語」を扱う。擬態の仕組みを考える際に、しばしば対と考えられている英語圏の言葉を使って対照実験をする。

impartiality は英語圏のジャーナリズムの価値や原則に言及する際、使用される重要な用語である。impartiality は「偏っている」の partial を im で打ち消している言葉なので、「偏ってない」という意味になる。この impartiality が「不偏不党」と対であるかのように考えられている。英和辞典にも日本語訳として「不偏不党」が載っている。だが、そうではない。

社会学者、門奈直樹の先行研究に立って検討していく。

門奈によれば、英語では「不偏不党」は「インディペンデント（independent）」、すなわち「独立不羈」の意味を持っているという（門奈 2013a : 48）。また、impartiality は日本語の「中立」「不偏」の意味に近く、「電波帯域の有限希少性や放送メディアの社会的影響力の大きさを考慮して謳われきた」（門奈 2013a : 48）という。impartiality を適切な日本語に置き換えるのはなかなか難しい。少なくとも英語圏では impartiality はジャーナリズムの原則に関わる重要な概念である。この差を考慮せず、「不偏不党」という言葉は impartiality と同じ価値を持った言葉であるかのように擬態する。

以下、実例をみてみよう。impartiality の適切な日本語訳が見つけられないので、そのまま impartiality と表記する。イギリスの公共放送ＢＢＣは、「Editorial Values（編集上の価値）」で impartiality を掲げ、こう説明している。

「impartiality は視聴者に対するＢＢＣの最も重要なコミットメントです。私たちは十分な impartiality をすべての取材トピックに適用します。そして、私たちは、見識の広さと意見の多様性を取材の成果物に全体にわたって反映します。それを通じて、重要な考え方が故意に反映されなかったり過小評価されさたりしないようにします。私たちは、証拠を検証し、具体的な事実を検討する際には、公正で偏見のない姿勢で臨みます（Impartiality lies at the core of the BBC's commitment to its audiences. We will apply due impartiality to all our subject matter and will reflect a breadth and diversity of opinion across our output as a whole, over an appropriate period, so that no significant strand of thought is knowingly unreflected or under-represented. We will be fair and open-minded when examining evidence and weighing material facts.）」（BBC 2018）（筆者訳）

右記の impartiality を「不偏不党」に置き換えても文章としてはなんとなく通じてしまう。間違っていないのではないか、という錯覚を起こす。この錯覚を起こさせるのが「擬態言語」の特徴だ。厳密な定義を不要にして、「なんとなく」「だいたい」という塩梅な感覚で「マスコミ」業界の住人の間で会話が成立してしまう。反対に定義されると厄介なことになるだろう。巧妙にできている。

「擬態言語」を理解し、駆使できるようになることは「マスコミ」業界の住人となった証でもあろう。特殊な業界用語で互いに会話できるということは、「マスコミ」業界の活動によって一つの社会空間が生産されていることを意味する。[*6] こうした関係を観察すれば、次のように言えるだろう。

この「マスコミ」業界をジャーナリズムの亜種とみるか、それともジャーナリズムとは別種であるとみるか、そこは慎重な分析を要する。

「マスコミ」業界をジャーナリズムの亜種とみるならば、ジャーナリズム活動によって作り出される社会空間の内部に、「マスコミ」業界の活動によって生産される別の社会空間が存在しており、そのほかにも別の行動様式や価値を持った活動によって作り出される社会空間が存立する（あるいはしていた）はずである。ジャーナリズム活動によって生産される社会空間の内部で、「マスコミ」業界の社会空間が巨大化して占拠している状況を描くことができる。あるいはジャーナリズム活動によって生産される社会空間がやせ細り、相対的に「マスコミ」業界が影響力を持つこともあるだろう。「マスコミ」業界に取って代わる別の社会空間が生産され、主導権を握ることは当然にあり得る。ジャーナリズム活動によって作り出される社会空間の内部では主導権を奪い合う闘争が繰り広げられることになる。フランスの社会学者ピエール・ブルデューの言葉を借りるならば、「力関係を変容させるための闘争界」（Bourdieu 2000=2003:58）になっている。一方で、「マスコミ」業界をジャーナリズムとは別種であるとみるならば、ジャーナリズムと「マスコミ」業界がそれぞれ生産する社会空間は決して交わらない。しかし、両者は似ているので、見分けがつきにくい。太陽と月の関係になぞらえることもできよう。月の裏側に太陽が隠れれば、巨大な太陽は存在するはずなのに、消えたように見えなくなる。反対に太陽が月を隠すこともある。

いずれにしても、ジャーナリズムと「マスコミ」業界の関係は相対化されるべきだ。ア・プリオリに「ジャーナリズム＝『マスコミ』業界」という図式は採るべきではない。

さて、impartiality はジャーナリズムの原則に関わる言葉である。ここに異論はないだろう。そして、白虹筆禍事件を扱った前節からもわかるように「不偏不党」は経営戦略の文脈から産み落とされ、今も生き続ける「マスコミ」業界の業界用語である。[*7] ジャーナリズムに関わる言葉として「不偏不党」を取り扱うのは歴史的コンテキストからして失当である。そもそも土俵の異なる言葉を同じ土俵に乗せて使用するのは奇妙だ。しかしこの奇妙な現象が罷り通る。それが「擬態言語」の魔力である。外からの接触を困難にさせる日本語という特殊言語が「グレート・ファイア・ウォール（防火長城）」となって「マスコミ」業界の結界を防護しているのである。

## 2. 擬態の特徴――ジャーナリズム空間に発生した「マスコミ」業界という特異点

では「マスコミ」業界の擬態という行動様式はどのような特徴を持っているのだろうか。

### (3) 権力との相互依存関係――「人間関係」という陥穽

その一つとして政治的・経済的・社会的権力との近さが挙げられるだろう。「マスコミ」業界は、高校野球や展覧会、将棋・囲碁大会など、様々なイベントや業務を抱えていることはすでに述べた。「マスコミ」業界は様々な関係性の中で存立している。イベントを成功させるためにはイベント主催者との良好な関係を求められる。特に主催事業は販売営業活動と密接に結びついていることが多い。筆者は朝日新聞社での勤務経験しかないが、朝日新聞社主催の全国高等学校野球選手権大会（夏の高校野球）のシーズンは新聞の部数拡大の好機だった。吹奏楽に力を入れようと、担当記者を決めて紙面を割いたケースもあった。地方の総局長（支局長）は主催者側との懇親会も欠かせない。地元紙やライバル紙との対抗で、販売戦略として地方版に「お悔やみ欄」を新たに作ることもあった。

筆者が福島で勤務していた際は、地元紙の福島民報と福島民友の地方支局に勤務する記者が広告取りも兼務していた。その地元紙の記者は、とある県南地域の町長からは「おめえ、右手にペン持って、左手にそろばん持ってんな」と嫌味を言われていた。その知り合いの記者は疑問を持っていた。だが、どうしようもない。組織に所属している以上、そのような行動様式や価値を承認しなければならない。承認しなければ、斜陽部署に飛ばされるか、辞めるしかない。「『個』としてのジャーナリスト」などというジャーナリズムの価値や原則とは無関係な力が会社組織には作用している。だから、そうした組織に対して、ジャーナリズムの価値や原則を持ち出して論評することは不毛だ。「マスコミ」業界とはそのようなものである、という前提で考えてみる必要がある。「経営と編集の分離」「『個』としてのジャーナリスト」といったジャーナリズムの価値では読み解くことができない「マスコミ」業界の独特な経営の価値や原則がそれぞれの会社ごとにある。それが、カルチャーをつくっている。第1章第1節で記述したように、事業継続という経営政策という視点を「マスコミ」業界の生態観察に導入すべきである。

記者クラブの問題や「首相動静」で記述される新聞やテレビ局幹部が総理大臣と飲み食いする「マスコミ」業界の作法が批判の俎上に上がる。ジャーナリズムの原則からすれば奇妙奇天烈であろう。ところが、ジャーナリズムに擬態している組織並びにその組織の行動様式や価値を承認する人間ならば、そうした振る舞いの是非はそもそも頓着する必要はない。それが、カルチャーだからだ。「読売新聞をぜひ熟読して」と総理大臣から〝お言葉〟をもらうこともあるだろうし（真野 2017：第1段落）、紙面で売り出し中の言葉が総理大臣の演説で取り入れられれば記事にするのもうなずけるというものだ（『朝日新聞』２０１１年1月25日朝刊）。総理大臣に担当記者が誕生日に贈り物をプレゼントする（安倍 2013）ことも当事者たちは問題としては認知していないだろう。繰り返しになるが、それがカルチャーなので、それでいいのである。もしそうしなければ、「マスコミ」業界の人間ではいられなくなる。

「マスコミ」業界で使用される「人間関係」という言葉は「マスコミ」業界の生態を観察する際に有用なキーワードだ。よく「人間関係」を作れと説かれる。新人記者は最初に「記者クラブ」という特権を利用して情報の出所である権力との人間関係の創造に投じられるので、そこでの「人間関係」の強度で記者としての出来不出来が測られていく。こうして新人記者たちはそれぞれの会社に足場を持ちながら、「マスコミ」業界の作法を学び、「マスコミ」業界を構成するカルチャーの担い手となっていく。「取材相手の信頼を勝ち取る」という言い回しもよく現場で使われる。この際、「取材相手」とは役所や警察、政治家など権力側＝情報の出所をしばしば指す。企業が主催する昼食会や現地見学会に企業側の費用で参加するのも「人間関係」を形成するには欠かせない。編集や広告、企画などの部門を問わず、関係する主催者・後援者、広告主との「人間関係」も重要である。「メディア・イベント」（津金澤 1996a：iii - vi）は「マスコミ」業界の経営戦略上の必須アイテムだからだ。

ここで見られる「人間関係」は市民社会の側に大きく広がった関係性ではないことに注目しなければならない。閉じた「サークル」の中で形成される、相互依存の「人間関係」である。[*8] この閉じた「サークル」の中には前述した取材相手としての政治的・経済的・社会的権力も同居している。この「サークル」内での承認や批判が繰返される。それらは決して市民社会からの承認や批判ではない。「マスコミ」業界の外側から批判されようが、「マスコミ」業界の内部から批判されなければいい。この「サークル」から時折抜け出そうとする者たちも確かにいる。だが、「サークル」の強度は強い。この「サークル」を抜け出したとしても、その外側でジャーナリズム活動を展開する土俵が日本では十分に形成されていない。つまり、ジャーナリズムの社会空間がまだまだ「マスコミ」業界に占拠されている状態は解消されていないのである。

### (2)当事者意識の返上

米国のジャーナリスト保護委員会(CPJ: Committee to Protect Journalists)のエグゼクティブ・ディレクター、ジョエル・サイモンは「記者たちは組織への忠誠に価値を置き、(役所や警察などから)発表情報を入手する特権に浮かれている(They value institutional loyalty and celebrate access)」(Simon 2017: 第1段落)(筆者訳)と指摘した。「個」よりも「会社」が「マスコミ」業界の構成員たちの意識に枠をはめているのではないかという指摘である。憲法学者の大石泰彦はこうした意識構造を「お約束」「折り合い」という言葉で分析している。*9

韓国映画『共犯者たち』が日本で好評を得た。李明博(イ・ミョンバク)政権によるメディアへの介入に対抗するジャーナリストたちの戦いを記録した映画だ。ジャーナリストたちは解雇されたり、左遷させられたりした。その彼らが中心となって非営利・独立の探査ジャーナリズム組織・ニュース打破(タパ)が結成された。15人での設立だった。『共犯者たち』の監督、チェ・スンホも韓国MBCを解雇された経歴を持つニュース打破のプロデューサーだ。2017年12月、彼はMBC社長として復帰し、改革の舵を取っている。

筆者はワセダクロニクル編集長の渡辺周らと一緒に、2015年8月にニュース打破を視察した。その時の感想を渡辺は「もともとは『最後にひとつだけ大きな仕事をやろう』ということだったそうです。ところが最初の番組が高く評価され、寄付が集まった。そこから好循環が始まり、今では4万人以上の寄付会員がいるそうです。彼らは、寄付収入だけでやっている。韓国ではタパ以外にも寄付によって成り立っているニュースサイトがいくつかあります」(山田 2017：2頁第9段落)と語っている。

筆者と渡辺はこの訪韓を契機にして、日本で新しいニュース組織（ワセダクロニクル）の立ち上げを打ち固めることになるのだが、筆者や渡辺が注目したのは、組織を超えてジャーナリストが連帯し、ジャーナリスト自らが韓国のジャーナリズムに発生した問題点に向き合い、実践として改良に乗り出しているという事実だった。その結実がニュース打破という組織だった。ニュース打破だけではない。週刊誌『時事ＩＮ』を創刊したジャーナリストたちもそうだった。ジャーナリズムを担う当事者意識がそこにあった。ここが、日本の「マスコミ」業界とその住人たちとは決定的に異なる。映画『共犯者たち』を観て感動はしはしても、当事者として行動してジャーナリズムの改善運動の行為主体とは決してなろうとはしない。組織論的には、当事者意識を発露できる職能団体（ジャーナリスト・ユニオン）が日本にはないことが組織を超えた連帯を阻んでいる。

前節で指摘したように、「マスコミ」業界は政治的・経済的・社会的権力も同居する閉じた「サークル」を形成している。このため、構成員たちは「サークル」で承認されることが構成員の評価につながる。そこでは、ジャーナリズムという意識活動を担う当事者意識はそもそも想定されていないだろうし、その必要もない。むしろ、邪魔だ。「マスコミ」業界の規律を乱すことに繋がりかねないだろう。サイモンが指摘した「組織への忠誠」（Simon 2017: para.1）は「マスコミ」業界の擬態の特徴を言い表している。このことは何を意味するのか。ジャーナリストがジャーナリズムの担い手であるというジャーナリストとしての当事者意識を返上するという行為である。

## 3．擬態の到達点――2014年日本版〈9・11〉事件

### (3)「不可解さ」という端緒

シャクトリムシが何かの拍子に肢体を動かし、小枝に擬態していたことがバレるときがある。ジャーナリズムに「業態擬態」していたはずの「マスコミ」業界も本性を垣間見せるときがある。その直近の大きな事例が2014年に発生した朝日新聞・原発「吉田調書」記事取り消し事件に見て取れる。

朝日新聞は2014年9月12日、朝刊1面、2面、3面、社会面で「吉田調書『命令違反し撤退』報道、本社、記事取り消し謝罪」「吉田調書をめぐる本社報道　経緯報告」「読者の信頼傷つけた」などの見出しで、吉田調書に関する記事を取り消すと報じた。2014年5月20日付朝刊1面の「命令に違反　原発撤退」という見出しと記述が、「多くの所員らが所長の命令を知りながら第一原発から逃げ出したような印象を与える間違った表現」だというのが記事取り消しの理由だった。

記事の主眼は、「過酷な原発事故は誰も制御できない」ことを伝えることだった。同じ2014年5月20日付の朝刊の「再稼働論議　現実直視を」の記事では、こう書かれている。

「吉田調書が残した教訓は、過酷事故のもとでは原子炉を制御する電力会社の社員が現場からいなくなる事態が十分に起こりうるということだ。その時、誰が対処するのか。当事者ではない消防や自衛隊か。特殊部隊を創設するのか。それとも米国に頼るのか。」

所員が第二原発に撤退した2014年3月15日、地元の住民は撤退について何も知らされていなかったし、何よりも翌16日になっても8割以上の所員が第一原発に戻っていない。このことは東電テレビ会議で東電自身がやりとりしている事実だ（福島第一原発事故を考える会　2016a）。ところが、この事実を無視して「ほとんどの所員は戻ってきた」と、事実を捻じ曲げて「吉田調書」記事を批判する傾向があった（①[*10]）。記事では所員らが「逃げた」とは書かれていないにも関わらず、「記事では『逃げた』と書いている」などと批判する者もいた（②[*11]）。また、「吉田調書」報道の取材班の当事者に取材をすることなく、朝日新聞社の公式発表に依拠して記述する人間もいた（③[*12]）。批判の言説は以上のような①〜③の三つに類型化できる。①と②は捏造した事実を根拠にしているのが特徴である。③は取材・調査・研究の基本動作を無視したもので論評外だろう。

放射能拡散への対応が取れない上、現場が混乱して住民にさえ情報が伝わらない絶望的な状況に、記事は警鐘を鳴らした。記事の正当性については、岩波書店の月刊誌『世界』での長期連載「解題・吉田調書」や弁護士の海渡雄一らの『朝日新聞「吉田調書報道」は誤報ではない　隠された原発情報との闘い』、朝日新聞読者でつくる「原発『吉田調書』報道を考える読者の会と仲間たち」が編んだ『誤報じゃないのになぜ取り消したの？　原発「吉田調書」報道をめぐる朝日新聞の矛盾』などに詳しく論述されているのでここでは触れない。その『世界』の「解題・吉田調書」では、朝日新聞社が取り消した記事と同じタイトル「原発撤退　所長命令に違反」で3回にわたって東電撤退問題を扱い、記事の正当性を記述している。

朝日新聞社が当該記事を取り消したのは非常に不可解である。取り消し措置はこれまで、サンゴ礁を自ら傷つけて報じた時のように「捏造」の場合に適用されてきたが、朝日新聞社の幹部も明確に「捏造」は否定している[*13]（BLOGOS編集部　2014：第62段落）。「間違った印象を与えた表現」を理由に記事を取り消すのは極めて異例だ。

筆者を含めた6人が、この「不可解さ」を解明するため、取材チームを作り、関係者への取材や関係資料の収集に当たった。ここではその取材チームを「原発『吉田調書』記事取り消し事件取材チーム」と名付けておく。

この「不可解さ」を解く鍵として、朝日新聞社の編集責任者の発言が参考になる。

「吉田調書」記事の取り消しを受け、２０１４年10月６日に朝日新聞東京本社では役員らによる社員への説明会が開かれた。

取り消しに伴い、編集担当役員を社長の木村伊量に解任された杉浦信之は次のように述べている。

「私は、９月11日の記者会見で、吉田調書の報道を取り消し、社長が謝罪するという中で、編集担当の職を解かれました。しかし、私自身の中では、９月の冒頭にあった池上コラムの中で、まさに朝日新聞の名誉を傷つけたことが最も大きいと自分自身感じていました。そのときはすでに、吉田調書が新たな局面になっていた。私自身、吉田調書で解任されていますが、私の中では現在でも、池上コラムが最も重大な責任であったと感じています。」（木村英昭 2018 : 1-2)

杉浦が言及した「池上コラム」とは、朝日新聞社が従軍慰安婦の記事を一部取り消したことを「遅きに失したのでは」と書いた池上彰のコラムのことを指している。朝日新聞社は池上彰のコラムを掲載せず批判を浴びた。この社員説明会の場では、杉浦の後任の編集担当役員である西村陽一も次のように述べた。

「池上コラム見合わせのことが圧倒的に大きいと思っている。幅広い意見を積極的に取り入れることが朝日新聞の強みだった。池上コラムのことが決定的に朝日新聞の信用を傷つけた。」（木村英昭 2018 : 2）

新旧の編集部門の責任者がこのように述べているにも関わらず、「吉田調書」記事を取り消したのは、池上コラムの不掲載を指示した当時社長の木村伊量の保身や経営危機の乗り切りを朝日新聞社幹部が優先させたと言わざるを得ないだろう。

「不可解さ」は時に物事の正体に気づかせる効用もある。この新旧編集幹部の社内発言は対外的にはこれまで明らかになっていないが、この「不可解さ」に独自のアプローチから気づき、社会学の立場から理論的な批判を加えたのは社会学者の花田達朗だった。花田は以下のように記述した。*14

「さて、2014年9月11日夜の朝日新聞社の木村伊量社長の記者会見、そして同紙の翌日朝刊の謝罪紙面はどのように見ればよいだろうか。大きな出来事であったことに間違いはない。

9月12日の1面には、次のような見出しが並んでいる。

① 吉田調書『命令違反し撤退』報道　本社、記事取り消し謝罪

② 慰安婦巡る記事　撤回遅れを謝罪

③ 池上氏連載判断『責任を痛感』

見出しは①が特大で、②から③へと小さくなっていく。この順番と比重の違いは社長記者会見の構成と筋書きを忠実に反映している。謝罪の記者会見はこの3部構成および軽重の付け方であった。質疑応答で社長自身が述べたように、それは①のための謝罪会見であり、それがメインと位置づけられていた。社長が①のときだけ起立して頭を深く下げたことにもそれは示されていた。

では、その①はどのような理由で謝罪が行われたのだろうか。紙面掲載の社長のお詫び文から引用しよう。『（……）吉田調書を読み解く過程で評価を誤り、『命令違反で撤退』という表現を使ったため、多くの東電社員の方々がその場から逃げ出したかのような印象を与える間違った記事になったと判断しました。』そこで記事を取り消し、お詫びするというのである。

つまり間違ったのは資料の『読み解き』と記事の『表現』だと言っているのである。そうであるのならば、訂正記事を出せばよく、記事のすべてを取り消す必要はないのではないだろうか。ましてや社長が謝罪記者会見を開く問題ではないだろう。記事の『表現』という問題で、そのようなことをした新聞社があっただろうか。」（花田 2018 : 196 - 197）

花田は、池上コラム不掲載事件を「明確な経営による編集への介入事件」であると認定し、朝日新聞社が長く維持してきた「編集と経営の分離」の原則が木村社長のもとで崩れたと指摘した（花田 2018: 197）。そして、「③と②を小さく見せるために①を無理矢理、強引に大きく仕立て上げたのではないか」（花田 2018: 197）という推測と疑念を提示した上で、「戦後最大級の経営による編集への介入（花田 2018: 197）と分析した。

## ⑵歴史は繰り返すのか：白虹筆禍事件の亡霊たち

社長だった木村伊量は２０１８年2月号の『文藝春秋』で筆をとった。「社を退いて3年。それなりの時間が経過したこともあり、今回、編集部の求めに応じたしだいです」（木村伊量 2018 : 291）という。

この記事の中で、木村伊量は池上コラムのゲラを読んだ時のことを「『読者の不信を買うようなら、ぼくは責任をとって社長を辞めることになるよ』と、かなり厳しい調子でコメントしたと記憶しています」（木村伊量 2018：291）と振り返っている。しかし、2014年9月11日の記者会見では木村伊量はコラムの不掲載には関与していない旨を強調していた。編集担当役員だった杉浦も、自身の判断で不掲載を決めたと述べていた。記者会見で語ったことと、『文藝春秋』の記事とでは、異なった二人の「木村伊量」が存在する。このことが明確になった。

白虹筆禍事件の登場人物を、「吉田調書」記事取り消し事件の関係者と置き換えてみれば、両者の構図や流れは驚くほど酷似している。「吉田調書」記事取り消し事件の登場人物は白虹筆禍事件の登場人物である、と言っていいだろう。

白虹筆禍事件では、朝日は批判が起こると沈黙を守り、突然、謝罪に転じた。有罪判決後、記事を執筆した記者の大西利夫は控訴しようと思っていたが、朝日は大西に控訴断念の説得工作をする（大西 1977：69）。社長の村山龍一は当初「あなた方に迷惑はかけません」と記者たちをかばったが、最後は変心し、大西に対して「あなたはどういう意志であぁいうものを書きましたか」と言い放ったという（大西 1977：69）。「吉田調書」記事取り消し事件でも、当初は批判に対して反論の姿勢を取り、いくつかの反論紙面を用意していた。だが、見送った。[*15] 理由の一つが「吉田調書」の一連の記事を新聞協会賞の候補作品として提出していたため、それへの影響を懸念したためだった。そして、長い沈黙の後、池上コラム取り消し事件が発覚するや、その翌日に取材班を突然業務から外し、一切説明もないまま突然記者会見を開き、突如として記事の取り消しを宣言したのだ。前節で引用したように、編集のトップの杉浦は「私は、9月11日の記者会見で、吉田調書の報道を取り消し、社長が謝罪するという中で、編集担当の職を解かれました。しかし、私自身の中では、9月の冒頭にあった池上コラムの中で、まさに朝日新聞の名誉を傷つけたことが最も大きいと自分自身感じていました」と述べている。朝日を攻撃する側に回った他メディアの生態もおよそ100年の時を経て再現された。池上コラム不掲載事件は経営の編集への介入事件であるが、池上コラム不掲載事件に対して起こった社の内外で経営・編集幹部への批判をかわすために「吉田調書」記事を誤報に仕立て上げなければならなかったという構図が浮かび上がるだろう。

一方で、時を隔てた両事件に対する朝日新聞社の経営・編集幹部や他のメディア会社の編集・経営関係者の対応を、ジャーナリズムの価値や原則ではなく経営戦略の観点から考えれば、彼らの行動様式には矛盾はないのかもしれない。「マスコミ」業界をジャーナリズムの価値や原則に基づく行為主体ではなく、例えば「不動産業を生業とする会社が新聞を発行する商売もしている会社」と考えれば、経営の編集への介入も特段問題視する感覚は持ち得ないだろうし、社員の記者を守らないことも当然視されることだろう。ライバル会社の危機に乗じて、ライバル会社に敵対的行為をする生態も聞かない話ではない。

別府は「白虹筆禍事件を収束させるために朝日新聞社が提示した『我社の本領』は、今日の日本型〝報道〟における『不偏不党』『評論の穏健妥当』『報道の確実敏速』といった規範の出所となっている」（別府 2015 : 278）と分析している。「吉田調書」記事取り消し事件は、白虹筆禍事件で体内に埋め込んだジャーナリズムへの擬態の様式を100年近くかけて磨き上げ、その間、様々な「擬態言語」を製造しながら生きながらえてきた「マスコミ」業界の一つの到達点であろう。白虹筆禍事件でのプレーヤーたちの立ち振る舞いを知っている人間にとっては「教科書通り」の行動をしたまでと言えるのかもしれない。朝日新聞社は現在も「不偏不党」を社の綱領に掲げているのは象徴的である（朝日新聞社 1952）。ただし、白虹筆禍事件と「吉田調書」記事取り消し事件ではいくつか異なる点はある。白虹筆禍事件後、朝日新聞社を含めた新聞各社は戦争や経済成長を経て右肩上がりの成長を享受できたが、現在は経営的な厳しさはいや増すばかりだ。経営的な厳しさがかえって擬態を取り払う。

白虹筆禍事件でターゲットになった記者の大西は結局会社からの説得を受け入れ控訴を断念して、以来長く沈黙を守ることになったが、「吉田調書」記事取材班だった筆者は朝日新聞社を名誉毀損で提訴し、「取り消し」の取り消しを求めている。大西や「吉田調書」取材班の最大の失敗は、その記事を朝日新聞に掲載したことだったかもしれない。

ただ「マスコミ」業界の動きとしては、「マスコミ」の各労働組合で構成する新聞労連が朝日新聞社が取り消したその「吉田調書」記事に対して、新聞労連ジャーナリズム大賞特別賞を贈ったことは本論でも書き留めておく。

この原発「吉田調書」記事取り消し事件を契機に、朝日新聞社は怯懦と保身を強めていく。ワセダクロニクルが現在発進している特集「製薬マネーと医師」はそもそも朝日新聞社で取材に取り掛かっていたものだった。だが、それはやり遂げることができなかった。その理由は「当時の朝日新聞が取材や報道にブレーキをかけてきた」（ワセダクロニクル 2018d：第4段落）からだ。原発「吉田調書」記事取り消し事件が潮目を変えた。特集「製薬マネーと医師」は朝日新聞社でできなかったことをワセダクロニクルという土俵で再設定したものである。

「原発『吉田調書』記事取り消し事件取材チーム」のうち、3人が朝日新聞を見限り、退職した。宮崎知己は月刊誌『FACTA』に転職し、筆者と渡辺周はワセダクロニクルの立ち上げに参画する。ワセダクロニクルは「吉田調書」記事取り消し事件という契機がなければ創刊されなかっただろう。ワセダクロニクルの創設メンバーたちは「マスコミ」業界の編集・経営幹部や記者たちが経営的な危機に直面したとき、どのように立ち振る舞うのかを間近でよく観察することができた。

## 4. 擬態からの離脱――ジャーナリズムNGOとしてのワセダクロニクル

### (1)予期せぬ擬態の発見

ワセダクロニクルは2017年2月1日に創刊された。この時は、早稲田大学ジャーナリズム研究所のプロジェクト（WIJP：Waseda Investigative Journalism Project）の一つだった。大学を拠点にした日本で初めてのニュース組織の誕生だった。なお、筆者はワセダクロニクルで編集幹事を務めているが、本論では内部の者でしか知り得ない「秘密の暴露」ではなく、公表された資料に基づいて論を進めていく。

リリースされた創刊特集「買われた記事」は、共同通信社と電通、製薬会社による記事掲載をめぐる不透明なカネの流れを暴露した。連載形式が特徴で、第1回「電通グループからの『成功報酬』」を皮切りにして、2018年8月末現在で第11回「東京都、調査に踏み出す」がリリースされている。ワセダクロニクルの「買われた記事」で問われたのが「マスコミ」の共同通信社と地方紙各社だった。

いくつかの複数のテーマを取材していたが、「既成メディアではやれないことをやろう」という方針でこの「買われた記事」が創刊特集のテーマに選ばれた。

共同通信社という日本最大の通信社とその加盟地方紙各社が関与するテーマだったが、この時、ワセダクロニクルでも「マスコミ」業界に対する期待感はなお存在していた。実際、創刊特集の前にはいくつかの「マスコミ」との連携の話が進んでいた。また、共同通信社や地方紙各社には自浄作用が機能していて、創刊特集のリリースを契機に〝何か〟が変わるきっかけになるのではないという期待感があった。実際、編集長の渡辺周は東洋経済オンラインでのインタビューで、「1つ誤解をしてほしくないのは、メディア同士でたたき合いをしたいわけではない。既存メディアvs.新興メディアというとらえ方もしてほしくはありません。今回、誰が犠牲者なのかといえば患者さんです。調査報道の目的は、犠牲者を救うことであって、メディアをたたくことではない。そういう意味では、成果を独り占めにするつもりもなく、同じ志を持つジャーナリストと幅広く連携していきたいとも思っています」「今こそ自浄能力を発揮してウミを出し切ることが必要です。そのためにも共同通信の記者の皆さんが社内で声を上げて戦っていくことを期待したいと思います」（山田 2017：3頁第10段落）と答えている。これはメンバーの共通する思いだった。「マスコミ」業界に占拠されたジャーナリズムの社会空間において、組織を越えてジャーナリストが連帯して改善に動き出すことは重要なことで、それは可能だろうという思いだった。実際、「今のままではダメだ」という告白はよく「マスコミ」業界の記者たちから耳にする。

ところがそうした期待感はワセダクロニクルのメンバーたちの誤解だったことが次第に判明してくる。共同通信社はワセダクロニクルの質問に対して当初は「当社はこれまで貴殿の取材に対し、誠心誠意お答えしてきたと考えており、今後もその姿勢は変わりません。それは取材・編集を業とする報道機関として当然のことだと思っております」（ワセダクロニクル 2017：第23段落）としていたが、次第に言葉数は少なくなり、「業務に関することですので回答は控えます」（ワセダクロニクル 2017：第21段落）という事実上の回答拒否の姿勢になっている。地方紙各社もレームダック（死に体）状態だ。安倍政権に「モノ言う新聞」として受け止められている地方紙各社を含めて自らが事態の解明に乗り出そうとする姿勢は皆無だ。読者にも一切説明していない。

そうした「マスコミ」業界の反応について編集長の渡辺は月刊誌『世界』での対談で「共同通信が配信した『買われた記事』を掲載した地方紙にも質問を投げているのですが、残念なことに、子ども騙しのような回答でまともな返答が返ってきません。共同通信は『業務に関することなので回答は控える』というのですが、こちらは業務上のことだから聞いているわけです。私的なことをきているのではない。自分たちはあれだけ取材相手に責任追及などをしているのに、自分たちのことになるとフリーズする。少なくとも読者には今回の問題について説明するべきです」（渡辺・別府 2017：59-60）と疑問を呈している。対談相手の別府三奈子は「英米の調査報道においても、草創期に読者の信頼を得ることになったのは、同じ業界の中の問題、特に地元権力者や広告主と新聞社の癒着でした。この関所を超えて、新聞というメディアはプレスからジャーナリズムになりました」（渡辺・別府 2017：60）とする。

ワセダクロニクルのメンバーは取材をしながら、どうも共同通信社や地方紙各社に対して自分たちは何か勘違いした期待感を持っているのではないか、という疑いを抱き始めた。

それが確信に変わり始めたのが、「買われた記事」に続く、第2特集「強制不妊」だったと言っていいだろう。国家によって不妊手術を強いられた犠牲者は1万6000人を超える。その「国家の罪」をこのシリーズで暴露している。このシリーズは強制不妊手術をテーマにしているので、「マスコミ」業界のことは取材対象にはならないだろうと考えていた。ところが、強制不妊の推進団体（宮城県精神薄弱児協会）の役員に、当時のNHK仙台局の局長や最高意思決定機関である経営委員会の委員、地元紙の河北新報社会長が関与していた。NHKは「記録はNHKには残っていない」（ワセダクロニクル 2018a：脚注3と同8）、河北新報社に至っては「回答しないという対応を取らせていただきます」（ワセダクロニクル 2018a：脚注4）と回答自体を拒否した。読売新聞、毎日新聞、朝日新聞も推進団体が進める県民運動を後押しする記事を掲載していた（ワセダクロニクル 2018a：b）。いずれの「マスコミ」からも自社の記事を検証する動きは出ていない。読者不在の姿勢である。

これらのことをどう考えればいいのか。これまでの記述を踏まえるならば、「マスコミ」業界のジャーナリズムへの「業態擬態」という体質を、ワセダクロニクルは偶然発見してしまうことになったと言えるだろう。

### (2) 擬態からの離脱——当事者意識の獲得（探査ジャーナリズム）

創刊後のワセダクロニクルは当然ながら試行錯誤の連続だった。今もそうだ。模範解答がないのだから何度も答案用紙を書き直すしかない。ワセダクロニクルは、市民の「知る権利」の闘いの過程の中から、市民からの要請で創出されたものではない。「吉田調書」記事取り消し事件をめぐる「マスコミ」業界の対応への対抗的認識を契機にジャーナリストが主体となって生み出したジャーナリズム改善のためのムーブメントである。したがって、ワセダクロニクルも「マスコミ」業界の行動様式や価値を残滓として引きずっている。それを払い落とさなくてはならない。

試行錯誤ぶりは言葉の上でもよく表れている。

ワセダクロニクルは「調査報道メディア」を掲げてスタートした。しかし、この「調査報道」という言葉は一般の人にはあまり知られていない言葉だった。英語の investigative journalism の日本語訳として使われていた。主に「マスコミ」業界で流通している業界用語であることがわかった。実際、編集長の渡辺は母親に「調査報道をやっている」と仕事内容を説明すると、あんたいままで調査しないで記事書いていたの?」と言われたエピソードを紹介している（渡辺ほか 2017 : 9）。「調査」は research であって、invesigation ではない。訳語としての不適切さもあったので「調査報道」という言葉をそのまま使用するのは適切ではないだろうということになった。苦渋の選択で「調査報道ジャーナリズム」という言葉を選んだ。ワセダクロニクルが刊行した当初の2冊のブックレットにも「調査報道ジャーナリズム」という言葉が使用されているし、ウェブページにもそのように謳っていた。

当初のワセダクロニクルの定義は曖昧だった。[*16] ウェブページで「政府や大企業といった大きな権力を持つ組織の不正や腐敗を自力で取材し公表するものです。官公庁などの記者クラブで提供された情報を伝えるだけのジャーナリズム活動とは立場を異にします。文字通り investigate つまり、権力が隠し、公表しない事実を自らが『探査し』『掘り起こし』、それらの事実を市民社会に還していきます」と記述していた。「調査報道ジャーナリズム」とは何かが、当事者のメンバーもうまく言語化できていなかったと思う。

「調査報道ジャーナリズム」という言葉を放棄することにした。前節で記述した「マスコミ」業界が有する擬態の体質を発見したことなどが契機だった。

言葉はそれを使用する人や集団の行動様式や価値観を必ず背負っている。どの言葉を選択するのかは表層的な問題ではない。言葉は、ワセダクロニクルがジャーナリズム活動を通じてどのような立場を取り、どのようなプロダクトをどこに向けて発信していくかを明確に提示する。

私たちは「調査報道ジャーナリズム」という言葉に代わって、「探査ジャーナリズム（探査報道）」という言葉を使用することにした。創刊から8ヶ月ほど経った2017年10月に刊行したブックレット『探査ジャーナリズムとNGOとの協働』以降、「探査ジャーナリズム」という言葉を選択し、ウェブサイトにも載せた。以来、ワセダクロニクルでは、investigative journalism（reporting）の日本語として探査ジャーナリズム（探査報道）という言葉を使用している。ワセダクロニクルは「探査ジャーナリズム」の定義を以下のように記述した。

「探査ジャーナリズム（investigative journalism）とは、政治的・経済的・社会的権力が公開されることを望まずに意図的に隠している事実（fact）、またはそれら権力が偶発的に隠している事実を、気づき、調査し、発掘し、ストーリー（story）として構成したニュース（news/article）を最終的に公衆（public）に向けて暴露する（reveal）、事実探査型のジャーナリズム活動を指す。ここでいう権力とは、人格化された権力だけでなく、構造や制度、システムによる権力作用も含む。また、事実とは、権力の腐敗や不正、不正義、不作為にかかわる事実を指す。

こうした探査ジャーナリズム活動を通じて、権力の作動によって生まれた犠牲者や被害者を救済したり、生まれるであろう犠牲や被害の出現を防いだりする。犠牲や被害の出現の原因となる権力の腐敗や不正、不正義、不作為を終わらせることを目的とする。つまり、探査ジャーナリズムとは、取材から記事のリリースに至るまでの一連のジャーナリズム活動を通じて、市民社会（civil society）の利益に立って、世界の改善・改良に貢献していく営為そのものを意味する。その行為主体は、ジャーナリズム（journal-ism）という『イズム（ism）』の担い手である『イスト（ist）』、つまりジャーナリスト（journal-ist）である。したがって、探査ジャーナリズムは、ジャーナリストの問題意識、問いと仮説、権力に対する対抗的な関係性の認識（antagonism）が端緒となって発露される、ジャーナリストの主体性に支えられた営為と言える。」（渡辺ほか 2017: 2）

重要なポイントは、権力監視機能に加えて「中立」の拒絶だ。ジャーナリズムの担い手、つまり当事者意識の獲得を通じて、ジャーナリズムの価値や原則に忠実であろうとするジャーナリストの主体性を獲得し、それを基盤にし、権力作用によって尊厳や生命を奪われた犠牲者の立場に立ったジャーナリズム活動を展開するということを宣言している。「マスコミ」業界の擬態の特徴だった、権力との相互依存関係との決別である。

ワセダクロニクルで活動しているメンバーに実施した共通アンケートでも一端を発見できる。2018年1月10日までに回答があった。ジャーナリスト8人、学生は8人から回答を得た。共通質問は「①ジャーナリズムで権力監視はどうして必要だと思いますか」「②既成メディアは権力監視をやっていると思いますか」「③なぜあなたはワセダクロニクルをやっているのですか」の3点である。

ここでは紙幅の関係で全部を掲載できないが、ワセダクロニクルの活動を学生時代から担当し、卒業後に「マスコミ」業界に就職したメンバーからは、②について「監視しきれていないと思います。会社として警察、医療、福祉など担当別に動いているせいか、他紙も似たように書くであろう、発表記事に振り回されています。取材したいことがあっても『他の担当に迷惑かけたらどうするの』と注意され、決して背中は押されません。ゆっくり考えて取り組む時間もなければ、チームで取材しようという雰囲気も社内にはありません。そういうことがしたいと話しても『そんな筆力あるのか』『そういうことに人員は割けない』とデスクや上司にそっぽを向かれるのが現状です。だから、もし大きな情報を入手したとしても、絶対に確実なものでない限り行動が取れません。仮説が崩れたり、不発が絶対に許されない状況です」との意見が記述された。

ジャーナリストとしての当事者意識に立ったジャーナリズム活動が困難であることを吐露している。しかし、残念なことにこうした状況は改善しないだろうし、ますます磨きがかかっていくだろう。なぜならそれがその会社の行動様式であり、価値だからだ。そうした行動様式や価値で形成されているカルチャーを承認できないジャーナリストの受け皿になる場が「マスコミ」業界の外側に必要だ。ワセダクロニクルはジャーナリストとしての当事者意識の獲得の場でもなければならないだろう。

### (3)擬態からの離脱――ジャーナリズムに価値を置くコミュニティとの接続（寄付型モデル）

ワセダクロニクルは早稲田大学ジャーナリズム研究所から独立し、２０１８年2月1日に特定非営利活動法人の認可を取得した。ワセダクロニクルの財源は①会員からの寄付（月額会員制・クラウドファンディング）②事業収益③助成金、の三つを柱にしている。

月額定額１０００円の個人会員からの寄付は少しずつ伸びているが、人件費を賄うまでには至っていない。個人会員を基盤にしている韓国のニュース打破は約4万人の会員がいる。日本とは国情も違うため一概には比較できないが、個人会員の「薄く・広く」の寄付の伸長は組織運営上欠かせない。

創刊特集をリリースした２０１７年2月1日にクラウドファンディングを開始した。目標額の３５０万円を同年2月20日には突破した。４ヶ月間実施し、最終的には３４６人から５５２万４００円が集まった。第2特集「強制不妊」も４ヶ月間で83人から91万５６７８円が集まった。クラウドファンディングをした人は男性の割合が高く7割前後だった。25～44歳の年齢層で半数以上を占めている（Kimura et al. 2018: xix-xx）。

寄付による財政基盤の構築は、「マスコミ」業界が採用する広告・購読料モデルではないので、政治的・経済的・社会的権力からの独立を確保できる。誰からも介入されない。忖度をする必要もない。不動産事業をすることも考えていない。財政的な独立は探査ジャーナリズムの生命線である。

クラウドファンディングは単に金額を集めるだけでなく、寄付をした人たちのメッセージも得られる。ワセダクロニクルへの期待感を伺えるメッセージが数多く届けられた。以下がその一部だ。メッセージはサイト上に公開されている。[*17]

「マスメディアにはできなかった普通の国民のため〟の報道、ジャーナリズムを応援しています。がんばってくださいね！」（特集「買われた記事」）

「報道の独立は僕らの命綱です。立ち上がってくれて本当に感謝です。」（特集「買われた記事」）

「真実を追求するジャーナリズム精神を貫いて、よりよい世界と未来を築く基盤になってください。」

「市民の願いです。応援しています。」（特集「買われた記事」）

「ハンセン病患者の隔離政策にも似た非人道的政策がほんの20年近く前まで行われていたことを最近知り、自分の無知を恥じました。歴史の真実を知ることが未来への指針となるよう、活動を応援しています。」（特集「強制不妊」）

「当時は疑問に思わなかったり、思っても口に出さずに手を貸してしまった人もいるだろう。これが恐ろしい過ちであることを今私たちの共通認識にしなければ、あの頃の人間に退化してしまう。そのための貴重な報道に少しですが参加させてください。」（特集「強制不妊」）

リリースした記事と収益がリンクするので、ジャーナリズム活動とその活動の成果物の享受者である市民とを直接的に結びつける。分業体制が確立している「マスコミ」業界では、取材部門の人間が自分たちの記事や番組がどの程度収益に結びついたのかを頓着はしない。ワセダクロニクルは異なる。クラウドファンディングや定額寄付者がどのような記事にどのように反応し、その結果として寄付を投じるのかがリアルタイムでわかる。「起業家（entrepreneur）精神」を探査ジャーナリズムの領域に持ち込んだと捉え返すことができるだろう。

したがって、ワセダクロニクルの成功の可否は「広く・薄く」の寄付モデルによって、探査ジャーナリズムのニュース組織態勢を持続可能なものにできるのかどうかにかかっている。だが、まだ専従者2人に給与を払うことができていない。生活費は退職金を切り崩して充てている。ワセダクロニクルの成功は、探査ジャーナリズム活動の成果物の享受者がワセダクロニクルのような寄付型モデルを通じた権力監視探査ジャーナリズムの社会的機能の確立を受け入れてくれるかどうか、という言葉にも換言することもできるだろう。ワセダクロニクルは記事のリリースのプラットホームとしてウェブを使用しているが、寄付をしてくれる人たちの感想を読んでいると、ワセダクロニクルを支える層はＳＮＳ空間におけるインフルエンサーたちであったり、雲をつかむような巨大な「マス」の人たちではないように感じている。ジャーナリズムの価値や原則に重きを置いていて、権力監視と犠牲者の救済という「ジャーナリズム活動＝価値」に共感する人たちが形成するコミュニティ（共同体）であると認識している。こうしたコミュニティにワセダクロニクルの価値が届くかどうかにある。探査ジャーナリストのトレーナーで、世界探査ジャーナリズムネットワーク（ＧＩＪＮ）の創設メンバーでもある、ジャーナリストのマーク・リー・ハンターは「ステイクホルダー・ドリブン・メディア（stakeholder-driven media）」という考え方を提唱している（Hunter 2017）。ハンターは、「マス」ではなく、特定の価値や関心、問題意識を共有している人たちで構成するコミュニティによって駆動されるメディアへの価値転換を促している（渡辺ほか ２０１７：36‐55）。

寄付という行為はコミュニティのメンバーであることを承認する金銭的表現行為である。コミュニティの参加者は、ワセダクロニクルという探査ジャーナリズム活動の同伴者なのである。

### ⑷擬態からの離脱――職能的連帯を通じた社会空間の創出（ジャーナリズムＮＧＯ）

ワセダクロニクルは２０１７年６月に国際組織ＧＩＪＮに加盟して以降、海外のニュース組織との共同取材に力を入れている。韓国のニュース打破とは2017年8月に共同取材の協定書を結んだ。他の複数のニュース組織とも共同取材を進めている。ワセダクロニクルのメンバーは、具体的な取材を通じた職能的連帯の実践であり、表現であると認識している。とにかく海外のジャーナリストと一緒に仕事をすると、早い。余計な社内決済などないかのごときだ。現場のジャーナリスト同士が「面白い」「重要だ」と受け止めれば、どんどん仕事が進んでいく。言葉も文化も関係ない。このような感覚は「サークル」に閉じこもり、その「サークル」の中での承認と批判で自己完結する「マスコミ」業界とは異なる。「マスコミ」業界では感じられなかった職能的連帯感だ。

さらに、ワセダクロニクルではNGOとの連携も進めている。これについて編集長の渡辺は「我々は、複数の国にまたがるテーマについて、NGOと連携した取材を既に進めています。そこと繋がれば、世界的な情報網となる。その中で情報を的確に集めて、報道対象となる企業や政府の情報を集めていくようなことが今後もできるはずです」（渡辺ほか　2017：34）としている。その一つの成果物が2018年7月からスタートした第4シリーズ「石炭火力は止まらない」である。韓国のニュース打破とインドネシアの有力誌テンポ（Tempo）との国際共同取材だった。記事には取材段階から協力している国際環境NGO「FoE Japan」とインドネシア環境「NGOワルヒ（WALHI）」をパートナーとしてクレジットを表記した。また、同年6月から開始した「製薬マネーと医師」は医師で作るNGO医療ガバナンス研究所との共同作業で進められている。

ワセダクロニクルはメディアであることをやめた。ジャーナリズムNGOと呼称している。このことは何を意味しているか。「マスコミ」業界の「業態擬態」からの離脱である。日本のジャーナリズムという社会空間に、「マスコミ」業界とは異なる、別の社会空間を創出する能動的実践行為だと捉え返したい。それを記事という具体的なプロダクトで提示している。ワセダクロニクルのウェブページには社説的論評やコラムは載っていない。ジャーナリストと名乗っている以上、具体的な記事も出さないで、「探査ジャーナリズムとは何か?」「ジャーナリズムとは?」などと語り合っていることは許されない。最近では、探査ジャーナリズムとNGOとの協働の重要性を提唱する意見も出始めている(Hunter 2018)。探査ジャーナリズムでは、ジャーナリズムとNGOとの境界線を融解させる潮流が太くなってくるかもしれない。[*18]

ジャーナリズムの最前線は刻一刻と動いている。

## おわりに

「擬態」という言葉を道具にして「マスコミ」業界の正体に迫ってきた。「マスコミ」業界はジャーナリズムに「業態擬態」をしてジャーナリズムに近似する「擬態言語」を製造してきた。正体はなかなか見分けがつきにくいが、ジャーナリズムの価値や原則ではなく、事業継続という経営政策の戦略としてジャーナリズムの「看板」が有効に機能する範囲内でその「看板」を利用している生態を白虹筆禍事件を事例にしながら指摘した。このことを通じて、「マスコミ」業界を対象とした議論の際に、ジャーナリズムの価値や原則をモノサシにすることの倒錯性を問題提起した。ワセダクロニクルは確かに「マスコミ」業界を母胎にして創刊されたとはいえ、試行錯誤を繰り返しながら具体的な探査ジャーナリズム活動を通じて、「マスコミ」業界とは異なる新しい居場所を日本のジャーナリズム空間に見つけようとしている。「マスコミ」業界の改善ではない。その居場所には、ジャーナリストとしての当事者意識の獲得を基盤にして、ジャーナリズムに価値を置く市民社会のコミュニティとジャーナリズムの担い手を自覚するジャーナリストとの直接的接続が設定されていることを提示した。「なぜ日本の『マスコミ』業界はジャーナリズムに擬態しているのか」という問いに対して設定した「自らの商品に付加価値を付けて利益を生み出すために『ジャーナリズム』という看板を掲げておいたほうが経営戦略上都合がいいからではないのか」という仮説は有効である。

ただし本論にも弱点はある。検討すべき「マスコミ」業界はNHKをのぞいて民間企業であるので、詳細なカネの流れを追う経営資料が十全に開示されていないという点だ。有価証券報告書を開示している新聞社を抽出する形で論を進めざるを得なかった。また、「マスコミ」業界の擬態の特徴を検討する際に、第二次大戦中の新聞統制、戦後直後の読売闘争や個人加盟のユニオン新聞単一の動静も詳細に検討されるべきだった。日本のジャーナリズム史の系譜の中にこれまで顧みられなかったムーブメント、例えば、生活記録運動やミニコミ誌の動静などをジャーナリズムの時間軸に落とし込むことで「マスコミ」業界の特質を明らかにしたかったが、本論ではこれらを割愛した。論点として提示しておく。

＊注

（1）ジャーナリズムをどう定義するのか、日本では曖昧なまま放置されていることを問題提起しておく。journalism を外来語としてのカタカナ表記「ジャーナリズム」と表記し使用していることは、journalism の日本語への翻訳に失敗した証左とも言える。哲学者の鶴見俊輔は「これは外国語から取られた言葉がふつうに出あう運命なのだが、もとの言葉のつくりだす連想の一部分を、この言葉もまた日本語にうつされてから、なくしてしまう」（鶴見 1965：7）と指摘し、日本語としての「ジャーナリズム」を俎上に上げた。鶴見は「明治以後の舶来の言葉としての『ジャーナル』（ジャーナリズム、ジャーナリスト）は、毎日の記録としてとらえられることがなくなり、市民が毎日つけることのできる日記との連想を断ち切られて、新聞社あるいは雑誌社などの特別の職場におかれた者の職業的活動としてだけとらえられるようになった。ジャーナリズムはこの時以来特権と結びついたひとつの活動としてとらえられるようになった」（鶴見 1965：8）と分析した。また、社会学者の花田達朗は「学問的な議論、つまり論理的な思考に基づき、知識の体系化を目指す議論においては、欧州言語のある種の便利さというものを否定することはできない。特に社会科学の分野においては、それが欧州という歴史的舞台での営為の所産であったことからすれば、その便利さとは当然であろう。そういう欧州産の言葉を翻訳することによって、日本語の社会科学は用語を構成してきた。その訳語が日本語である以上、日本語の構造から自由であり得ないのは、また当然であろう」「何よりもまずジャーナリズムであるが、この英語に相当する日本語はあるのだろうか。言い換え語があり得るのだろうか。それがないがゆえに、カタカナ語で定着し、その言葉に担われて、その意味が流通しているのである」（花田　2004：4）と指摘する。言葉は歴史や文化を背負う。journalism は西洋の近代市民革命に伴う過程から発生し、その発生・発展過程からして権力監視機能が欠くことのできない価値原理になっていることに対する異論はないだろう。だが、言うまでもないことだが、日本の「マスコミ」業界史の発生・発展過程が西洋のそれと同一視できるはずはなく、「日本型ジャーナリズム」とも言うべき独自の発展形態を採ってきた。それは日本だけではなく、他国でも言えることだ。担い手も異なる。こうした偏差を押さえることなく、「ジャーナリズム」という言葉を安易に持ち出し論評・議論すべきではないと筆者は考えている。論点を曖昧にする危険性がある。論点を曖昧にしてその利益を享受する者たちは誰か、という点も留意すべきだろう。注意する必要があるのは、日本で「ジャーナリズム」を言及する際、日本（あるいは自分たち）は「西欧型ジャーナリズム」のメンバーであるということが前提にされている意識構造だ。この点について、憲法学者の大石泰彦は本質的な疑義を呈している。大石の提起は２０１８年5月3日に開催された「世界プレスの自由デー記念シンポ　日本には『取材の自由』はなかった：ジャーナリズムの危機と展望」の基調講演「観察と考察　日本で保障されていない『取材の自由』」でなされた。大石の基調講演は２０１９年春に彩流社から出版される予定。

（2）２００6年1月25日の創刊記念日から立ち上げたキャンペーン。出典：朝日新聞ウェブページ（２０１8年7月２5日取得、http://www.asahi.com/shimbun/honsya/j/journalist.html）。

（3）毎日新聞社長の丸山昌宏は「毎日ジャーナリズム」の価値を「多彩な理念」に置く。その具体的な事例として「政治・経済・外交の深層にある事実を明るみに出すスクープや困難の中にいる人たちに寄り添い救済につなげるキャンペーン、社会問題を掘り起こす独自の調査報道、分かりやすくかみくだいた解説、そして読んで役に立つ情報、コラムなどを読者に届ける」ことを挙げる。

事例が網羅的で、ジャーナリズムと「毎日ジャーナリズム」との差異が明確に把握できない。出典：毎日新聞ウェブページ（2018年7月25日取得、https://www.mainichi.co.jp/company/?_ga=2.217002326.15347420.1532483844-1097407567.1523938713）。

（4）「記者」をイコール、ジャーナリストと捉えることはできない。「記者」は所属会社における職位で、ジャーナリストは職能を表す。したがって、「記者」であってもジャーナリストではない者もいる。

（5）1853〜1932年。大阪毎日新聞社長を経て、貴族院議員を務める。東京日日新聞との合併を実現し、今日の毎日新聞の礎を作った。本山は新聞を「一種の商品」（毎日新聞百年史刊行委員会 1972：364）と捉えたことが特徴。

（6）ピエール・ブルデューは「界」（champ）という概念装置を使ってジャーナリズムの社会空間を「ジャーナリズム界」としてその内部の特徴を分析した。出典：ピエール・ブルデュー、2000、『メディア批判』藤原書店、129‐130頁。

（7）朝日新聞の綱領には今も「不偏不党」は掲げられている。朝日新聞編集主幹の松山幸雄は「大発行部数を持つ日本の新聞が『不偏不党』を原則とするのは、ある程度当然である」と述べている。出典：朝日新聞「権力と新聞　松山幸雄：21世紀への提言」1996年10月27日付朝刊、4頁。

（8）ピエール・ブルデューはジャーナリズムと権力との関係性を政治記者を例に挙げて「一種の共犯性（コンプリシテ）」であると指摘した。「テレビなどで知られた存在である大物政治ジャーナリストたちと政治家との間には一種の共犯性（コンプリシテ）――共犯性は強すぎる言葉で、アリミは暗黙の了解（コニヴァンス）と言っています――があります。現実的な親近性の上に成り立つ了解です。（中略）こうした大物政治ジャーナリストたちが政治家や他の政治ジャーナリストたちとの会合または会話で大変に重きをなしていることが分かるでしょう。その結果、サークル的［循環的］に流通する観念に相互に影響されあう事態となります。これこそ私が政治的ドクサと呼ぶもので、換言すれば、信仰の一歩手前の既成観念の集合のことです」。出典：ピエール・ブルデュー、2003、『政治：政治学から「政治界」の科学へ』藤原書店、50頁。

（9）大石泰彦による基調講演「観察と考察　日本で保障されていない『取材の自由』」で提起された。

（10）例えば、櫻井よしこ・山田厚史「『朝日問題』で問われる日本のジャーナリズム」『WiLL』（2015年2月号、ワック）で、櫻井は「九割が現場から逃げたという……。」「事実上、『逃げた』と紙面全体で言っている。」などと語っている。対談相手の山田から「『逃げた』なんて書いていないじゃないですか」「印象で人を批判するのはよくない」などと批判され、撤退後も福島第一原発に所員が「ほとんど戻ってきてませんよ。」と指摘された。

(11) 例えば、共同通信社原発事故取材班・高橋秀樹『全電源喪失の記憶　証言・福島第1原発――１０００日の真実』で、高橋は「はじめに」で、「『命令違反で逃げた』と書くのであれば」と、捏造した事実を前提に据えて批判した。

(12) 例えば、徳山喜雄『「朝日新聞」問題』(集英社、２０１５年)。

(13) ２０１５年12月5日の朝日新聞臨時株主総会後の記者会見で、高田覚社長室長は「本社としては、記者が意図的に捏造したというような事実は無かったと考えている。意図して話を作ったわけではないと判断した理由は、吉田所長が伝言ゲームについて述べた部分なども朝日新聞デジタルの特集には掲載されていた。加えて原稿が作られていく課程を詳細に検証した結果、意図的に捏造したものではないと判断している」と答えている。出典:BLOGOS編集部「【詳報】『朝日新聞社は必ず変わります。社員の先頭に立って、必ず変えます』新社長・新会長が会見」２０１４年12月5日、BLOGOSウェブページ(２０１８年7月27日取得、http://blogos.com/article/100577/)。

(14) 初出は、花田達朗「所長の伝言『朝日新聞吉田調書記事取り消し事件』」２０１４年10月5日、早稲田大学ジャーナリズム教育研究所ウェブページ(２０１８年8月2日取得、http://www.hanadataz.jp/01/01dengon/2010/07/dengon20107.htm#14105)であるが、花田達朗「『吉田調書』記事取り消し事件の論理的解剖」『いいがかり――原発「吉田調書」記事取り消し事件と朝日新聞の迷走』(七つ森書館、２０１５年、20~21頁)にも収録されている。さらに、同論文は『花田達朗ジャーナリズムコレクション２　ジャーナリズムの実践　主体・活動と倫理・教育２(２０１１~２０１７)』(彩流社、２０１８年)に収録される。本論文では『花田達朗ジャーナリズムコレクション２』から引用している。

(15)『週刊現代』２０１４年10月25日号の記事「スクープ入手!　朝日新聞『木村伊量社長が握り潰した』幻の『吉田調書』検証記事を公開する」にも経緯の一部が紹介されている。

(16)「調査報道」という言葉が流通している「マスコミ」業界でも、この「調査報道」という言葉の定義は厳密に定義されていない。筆者は「調査報道」という言葉も「擬態言語」であると認定している。

（17）「特集・買われた記事」のクライドファンディングのURLはhttps://motion-gallery.net/projects/waseda-journalism。また、「特集・強制不妊」のURLはhttps://motion-gallery.net/projects/kyoseihunin。

（18）例えば、ジャーナリストのマーク・フェルドシュタインは、非営利型のジャーナリズム組織が出現してきた２００６年の段階で、「これまでの通常のジャーナリズムとは異なり、探査報道の担い手たちは客観性というジャーナリズムの原則にはしばしば収まらない（Unlike traditional journalism, investigative reporters often do not abide by the journalistic principle of objectivity）」（筆者訳）と指摘している。出典：Feldstein, Mark, 2006, A Muckraking Model: Investigative Reporting Cycles in American History, Politics 11(2): 105-120（Retrieved December 16, 2017, http://journals.sagepub.com.ez.wul.waseda.ac.jp/doi/pdf/10.1177/1081180X06286780）.

＊参考文献一覧

朝日新聞社、２０１１、「施政方針演説で『孤族』に言及　菅首相」朝日新聞２０１１年1月25日付朝刊。

朝日新聞社、１９５２、「朝日新聞綱領」、朝日新聞ホームページ、（２０１８年7月28日取得、https://www.asahi.com/corporate/guide/outline/11051801）。

安倍晋三、２０１３、「明日は、私の五十九回目の誕生日。総理番記者の皆さんから、お誕生日プレゼントを頂きました。いくつになっても、嬉しいものです。（２０１３年9月20日投稿）」、facebook（２０１８年7月29日取得、https://www.facebook.com/photo.php?fbid=410640465726069&set=a.132334373556681.21871.100003403570846&type=1&l=b6b3ad15da&theater）。

有山輝雄、１９９５、『近代日本ジャーナリズムの構造：大阪朝日新聞白虹筆禍事件前後』東京出版。

有山輝雄、２００８、『「中立」新聞の形成』世界思想社。

大阪本社販売百年史編集委員会、１９７９、『朝日新聞販売百年史（大阪編）』朝日新聞社。

大西利夫、１９７７、「聴きとりでつづる新聞史　大西利夫『白虹』記事記者」『別冊　新聞研究』５：60～71頁。

会計基準委員会、２０１０、「企業会計基準第17号　セグメント情報等の開示に関する会計基準」、会計基準委員会ウェブページ

（２０１８年8月19日取得、https://www.asb.or.jp/jp/wp-content/uploads/kaikei_5.pdf）。

海渡雄一・河合弘之・原発事故情報公開原告団、２０１５、『朝日新聞「吉田調書報道」は誤報ではない：隠された原発情報との闘い』彩流社。

株式会社朝日新聞社、２００５〜２０１８、「有価証券報告書（第１５２期〜第１６５期）」。

株式会社毎日新聞社、２００５〜２０１１、「有価証券報告書（第28期〜第34期）」。

株式会社毎日新聞グループホールディングス、２０１２〜２０１５、「有価証券報告書（第1期〜第４期）」。

鎌田慧・森まゆみ・花田達朗、２０１５、『いいがかり：原発「吉田調書」記事取り消し事件と朝日新聞の迷走』七つ森書館。

木村伊量、２０１８、「朝日前社長初告白『W吉田誤報』の内幕」『文藝春秋』96（２）：２９１〜２９３頁。

木村英昭、２０１８、「プレスリリース　福島第一原発・吉田調書報道取り消し事件に伴う朝日新聞社の提訴について（２０１８年5月14日）」。

Kimura, Hideaki, Sayaka Kaji and Tatsuro Hanada, 2018, University as an "Incubator" for Investigative Journalism: Japanese Case,『花田達朗ジャーナリズムコレクション２ジャーナリズムの実践 主体・活動と倫理・教育２（２０１１〜２０１７）』彩流社、xvii-xxv.

共同通信社原発事故取材班・高橋秀樹、２０１５、『全電源喪失の記憶　証言・福島第1原発　１０００日の真実』祥伝社。

Krauss, Ellis S., 2000, *Broadcasting politics in Japan: NHK and television news*, New York: Cornell University.（＝２００６、松村岐夫・後藤潤平訳『NHK vs 日本政治』東洋経済新報社。）

原発「吉田調書」報道を考える読者の会と仲間たち、２０１６、『誤報じゃないのになぜ取り消したの?：原発「吉田調書」報道をめぐる朝日新聞の矛盾』彩流社。

Simon, Joel, 2017, "Will the Japanese Media Stand Up for Press Freedom?," Columbia Journalism Review, (Retrieved December 16, 2017, https://www.cjr.org/opinion/japanese-media-shinzo-abe.php)。

櫻井よしこ・山田厚史、２０１５、「『朝日問題』で問われる日本のジャーナリズム」『W・i・L・L』１２２：　54-69。

里見脩、２０１１、『新聞統合：戦時期におけるメディアと国家』勁草書房。

Schudson, Michael, 1978, *Discovering the News: a Social History of American Newspapers*, New York: Basic Books.

柴田鉄治、２０１４、「柴田鉄治のメディア時評：朝日新聞の原発『吉田調書』記事取り消しへの疑問」マガジン９ウェブページ、（２０１７年12月19日取得、http://www.magazine9.jp/article/shibata/14850/）。

柴田鉄治、２０１８、「ジャーナリストとして歩んだ道　第94回　マガジン９条『メディア時評』と雑誌『マスコミ市民』」、朝日新聞北海道旧友会ウェブページ（２０１８年7月18日取得、http://kyuyuhokkaido.asablo.jp/blog/）。

柴山哲也、１９９７、『日本型メディア・システムの崩壊：21世紀ジャーナリズムの進化論』柏書房。

柴山哲也、２００４、『日本のジャーナリズムとは何か：情報革命下で漂流する第四の権力』ミネルヴァ書房。

柴山哲也、２００６、『日本型メディアシステムの興亡：瓦版からブログまで』ミネルヴァ書房。

『週刊金曜日』編集部、２０１７、「『ワセダクロニクル』渡辺周編集長インタビュー：共同通信『買われた記事』問題を徹底的に調査報道する理由」『週刊金曜日』25（14）：34～35頁。

『週刊現代』編集部、２０１４、「スクープ入手！　朝日新聞『木村伊量社長が握り潰した』幻の『吉田調書』検証記事を公開する」『週刊現代』56（36）、38～41頁。

津金澤聰広編、１９９６、『近代日本のメディア・イベント』同文舘出版。

津金澤聰広、１９９６a、「はしがき」『近代日本のメディア・イベント』同文舘出版、iii～vi頁。

津金澤聰広、１９９６b、「第9章　大阪毎日新聞社の『事業活動』と地域生活・文化――本山彦一の時代を中心に」『近代日本のメディア・イベント』同文舘出版、２１７～２４８頁。

鶴見俊輔、１９６５、「解説　ジャーナリズムの思想」『現代思想体系１２：ジャーナリズムの思想』筑摩書房、7～46頁。

電通コーポレート・コミュニケーション局、２００８、『電通広告年鑑'08－'09』電通。

徳山喜雄、２０１５、『「朝日新聞」問題』集英社。

中正樹、２００６、『「客観報道」とは何か：戦後ジャーナリズム研究と客観報道論争』新泉社。

日本新聞協会、１９７５、「高石真五郎　新聞界きっての国際通」『別冊新聞研究：聴きとりでつづる新聞史』1：20～54頁。

日本新聞協会、１９７５、「岡島真蔵　販売店から見た新聞裏面史」『別冊新聞研究：聴きとりでつづる新聞史』１：63～92頁。

長谷川如是閑、１９３０、「對立的社会感覚の表現としてのヂヤーナリズム」『中央公論』５１４：53～62頁。

花田達朗、２００４、「ジャーナリズムと情報化の日本的関係模様：下部構造、上部構造、プロフェッション」『日本のジャーナリズムとは何か：情報革命下で漂流する第四の権力』ミネルヴァ書房、３～26頁。

花田達朗、２０１５、「『吉田調書』記事取り消し事件の論理的解剖」『いいがかり：原発「吉田調書」記事取り消し事件と朝日新聞の迷走』七つ森書館、２０１５年、18～44頁。

花田達朗、２０１６、「ジャーナリズムと市民社会の再接続：「イズム」はいつも居場所を求めて旅に出る」『世界』８９９：44～55頁。

花田達朗、２０１８、『花田達朗ジャーナリズムコレクション２　ジャーナリズムの実践　主体・活動と倫理・教育２（２０１１～２０１７）』彩流社。

Hunter, Mark L., 2009, Story-Based Inquiry: a Manual for Investigative Journalists, Paris:UNESCO, UNESCO webpage（Retrieved August 9, 2018, http://unesdoc.unesco.org/images/0019/001930/193078e.pdf）.（＝高嶺朝一・高嶺朝太訳、２０１６、『調査報道実践マニュアル：仮説・検証、ストーリーによる構成法』旬報社。）

Hunter, Mark L.´ Lik N. Wassenhove and Maria Besiou, 2017, Power is Everywhere: How Stakeholder-Driven Media Build the Future of Watchdog News（Retrieved Sptember 8, 2018, https://indd.adobe.com/view/b83cde7c-df9a-4c44-bc4e-001fc0e5200f）。

Hunter, Mark L.´ 2018´ Collaborating with NGOs: A Strategic Alliance Approach for Journalists, GIJN webpage（Retrieved July 24, 2018, https://gijn.org/2018/06/27/collaborating-with-ngos-a-strategic-alliance-approach-for-journalists/）。

BBC, 2018, Editorial Guidelines, BBC webpage,（Retrieved August 9, 2018, http://www.bbc.co.ukeditorialguidelines/guidelines）。

Feldstein, Mark, 2006, A Muckraking Model: Investigative Reporting Cycles in American History, Politics 11(2):105-120（Retrieved July 24, 2018, http://journals.sagepub.com.ez.wul.waseda.ac.jp/doi/pdf/10.1177/1081180X06286780）.

マーティン・ファクラー、２０１２ａ、『「本当のこと」を伝えない日本の新聞』双葉社。

マーティン・ファクラー、２０１２ｂ、『世界が認めた「普通でない国」日本』祥伝社。

Bourdieu, Pierre, 1996, *Sur la télévision : suivi de L'emprise du journalisme*, Paris: Raisona D'agir.（＝２０００、櫻本陽一訳『メディア批判』藤原書店。）

Bourdieu, Pierre, 2000, *Propos sur Le Champ Politique: Avec une Introduction de Philippe*, Lyon: Universitaires de Lyon.（＝２００３、藤本一勇・加藤晴久訳『政治：政治学から「政治界」の科学へ』藤原書店。）

BLOGOS編集部、２０１４、「【詳報】『朝日新聞社は必ず変わります。社員の先頭に立って、必ず変えます』新社長・新会長が会見（２０１４年12月５日）」、BLOGOSホームページ、（２０１８年７月27日取得、http://blogos.com/article/100577/）。

別府三奈子、２０１５、「白虹筆禍事件再考」『いいがかり：原発「吉田調書」記事取り消し事件と朝日新聞の迷走』七つ森書館。

福島第一原発事故を考える会、２０１６ａ、解題『吉田調書』第12回 所長命令に違反 原発撤退（１）」『世界』８８４：２１３～２２３頁。

福島第一原発事故を考える会、２０１６ｂ、「解題『吉田調書』第13回 所長命令に違反 原発撤退（２）」『世界』８８５：２２９～２３８頁。

福島第一原発事故を考える会、２０１６ｃ、「解題『吉田調書』第14回 所長命令に違反 原発撤退（３）」『世界』８８７：１５４～１６４頁。

毎日新聞百年史刊行委員会、１９７２、『毎日新聞百年史』毎日新聞社。

真野敏幸、２０１７、「憲法改正『読売新聞を熟読して』答弁　野党が反発」毎日新聞社、２０１７年５月８日、毎日新聞ウェブページ（２０１８年７月29日取得、https://mainichi.jp/articles/20170509/k00/00m/010/037000c）。

望月衣塑子／マーティン・ファクラー、２０１８、『権力と新聞の大問題』集英社。

山田俊浩、２０１７、「激震！「ワセダクロニクル」スクープの舞台裏　渡辺周編集長が語る『調査報道への覚悟』」東洋経済ONLINEホームページ、（２０１８年１月10日取得、http://toyokeizai.net/articles/-/157401）。

山本文雄・山田渉、１９７０、『日本マス・コミュニケーション史』東海大学出版。

吉見俊哉、１９９６、「第１章　メディア・イベント概念の諸様」『近代日本のメディア・イベント』同文舘出版、３～30頁。

ワセダクロニクル、２０１７、「買われた記事：共同通信、『対価を伴う一般記事を廃止』」、ワセダクロニクルホームページ、（２０１８年７月29日取得、http://www.wasedachronicle.org/articles/buying-articles/a8/）。

ワセダクロニクル、２０１８ａ、「【連載レポート】強制不妊（６）ＮＨＫ経営委員と『優生手術の徹底』」、ワセダクロニクルホームページ、（２０１８年８月２日取得、http://www.wasedachronicle.org/articles/importance-of-life/d9/）。

ワセダクロニクル、２０１８b、「【連載レポート】強制不妊（11）新聞記事で『精薄児を徹底的に絶やす』」、ワセダクロニクルホームページ、（２０１８年８月２日取得、http://www.wasedachronicle.org/articles/importance-of-life/d15/）。

ワセダクロニクル、２０１８c、「シリーズ「製薬マネーと医師」を始めます」、ワセダクロニクルホームページ、（２０１８年７月29日取得、http://www.wasedachronicle.org/articles/docyens/e1/）。

ワセダクロニクル、２０１８d、「【オフ会】６月の定例ワセクロ・オフ会、テーマは『製薬マネーと医師』」、ワセダクロニクルホームページ、（２０１８年７月２９日取得、http://www.wasedachronicle.org/event/c13/）。

ワセダクロニクル、２０１８e、「宮城県が作った強制不妊手術の『推進装置』【連載レポート】強制不妊（22）」、ワセダクロニクルホームページ、（２０１８年８月１０日取得、http://www.wasedachronicle.org/event/d27/）。

早稲田大学ジャーナリズム教育研究所、２０１３a、『エンサイクロペディア　現代ジャーナリズム』早稲田大学出版部。

早稲田大学ジャーナリズム教育研究所、２０１３b、『レクチャー　現代ジャーナリズム』早稲田大学出版部。

渡辺周・別府三奈子、２０１７、「対談　プロフェッションとしてのジャーナリストへ：ジャーナリズムの本義に立ち戻るための挑戦」『世界』２０１７年９月号、56～65頁。

渡辺周・花田達朗・ワセダクロニクル、２０１７、『始動！　調査報道ジャーナリズム：「会社」メディアよ、さようなら』彩流社。

渡辺周・花田達朗・大矢英代・ワセダクロニクル、２０１７、『市民とつくる調査報道ジャーナリズム　「広島東洋カープ」をめざすニュース組織』彩流社。

渡辺周・花田達朗・野中章弘・金敬黙・加地紗弥香・ワセダクロニクル、２０１７、『探査ジャーナリズムとＮＧＯとの協働』彩流社。

## 朝日新聞社と毎日新聞社のセグメント別の収益の変遷

朝日新聞社

| | 新聞（メディア・コンテンツ事業） | | | | | | | | 賃貸（不動産事業） | | |
|---|---|---|---|---|---|---|---|---|---|---|---|
| | 売上高 | 朝刊部数 | 営業利益 | 給与手当 | 販売発送費 | 資本的支出 | 従事者数 | 年間給与 | 売上高 | 営業利益 | 資本的支出 |
| 2004年3月 | 544,732 | — | **24,590** | — | — | 16,191 | — | — | — | — | — |
| 2005年3月 | 553,066 | 8,227 | **26,796** | 41,586 | 103,883 | 24,604 | 8,794 | 13,587 | — | — | — |
| 2006年3月 | 571,602 | 8,132 | **18,992** | 38,283 | 101,100 | 21,579 | 8,208 | 13,646 | — | — | — |
| 2007年3月 | 559,245 | 8,066 | **17,821** | 34,355 | 93,105 | 20,828 | 7,706 | 13,346 | — | — | — |
| 2008年3月 | 535,666 | 8,038 | **15,241** | 32,047 | 93,854 | 11,817 | 7,639 | 13,285 | — | — | — |
| 2009年3月 | 505,142 | 8,021 | **1,592** | 30,624 | 90,614 | 13,910 | 7,103 | 13,372 | — | — | — |
| 2010年3月 | 448,323 | 8,002 | **▲5,556** | 24,530 | 82,778 | 4,429 | 6,820 | 12,415 | — | — | — |
| 2011年3月 | 434,585 | 7,883 | **3,882** | 24,164 | 79,103 | 10,726 | 6,527 | 12,523 | 17,201 | **6,288** | 12,284 |
| 2012年3月 | 445,558 | 7,702 | **3,626** | 23,858 | 78,219 | 12,912 | 6,444 | 12,875 | 16,370 | **5,142** | 24,138 |
| 2013年3月 | 443,337 | 7,627 | **8,571** | 22,779 | 75,021 | 9,762 | 6,413 | 12,807 | 16,200 | **2,326** | 16,109 |
| 2014年3月 | 438,168 | 7,526 | **6,583** | 22,197 | 82,465 | 6,998 | 6,398 | 12,991 | 18,516 | **2,706** | 2,970 |
| 2015年3月 | 403,518 | 7,098 | **2,993** | 21,257 | 76,759 | 5,350 | 6,343 | 12,369 | 19,149 | **3,744** | 7,172 |
| 2016年3月 | 385,530 | 6,703 | **6,918** | 21,428 | 63,084 | 3,112 | 6,269 | 12,442 | 19,154 | **4,155** | 23,327 |
| | 386,218 | | **6,962** | | | 3,113 | | | 24,283 | **4,348** | 23,520 |
| 2017年3月 | 367,704 | 6,413 | **1,569** | 20,851 | 60,922 | 4,358 | 6,091 | 12,139 | 24,659 | **4,927** | 30,656 |
| | 367,704 | | **1,569** | | | 4,358 | | | 34,167 | **5,478** | 30,880 |
| 2018年3月 | 353,109 | 6,107 | **3,990** | 20,758 | 57,416 | 5,829 | 6,150 | 12,082 | 37,353 | **3,820** | 8,359 |

出典：単位は百万円。ただし発行部数と年間給与の単位は千。2005年～2018年の「有価証券報告書」の連結財務諸表から作成。2004年～2010年までの「賃貸（不動産事業）」の項目は記載なし。2017年の連結会計年度から中期経営計画及び新たなグループ戦略の策定に伴い、経営管理区分の一部変更を行ったことにより。報告セグメントを従来の「新聞出版の事業」及び「賃貸事業」から「メディア・コンテンツ事業」及び「不動産事業」に変更している。また、2018年の連結会計年度において一部連結子会社の報告セグメント区分の変更を行っている。2016年と2017年の上段は報告セグメント変更前の金額、下段は報告セグメント変更後の金額である。協力：大河原貴・公認会計士

毎日新聞社（2012年3月期以降は毎日新聞グループホールディングス）

| | 新聞（新聞・雑誌・書籍等の発行印刷・販売業） | | | | | | | その他 | | |
|---|---|---|---|---|---|---|---|---|---|---|
| | 売上高 | 営業利益 | 人件福利費 | 販宣費・発送費 | 資本的支出 | 従事者数 | 年間給与 | 売上高 | 営業利益 | 資本的支出 |
| 2004年3月 | 284,206 | **5,157** | 25,923 | 56,579 | 8,933 | | | 9,165 | **1,917** | 585 |
| 2005年3月 | 289,266 | **5,964** | 26,354 | 57,316 | 21,281 | 6,299 | 8,704 | 9,112 | **1,539** | 989 |
| 2006年3月 | 296,069 | **5,224** | 28,255 | 60,002 | 8,390 | 6,612 | 8,787 | 9,022 | **1,007** | 1,811 |
| 2007年3月 | 290,178 | **5,225** | 27,536 | 61,373 | 19,372 | 6,564 | 8,635 | 10,175 | **1,338** | 4,787 |
| 2008年3月 | 284,586 | **4,598** | 27,010 | 53,091 | 9,704 | 6,466 | 8,610 | 13,144 | **2,294** | 9,201 |
| 2009年3月 | 270,787 | **▲1,743** | 26,484 | 52,353 | 6,754 | 6,259 | 8,554 | 13,647 | **2,938** | 286 |
| 2010年3月 | 257,440 | **452** | 24,987 | 49,883 | 4,919 | 6,197 | 7,967 | 12,886 | **2,258** | 389 |
| 2011年3月 | 239,983 | **▲168** | 23,621 | 46,426 | 4,431 | 5,997 | 7,706 | 11,585 | **2,738** | 203 |
| | 新聞（新聞・雑誌・書籍等の発行印刷・販売業） | | | | | | | 不動産等 | | |
| | 売上高 | 営業利益 | 人件福利費 | 販宣費・発送費 | 資本的支出 | 従事者数 | 年間給与 | 売上高 | 営業利益 | 資本的支出 |
| 2012年3月 | 233,190 | **▲1,116** | 21,744 | 44,950 | 4,959 | 5,758 | 8,199 | 11,703 | **3,199** | 752 |
| 2013年3月 | 228,553 | **▲1,614** | 23,300 | 43,072 | 2,643 | 5,553 | 8,509 | 11,894 | **3,387** | 1,161 |
| 2014年3月 | 224,864 | **▲8** | 21,722 | 43,755 | 5,676 | 5,413 | 8,679 | 13,813 | **2,556** | 150 |
| 2015年3月 | 215,924 | **▲1,799** | 21,800 | 43,456 | 4,856 | 5,347 | 8,785 | 13,981 | **2,508** | 104 |
| 2016年3月 | — | — | — | — | — | — | — | — | — | — |
| 2017年3月 | — | — | — | — | — | — | — | — | — | — |
| 2018年3月 | — | — | — | — | — | — | — | — | — | — |

出典：単位は百万円。ただし年間給与の単位は千円。2005年～2011年は株式会社毎日新聞社の「有価証券報告書」の連結財務諸表、2012年から2015年は株式会社毎日新聞グループホールディングスの「有価証券報告書」の連結財務諸表から作成。金融商品取引法の規定に基づき有価証券報告書の提出義務が免除されたため、2016年以降の有価証券報告書は作成されていない。協力：大河原貴・公認会計士

# 4　はばまれた朝日新聞のウォッチドッグ・ジャーナリズムへの挑戦

マーティン・ファクラー

## 1. 特別報道部の立ち上げから方針転換まで

福島第一原子力発電所で発生した3か所のメルトダウンは日本国民がメディアに抱いていた幻想を打ち砕いた。そんな中、全国紙発行部数第2位で、知識人に好まれる「質の高い（クオリティペーパー）」日刊紙、朝日新聞は読者の信頼を取り戻すため、大胆な実験を開始した。

朝日新聞は、東京の有名な魚市場を見下ろす巨大な本社ビルの6階に30名の厳選した記者を集め、調査報道を専門とする部署を置くことを決定した。いわゆる記者クラブを通して政府官僚と親密な関係を結ぶことに腐心している日本の大手マスメディアとしては、これはかなり珍しいことであった。新しい報道部長の抜擢の仕方もまた型破りだった——依光隆明は低いしわがれ声で話すアウトサイダーで、エリート主義の朝日新聞の社員ではなく、際立った調査報道の腕前を買われて小さい地方新聞からヘッドハントされてきたのだった。

依光は特別報道部のドアに「脱ポチ宣言」と書かれた紙を張り付け、前例にとらわれず報道するという基本姿勢を示した。それは、彼のチームは記者クラブの飼い犬であり続けることをやめて、真のジャーナリストとして権力を監視する番犬になるという誓いの表明だった。

「特別報道部」という素っ気ない名称を与えられたこのチームは、すぐさま成果を上げた。２０１１年3月11日に巨大地震と津波により福島第一原子力発電所は重要な冷却システムを破壊され、動作不能となったが、それを巡る政府による隠蔽や除染作業の手抜きを暴いたことにより、日本のジャーナリズムで最高の栄誉である「新聞協会賞」を2年連続で受賞した。当時、７００万の読者をかかえていた朝日新聞、そして他の日本の全国紙は世界最大の発行部数を誇っていたにもかかわらず、売り上げの減少という厳しい現状に危機感を募らせ始めていた。そんな時期にこの新しいチームの勢いのある報道は、若い読者を引きつける希望をもたらしたのである。

「朝日新聞は調査報道が不可欠のものであると信じている」。当時の朝日新聞社長木村伊量は、２０１２年年次報告書の中でこう宣言した。新設された特別報道部は「記者クラブを通じて得られる情報に頼らず、固い決意を持って独自に取材調査する。[*1]」

この宣言は、朝日が乗り出した権力監視ジャーナリズムへの道をたった2年後に突然後退させてしまったことで、一層の違和感を与えた。朝日新聞は２０１４年9月、福島第一原発の作業員たちが命令に反して撤退したと報じた5月のスクープ記事を撤回した。後に、朝日新聞が指名した外部有識者による委員会は、当初は歴史的スクープであるとして打ち上げられたこの記事には、記者が「『権力を監視しなければならない』という過度の使命感[*2]」を示そうとしたが故の欠陥があると結論づけた。朝日は記事を担当した記者と編集者を処分し、この新設部署のスタッフを減らし、さらに最初は調査報道の推進を支持した木村社長本人まで辞任するに至った。

特別報道部は完全に閉鎖されたわけではなかったが、残された記者たちは、第二次世界大戦以降で国家が直面した恐らく最大の出来事である福島について書くことを禁じられ、出稿記事は激減した。

このようにして、独立したジャーナリズムに近づこうと日本の大新聞が取り組んだ、近年の記憶の中で最も真剣な取り組みの一つが終焉した。朝日の失敗は、調査報道の難しさを浮き彫りにした。官僚の不正行為を暴露し、権力者の言葉に疑いを挟もうとする調査報道はどこの国においても本質的に危険を伴う活動だ。しかし、朝日の後退の早さは、国家の政治体制に深く組み込まれた日本の大新聞にとって、そもそもこのような挑戦的な報道姿勢が可能なのかという新たな疑問をも投げかけた。

２４００人のジャーナリストを抱え、１３７年の歴史を持ち、戦後日本のリベラルなメディアの旗手であり続けた朝日新聞が、突然１８０度転換したことは、安倍晋三政権の大きな勝利だった。批判的な言論に少しの容赦も見せないこの政権は、戦後日本の平和主義を逆戻りさせ、原子力産業を再始動させることに邁進していた。安倍首相と彼の国家主義的右翼の支持者たちは、福島の記事と、戦時中の歴史のやはり微妙な問題に関する朝日の失策に飛びつき、朝日新聞が持ちこたえられないほど壊滅的な批判の集中砲火を浴びせた。朝日がおとなしくさせられたことによって、他の主要な新聞やテレビ局は雪崩を打つようにして自分たちの方から政権に服従し、批判の論調を和らげ、率直にものを言う解説者やニュースキャスターを降板させた。

国境なき記者団が２０１６年4月20日に発表した世界の報道自由度ランキング年次報告で、日本は２０１０年の１８０カ国中11位から72位に下げられた。その理由の一つとして挙げられているのが、メディアへの政治介入だ。日本でも安倍政権を批判する人たちは同様の見方をしており、政権が強引に圧力をかけて批判的なジャーナリストを黙らせたとしている。しかし、このような批判は重要な指摘ではあるものの、強圧的な脅しだけでは朝日の後退を完全に説明することはできない。安倍政権は朝日の記者を逮捕させてもいないし、ブッシュ政権やオバマ政権がニューヨーク・タイムズの調査報道の記者ジェームズ・ライゼンに召喚状を出したときのように、情報源を明かすよう裁判で追及してもいない。安倍政権がかけた公然とした圧力は、１９８７年の超国家主義者による記者銃撃死亡事件を含め、近年朝日新聞社自身が直面したはるかに暴力的な攻撃に比べれば、せいぜい露骨な懐柔策といったものだろう。

## 2. 内部からの攻撃

むしろ、朝日の記者や他のジャーナリストにインタビューしてわかることは、日本のジャーナリズムそのものに内在する弱点を政府が利用して、朝日や他のメディアを自ら沈黙するよう仕向けたということだ。中でも重大な弱点が二つあり、一つはジャーナリスト間の連帯の欠如、もう一つは政府からの発表情報を重視するという報道姿勢だという。実際彼らは、最も強いプレッシャーは政治家や官僚からではなく仲間のジャーナリストからかかってきたと言う。朝日が最も窮地に陥っていたとき、他の大手全国紙は隊列を組んで朝日バッシングを行い、一方で発行部数の低下を立て直すために露骨な読者の奪い合いを演じながら、事実上政権になり代わって互いを監視し合っていた。

しかし、致命的な一撃は朝日新聞内部から来た。社内の昔からある部署の記者たちが新興の特別報道部の敵に回ったのだ。この新しいセクションが掲げる既成のジャーナリズムへの敵対的なアプローチは、社内の多くの記者たちの反感を買った。日本の全国紙の一つとして朝日がもっていた政治家や中央省庁からの情報を独占的に享受する特権を脅かすものと捉えたからである。より深いレベルで言えば、特別報道部の記者たちが権力のプロパガンダ記事を書くことを拒否することは、朝日の記者たちが大事にしてきた、国を動かす中央省庁の官僚と同様の学歴およびエリート的世界観を共有する体制のインサイダーとしての自分たちの地位を危うくするものに見えた。プレッシャーの中で、朝日の記者たちは、インサイダーとしての地位を守るためなら、調査報道のプロジェクトとその記者たちを切り捨てても厭わないことを余すことなく明らかにした。

依光は「彼らはジャーナリズムの高い理想を公式には宣言してきたけれども、圧力がねじ込まれたとき、その理想を投げ捨てた」と語った。彼は、福島原発事故の記事の取り消し後に土曜日の増補版へと配置換えになり、現在はエンタテイメント記事を書いている。彼は、「いざとなったときに、彼らは自分たちをジャーナリストであるよりもエリート会社の社員であると考えたのだ」とも言った。

わずか3年前の2011年10月に大きな期待を背負って立ち上げられた新しい特別報道部にとって、結果は苦い逆転となった。特別報道部のかつての記者たちは、初期の高揚した雰囲気についてこう語る。依光と、その後継者である評判の高いシニアエディター市川誠一は、会社中からエース級の記者を呼び集めて仲間にした。記者たちは、朝日の主流である政治部、経済部、社会部などのチーム本位の報道の仕方に馴染めず苦労していた、彼らの言う一匹狼や変人たちをこのセクションが引き寄せたのだと振り返る。また彼らは、新しい特別報道部は朝日の硬直した縦割りの壁を越えて記事のテーマを探し歩く自由を与えてくれ、同時に記事中に引用された人物の名前に、日本では一般的な仮名ではなく実名を使うよう要求したことなど、ジャーナリズムの高い水準を保持させてくれたと言う。

「日本のジャーナリズムでは、スクープとは通常、政府官僚が明日言うつもりだったことを今日知ることを意味するに過ぎない」と、元特別報道部記者の渡辺周(まこと)は語る。彼は調査報道はもはや不可能になったと感じたため、

2016年3月に朝日を退職した。「私たちは官邸にとって不都合な本物のスクープをいくつも見つけていた」。（他に、現職と元メンバーの特別報道部の記者6名ほどが、職を失うことを恐れて匿名という条件で同様のことを語っている。）

依光は、新しいセクションは朝日にとって、真の調査報道に乗り出す初めての冒険だったと言う。朝日は過去に「調査重視」のチームを何度か結成したことがあるが、それは通常、日々のニュースから離れてスキャンダルや社会問題についてもっと深く詳細を掘り起こすことを意味するに過ぎなかった。彼は、特別報道部はそうしたものとは別ものだったと言う。なぜなら特別報道部のジャーナリストたちは、事実を集めることにとどまらず、それらを使って対抗できるストーリーを組み立て、権力側から見た出来事の説明バージョンに対して異議を唱えたからである。

「2014年まで、朝日新聞は喜んで時間と自由を与えてくれ、私たちは福島における不正を暴き、実際に何が起きたのか独自の記事を書くことができた」と、2008年に51歳で地方紙の高知新聞から引き抜かれた依光は回想する。「権力側が私たちに伝えたくなかったストーリーを、私たちは記事にしてを伝え続けていた。」

インターネットの普及によりもたらされる危機を最初に敏感に感じ取った2006年に、朝日は小規模な調査報道のチームを発足させた。2年後、そのチームの指揮を取るために、依光は迎え入れられたのだった。発行部数を公査する日本ABC協会のデータによると、朝日新聞は1997年のピーク時には発行部数840万部を誇っていたが、2006年には800万部を下回った（2015年末までには、660万部に減じている）。10人の記者で構成されたそのチームの報道は、朝日のそれまでのものとは一線を画し、新たな読者を獲得するための実験的な試みだった。

2006年までは、調査報道と言えば、主に犯罪やローカルニュースを担当している米国大手新聞のメトロ・デスクによく似た社会部の変則的な活動だった。社会部による最後の本当に重要な調査報道の成果は、リクルート事件として知られるようになった、政治家によるインサイダー株取引を暴露した1988年の記事だった。

調査報道への新たなスタートを指揮する人材として、朝日は外岡秀俊を選んだ。彼はニューヨークとロンドンの元特派員であったが、温厚でカリスマ性もあり、編集局長にまで出世していた。2006年4月、外岡は約10名の記者からなる独立した調査報道チームを新設し、業務報告は彼自らが受けとることとした。このチームの最初の特ダネは、大手エレクトロニクス企業数社による不正会計の暴露だった。

それらの企業が記事を載せれば広告を引き揚げると脅したとき、外岡は、朝日の経営幹部は彼とそのチームを支えてくれたと言う。

「私たちは、ネット時代に新聞が生き残れる唯一の道は独立した、調査に基づくジャーナリズムだということがわかっていた」と、外岡は語った。

しかしながら、朝日新聞がその取り組みに本気で乗り出したのは、1945年の敗戦以来最大の国家的トラウマとなった福島の事故が起きてからのことだった。ようやく、記者の人数が増員され、チームは他の既存の部署と組織上同格の本格的な部署へと昇格されたのだった。

依光の下での特別報道部の最高の業績は「プロメテウスの罠」と呼ばれる調査報道シリーズだった。ギリシャ神話のプロメテウスによって盗まれた火のように、原子力は天界からの第二の火になるという、原子力産業の初期の宣伝文句をもじったタイトルだ。このシリーズは2011年10月から毎日連載され、2012年には米国のピューリッツァー賞に相当すると言ってもよい日本新聞協会賞を受賞した。原発事故後に科学者たちに敷かれた箝口令や、避難する住民に政府が放射線量情報を伝えなかったことなど、刺激的な話題を報道したことが評価されたものだ。このシリーズは、調査に基づくさらに重大ないくつかの続編を生み、そのうち、日本の数十億ドル規模の除染作業における手抜きを暴露した記事では、2013年に2度目の日本新聞協会賞を受賞した。

福島の災害後に読者の信頼を取り戻すために創設された新しいチームにとって、この業績は幸先のよいものだった。朝日もその他のメディアも、初期のころは、事態はすべて安全に管理されているという政府の公式発表を繰り返していたために批判を浴びていたからである。後に明らかになったように、政府は事故の規模を小さく見せかけ、原子炉が実際にはメルトダウンしていたという事実のように、不都合をもたらしそうな情報を隠蔽していた。そのため、日本の国民はそれに疑問を突きつけようとしなかったメディアに対して怒りをぶつけたのだ。その結果、2003年のイラク戦争後、ブッシュ政権が流したイラクの大量破壊兵器の存在に関する誤った情報を盲目的に受け入れたメディアを米国民が批判したときのように、日本ではメディアに対する広範な不信が広がっていた。

（日本のメディアへの不信感は、しばしば外国のジャーナリストの方が日本メディアに先んじて官僚の言葉を疑い、情報隠蔽を暴露しているという事実によってさらに高まった。同僚のノリミツ・オオニシと私の記事は、SPEEDIの放射能予測が避難する住民に一切伝えられなかったことを初めて完全に明らかにした。この記事は我がニューヨーク・タイムズの福島災害報道チームが2012年ピューリッツァー賞国際報道部門の最終選考にまで残れたことに貢献した。[*3]）

## 3. 記者クラブとサラリーマン記者

福島原発事故に続く苦しみの中で、多くの日本のジャーナリストとジャーナリズム研究者は、日本のメディアの失敗は二つの要因によって引き起こされたと考えた。一つは記者クラブである。記者クラブは、ジャーナリストたちの排他的なグループで、通常は主要な新聞社やテレビ局の記者のみが加入することができる。彼らは、表向きは政府を近くから厳しく監視するという名目で各省庁内に常駐している。しかし、現実には、記者クラブはその逆のことをしている。記者たちは省庁の役人たちの考え方を共有するようになり、彼らから提供される情報や説明を無批判に伝達するパイプ役になってしまっているのだ。これはワシントンの報道陣の基準から見ても、極端な発表報道重視のジャーナリズムの典型になってしまっている。

日本でも、立花隆が1970年代、田中角栄首相の辞任につながった建設業界の利権構造を暴露したときのように、優れた調査報道がなされたことがあった。しかし、立花隆の仕事をはじめとするこれらの取り組みは、あまり有名でない地方紙や雑誌に掲載される傾向がある。実際、大新聞が影響力の大きい調査報道をするときは、その重要性に気づかないまま、小回りのきく小さな組織がすることが多いようだ。たとえば、政治献金問題で1988年のリクルート事件につながった朝日の記事は、通常の政治部内の国会や官邸詰めの記者ではなく、川崎と横浜の二つの支局の若い記者たちの仕事とされた。[*4]

これはもう一つの要因、すなわち日本のエリート全国紙のジャーナリズムにおけるプロとして共有すべき自覚（プロフェッショナル・アイデンティティ）の欠如を示している。ほとんどの記者は、大学を卒業するとともに新聞社に就職し、生涯同じ会社で過ごす。ジャーナリズム学部の卒業生はほとんどいないし、ましてや米国にあるようなジャーナリズム大学院修了者はもっといない。仕事のすべてを自分の新聞社で学ぶのだ。その結果、記者の忠誠心は、彼らの職業に対してでもジャーナリストとして守るべき共通の規範に対してでもなく、まず第一に自分の会社とその利益に対して向けられることになる。

このことは、日本の多くのジャーナリストにサラリーマン的な考え方を植え付け、官僚たちが記者クラブを通じてかけてくる圧力に抵抗できなくさせた。過度に批判的だと見なされたり、オフレコの話を記事にしたりする者は、記者クラブの他のメンバーには与えられるリークやブリーフィングから締め出される。これは、ライバル紙に登場するスクープを逃すことになり、記者としてのキャリアが損なわれることもあり得るため、制裁として効果的だ。一方で、官僚が情報提供を始めようとするときに確実に会見の場に加えてもらうためには、独自の取材に基づく報道、あるいは批判的な報道を控えることが最も安全な方法なのだ。

依光の特別報道部のジャーナリストたちは、社内から激しい批判を浴びせられ、とりわけ、ある特定の記者クラブに属する記者たちからは官僚を怒らせて情報の入手を危うくさせているとして激しく責め立てられたと語った。また、記者クラブ頼みの記者たちは、批判的な記事を掲載することにだけではなく、記者会見で厳しい質問をすることにさえ怒りを燃え上がらせたとも言う。さらに同僚記者の中には、官僚や他の記者クラブの記者たちから敵視されることを恐れて、特別報道部の記者と一緒にいるところを見られることとさえ嫌がる者もいた。渡辺周は、昼食の後、「私たちが会ったことは誰にも言わないでくれ」と言われたことがあると述懐する。

特別報道部はまた、社内に溜まった怒りのターゲットでもあった。依光の「脱ポチ宣言」を苦々しく思う記者たちもいた。彼らはそれを自分たちの仕事を傲慢に否定するものだと見なした。特別報道部の記者たちがネタを探して社内を動き回ることに対しても、他の部署の記者は自分たちのスクープを横取りされ、縄張りを荒らされると頻繁に文句を言った。次第にこの新しいセクションは、木村社長のようなトップマネジメントに甘やかされた、うぬぼれの強い主役気取りの連中と見なされるようになった。

## 4. 他紙からの攻撃に屈した朝日新聞

同時に、特別報道部は福島原発事故の問題点を暴いたことによって、社外にも強力な敵を作っていた。2012年12月に原発推進派の安倍政権が誕生してからは、それが一層顕著になった。他のメディアが従順に原発事故の報道を縮小している中で、朝日は矛を納めず、次第に目立つ存在となっていった。

元特別報道部の渡辺周は、「官邸が私たちの記事を嫌って、やめさせたがっているとは聞いていた。しかし、この嵐は乗り切ることができると思っていた」と述懐する。

もし朝日が、敵に攻撃の口実を二つでなく、一つしか与えていなければ、そうすることができたかもしれない。最初の攻撃は、2014年5月20日に、朝日が特別報道部の最大のスクープになるはずであった記事を掲載したときにやってきた。「所長命令に違反　原発撤退　福島第一　所員の9割」という大見出しで一面を飾ったその記事は、危機が頂点を迎えたときに、吉田昌郎所長の踏みとどまれという命令に反して、作業員たちが福島第一原発から避難したという主張を大々的に打ち上げた。この記事は、統制力を失った吉田所長や命の恐怖を感じて退避した作業員を描くことによって、メルトダウンを食い止める英雄的な戦いを指揮して日本を救った所長という、広く受け入れられていたストーリーに疑いを挟んだのだ。

この記事が与えた衝撃の多くは、情報源である吉田昌郎自身の言葉からきていた。もっと詳しく言えば、この記事を執筆した記者、木村英昭と宮崎知己は、吉田昌郎が２０１３年に癌で死亡する前に政府事故調に答えていた聴取調書を入手したのだ。大災害に関する吉田の28時間に及ぶ口頭による証言を書き起こした４００ページ以上の文書は、それまで官邸内で秘密にされ続けていた。この証言の発掘は調査活動がもたらした大成功であり、この事実を朝日はその後の広告キャンペーンでもためらいなく謳い上げた。英雄吉田の物語の喧伝者の中には、原発作業員たちを臆病者として伝えたのは誤りであると抗議する人たちもいた。しかし、もし朝日がわずか数ヶ月後にこの報道とは全く無関係の、東アジアで最も感情に訴える歴史問題の一つである、いわゆる慰安婦問題に関する過去の自社報道について論争を引き起こしていなければ、これらの抗議は単に少数の人たちによる不平として終わっていたかもしれない。

その騒動はその年の8月5日に始まった。朝日はこの日の一面記事で、１９８０年代から１９９０年代初頭にかけて掲載された、戦時中の日本軍の慰安所で強制的に働かされた朝鮮半島の女性たちに関する12本以上の記事を取り下げると突然発表したのだ。記事に引用された吉田清治による、当時日本の植民地だった朝鮮で１０００人以上の女性を強制連行したという主張が実は捏造だったという、研究者たちにはすでに知られた事実を朝日は遅ればせに認めたのだ（紛らわしいことに、この二つの論争、すなわち慰安婦問題と原発問題に登場する中心人物は、全くの他人であったにもかかわらず、どちらも名字が吉田だった）。

朝日の記者によれば、慰安婦記事の撤回には、数十年来抱えてきたこの問題を処理して、先手を打って安倍右派政権からの批判をかわす意図があったという（安倍首相の支持者の間には、女性たちは強制されてはおらず、単に日本軍についていった売春婦であると主張する多くの歴史修正主義者が含まれている）。朝日新聞は、長く引きずっていた問題に終止符を打ち、もっと政権批判の記事を掲載する余地をつくれると考えていた。しかし、この一手は大きな誤算だった。朝日の手が強まるよりもむしろ、右翼修正主義者は朝日の信頼性と、戦争へのより深い反省を求めるリベラルな編集姿勢に疑いを突きつけるきっかけに利用した。首相自らが先頭に立って、公開の吊るし上げはますます激しさを増した。それは、日本外国特派員協会の会報が「Sink the Asahi!（朝日を、沈めろ！）」と題する特集記事を掲載したほどだった。

安倍首相は10月3日の衆議院予算委員会で、「朝日の誤報が多くの人々に心の傷、悲しみ、苦しみ、怒りを感じさせる原因となったのは事実だ」、「日本のイメージに大きなダメージを与えた」と述べた。

この騒ぎがピークに達し、朝日が窮地に追い込まれていたとき、福島原発の吉田調書スクープへの批判が突然、全国的なニュースになった。8月下旬、安倍政権を支持している政治的右派の産経新聞と読売新聞が未公表の吉田調書のコピーを入手し、それを用いて、朝日が打ち出していたこの出来事への見方に疑義を呈する記事を書いたのだ。900万部という世界最大の発行部数を誇る読売新聞は、8月30日朝刊の大見出しで「福島第一事故吉田調書『全面撤退』強く否定」、「朝日報道 吉田調書と食い違い」と打ち上げた。共同通信もこの調書のコピーは入手した。通常はリベラルな「毎日新聞」までもがこの調書を用いて朝日新聞の信用を落とそうとした。

これらの記事によると、朝日の一大スクープには事実誤認があったという。朝日の記事は、原発作業員は吉田の命令を知りながら無視したと示唆しているように見えるが、新しく入手された吉田調書のコピーによれば、実際には、吉田は混乱の中で命令が作業員の間に行き渡らなかっただけだと述べていることがわかった。他紙は、この新事実を利用して朝日の福島原発記事を慰安婦記事と結びつけ、今度は福島の勇敢な作業員を臆病者として不正確に描くことによって、朝日はまたしても日本の評判を傷つけたと非難した（朝日が誤認していたかどうかは、記事中で避難した作業員が吉田の命令を知ったうえで背いたとは実際に一度も書かれていないため、議論の余地はある。しかし、命令が適切に伝達されなかったという所長の証言が記事には書かれておらず、これが抜け落ちたことにより読者を誤った結論に導く可能性はあった)。

安倍支持の新聞社2社と共同通信が、突然かつ続けざまに吉田調書のコピーを入手したという事実は、首相官邸がこの文書を朝日新聞批判に使うためにリークしたのではないかという広範な疑念(決して証明されない)につながった。それが事実であろうとなかろうと、新聞各社は、恐らく発表情報への自身のアクセスをよくするために、あるいは朝日新聞と同様の運命に陥ることを避けるために、政権の目的達成に役立ちたいと熱心に励んでいるように見えた。

また、少なくとも新聞社1社は、この朝日の苦境を読者を奪うチャンスだとも見ていた。読売新聞は朝日購読者の郵便受けに、日本の名誉を傷つけたとして朝日を徹底的に批判し、他方で読売の従軍慰安婦報道を自画自賛した分厚いパンフレットを押し込んで回った。社内でプロジェクトAと呼ばれたこの企ては読者を奪い取ることを目的としていたものの、両新聞とも発行部数を落とす結果となり、結局は逆効果に終わった。

朝日の記者たちによれば、朝日新聞は当初、ますます強まる重圧にもかかわらず福島原発吉田調書報道のスクープを守ろうとしており、9月初旬には批判に対抗する長い反論記事を一面を使って掲載することまで考えていたという。当時の特別報道部を率いていた市川誠一は、9月1日になってもなお、朝日には反撃の用意があると記者たちに話していた。

渡辺周やその場に居合わせた何人かによると、市川は激励のスピーチで、「政府は特別報道部を潰そうとしているが、朝日は屈しない」と語ったという。

しかし、その反論記事が日の目を見ることはなかった。その代わり、木村社長は急遽開かれた9月11日の記者会見で福島原発・吉田調書関連の記事を取り消すと発表し、この突然の180度転換で当事者だった記者たちの多くを唖然とさせた。記者らによると、この記事を守ろうとした朝日新聞の決意が崩れたのは、怒りをため込んだ社内の記者たちがこの記事とそれを書いた特別報道部を敵に回して反乱を起こしたからだという。

また、営業スタッフから、スキャンダル後は購読者と掲載広告が激減していると警告されると、朝日新聞はパニックの兆候も示し始めた。これは他の新聞が群れをなして襲いかかってきたために引き起こされたもので、朝日新聞は孤立感と無力感に陥った。朝日の記者、北野隆一は、このことは朝日新聞社の意思決定に、首相からのどんな圧力よりも大きな心理的影響を与えたと述べた。

２０１４年の記事撤回の際に、吉田清治の主張を検証していた記者の一人であった北野は、「私たちは完全に孤立していることに気づいた」と語った。「メディアが代わりにやっていたので、政府は私たちを批判する必要すらなかったのだ。」

朝日新聞の公式見解は、福島原発吉田調書報道はそれを守り抜くには欠陥が大きすぎたというものだ。新社長に就任した渡辺雅隆は、調査報道の重要性について引き続き言及しているし、朝日の現役または元記者の中にも調査報道はいずれ復活するだろうと言う人はいる。

しかし、メディア研究者や特別報道部の元記者たちは、この挫折はあまりにも大きすぎたと語る。依光などの特別報道部の記者は、中傷者たちを鎮めるために自分たちは犠牲にさせられたのだと言う。彼らは、朝日新聞が自身の記者の処分を決定したことは、将来の記者たちから、調査報道に付きものの同様のリスクをとる勇気を失わせるだろうと言う。彼らは同時に、すべての全国紙の購読者数が激減し、それによって人々が実際に何か違うものを求めていることが明らかになっているときに、朝日新聞は日本の主流ジャーナリズムの古い、発表報道優先の方法に逆戻りしているように見えた、とも言う。

「朝日新聞は、リスクは大きいが質の高いジャーナリズムへの試みから撤退し、安全な記者クラブ依存に戻ってしまった」と東京の早稲田大学教授でジャーナリズム研究所所長の花田達朗は語った。花田は朝日新聞の撤退にいたく失望し、２０１６年に日本で初めての、大学に拠点を置く調査報道のセンターを早稲田に設けた。「今回のことから、日本の巨大な全国紙の寿命はもうあまり長くないのではないかと考えさせられた」。

（敬称略）

翻訳＝ナンシー・リュウ

＊注

（１）The Asahi Shimbun Corporate Report 2012, p. 4.（リンク切れ）
（２）The Committee for Restoration of Trust and Resuscitation, Jan. 5, 2015. See here.
（３）Norimitsu Onishi and Martin Fackler, "Japan Held Nuclear Data, Leaving Evacuees in Peril," The New York Times, August 8, 2011. https://www.nytimes.com/2011/08/09/world/asia/09japan.html
（４）The Asahi Shimbun Company, "Media, Propaganda and Politics in 20th-Century Japan," London: Bloomsbury, 2015, pp. 273-274.

ＷＥＢサイトの The Asia-Pacific Journal: Japan Focus に掲載されている関連記事
・Sven Saaler, "Nationalism and History in Contemporary Japan,": https://apjjf.org/2016/20/Saaler.html

- Akiko Takenaka, “Japanese Memories of the Asia-Pacific War: Analyzing the Revisionist Turn Post-1995,” : https://apjjf.org/2016/20/Takenaka.html
- David McNeill, “False Dawn: The Decline of Watchdog Journalism in Japan,” : https://apjjf.org/2016/20/McNeill.html
- Uemura Takashi, “Journalist Who Broke Comfort Women Story Files 16.5 million Yen Libel Suit Against Bungei Shunju: Uemura Takashi’s Speech to the Press,” : https://apjjf.org/-Uemura-Takashi/4813/article.html

本論文の英語原典は、Martin Fackler, “The Asahi Shimbun’s Foiled Foray into Watchdog Journalism,” in The Asia-Pacific Journal: Japan Focus, Volume 14, Issue 24, Number 2, December 15, 2016. URL は、https://apjjf.org/2016/24/Fackler.html
原典の記事は、*Columbia Journalism Review* に掲載された記事の改訂版である。

# 5　ジャーナリズムと市民社会の再接続
## ――「イズム」はいつも居場所を求めて旅に出る――

花田達朗

ジャーナリズムは、言うまでもなく、「イズム」である。一つの価値意識であり、思想であり、精神の活動である。その「イズム」は乗り物、器、舞台、つまり媒体を必要とする。20世紀、その媒体は新聞やラジオやテレビなどのマスメディアだった。ジャーナリズムとマスメディアはあたかも一体のセットであるかのように結び付いてきた。しかし、その20世紀モデルに終わりが来た。いま、ジャーナリズムはそのセットの関係を解除し、既成メディアから遊離し、新たな居場所を求めて旅に出た。足枷となってしまった旧来の関係から身を解き放して、自己革新の運動を始めたのである。どこに向かおうとしているのだろうか。

### 1．ケイ報告とガラパゴス化したジパング・マスコミ

今年六月に国連人権理事会に提出されたデービッド・ケイ教授による日本報告はもう終わったものとして片

付けてしまってよいものだろうか。彼は国連人権理事会から「独立した専門家」として任命された「言論・表現の自由権の促進と擁護についての特別報告者」で、あたかも臨床医のように日本の言論・表現の自由権が置かれた状況を問診などで診察して、診断書を書いた。その診断基準になったのは国連人権規約である。日本も当然それを批准しているし、現在日本は人権理事会の理事国でもある。

その診断に対して、日本政府・安倍政権は、菅官房長官が記者会見で述べたように、まず「個人の資格での報告」として価値を減却し（誰からも影響されない独立した立場というものが理解できないのだ）、次に「（報告書の）大部分の事実が伝聞情報や仮定に基づくもので」「勧告は日本の状況について不正確で不十分な内容をもっている」として、ケイ教授の専門的能力の承認を拒絶した。医師の診断を受けていて、健康な体ではないと言われて、医師を誹謗（ひぼう）しているようなものである。国際性にも礼儀正しさにも欠ける、幼稚な態度だと言うほかない。どこの国にも言論・表現の自由への脅威は存在するのであり、民主的な政府なら、臨床法学教授の指摘に耳を傾けるべきなのだ。

報告書での勧告の中心は「メディアの独立」だった。そのテーマで政府に対しては、放送の独立を強化するために放送法第4条（放送番組の編集準則）の見直しと廃止、そして独立した放送規制機関の設置を勧告した。言論の自由への政治介入の余地を封じて、脅威となりうるものを取り除き、また権利をよりよく保障できる透明な制度を作れということである。

私を含めて国内の研究者・専門家から何十年ものあいだ指摘されてきたことであり、もっと早く耳を傾けていれば、「外圧」を感じて居直るはめにならずに済んだはずだ。しかし、「独立した」という属性はこの国では、特に政府には好まれず、理解もされないのである。

ところで、勧告は政府だけに対して出されたものではなかった。そのことを既成メディアはほとんど報道しなかった。実は、メディア企業・組織に対しては、調査報道に携わるジャーナリストへの脅迫や介入を拒否する姿勢をおおやけに表明すること、圧力に対する不断の警戒を怠らず、敏感な争点の調査報道に携わるジャーナリストに対して十分な支援と擁護を保障することを勧告している。そのような争点の例として、沖縄での基地反対の抵抗運動、放射能汚染と被害の影響、第二次世界大戦における日本の役割（従軍慰安婦問題を指している）を挙げている。つまり、そういう争点で調査報道をするジャーナリストが脅威に晒されているので、そのようなジャーナリストの活動を毅然として擁護せよと言っているのである。新聞社の社長なり、ＮＨＫ会長は自分が呼びかけられている相手だと感じただろうか。その形跡は見られない。

そして、勧告はジャーナリストにも向けられている。意訳すれば、記者クラブ制度の影響についてジャーナリストのアソシエーションで議論し、開放性に向かって見直すこと、独立した報道を促進するためにプロフェッショナルズによるアソシエーション作りを検討することを勧告している。つまりジャーナリスト独自の職能組織を作り、自分たちで報道の独立を守るために立ち上がれと言っているのである。勧告の宛先三つのなかで、これはもっとも現実性がないと言える。なぜなら、前二者と違って、呼びかけられている主体がほとんど不在、あるいは存在が不明だからである。

ケイ教授もそのことはわかっている。６月２日の記者会見では、日本のジャーナリストは会社への忠誠心が第一であって、ジャーナリストの同僚への連帯感やジャーナリズムの原理への忠誠心が乏しいように見えると指摘していた。そこに日本の「マスコミ体制」における際立った特色とユニークさがあると言える。言論の自由を脅かすものが政府であり、メディア企業・組織であるというのはどこの国にも共通した話である。しかし、世界から隔絶し、ガラパゴス化した「マスコミ体制」においては、会社主義の原理が支配しており、政府があからさまに介入しなくても、その手前で会社というシステムが言論・表現の自由の抑制機構として自動的に作動し、その環境のもとではジャーナリズムの主体的当事者たるジャーナリストが集合的に立ち現れることはないのである。メディア組織内部における「忖度」や自主規制という名の自己検閲とはジャーナリストの主体性、自律性の消去であり、放棄にほかならない。

言論・表現の自由を脅かす、日本独特の要素は、実はその自由のために闘うジャーナリスト集団の不在である。それは単に職能団体の不在が問題なのではない。ジャーナリズムという「イズム」の担い手や当事者、実践者はどこにいるのかという問題である。そのことを踏まえつつ、いま世界と日本でジャーナリズムに何が起こっているのかを見ていこう。

## 2.「イズム」とその居場所

これ以降の議論の準備として、ジャーナリズムとメディアは概念的に明確に区別されなければならない。「マスコミ」という言葉はそれに反して、両者を癒着させ、その癒着した現実を作り出してきた。そして、「会社ジャーナリズム」(corporate journalism)、「組織ジャーナリズム」、「記者クラブ・ジャーナリズム」などと呼ばれる、その癒着形態を追認してきた。

冒頭に述べたように、ジャーナリズムは、その言葉自身が語っているように、「イズム」である。一つの価値意識であり、思想であり、精神の活動である。それは近代という時代が産み出した「イズム」の一つであり、同時代観察の結果を継続的に発表し、公衆（パブリック）に提供していくこと、市民社会と国家（統治機構）の分離という構図の中で市民社会の利益のために国家など市民的自由（基本的人権）を抑圧する可能性のある様々な権力の活動を監視していくことを価値としている。そこから欧米ではジャーナリズムについて「番犬機能」（ウォッチドック）が言われ、日本では「在野性」が言われてきた。

そのような「イズム」の社会的機能を遂行するためには、その「イズム」は乗り物、器、舞台、つまり媒体が必要である。媒体は以前には小規模なプレスであったが、20世紀に入ってメディア技術の発展を受けてマスメディア（大発行部数の新聞や雑誌、ラジオ、テレビなど）となる。そのマスメディアは20世紀を通じて産業的、商業的、システム的に大きく成長し、巨大な存在になった。もともと情報伝達媒体であるから、どのような種類の情報も載せることができる。ニュースも天気予報も株価も意見も読み物も娯楽も教育も商品広告も宣伝もプロパガンダも。

ジャーナリズムにとってマスメディアは公衆への伝達に必要な道具であった。マスメディアにとってジャーナリズムは自己の正当性を調達するのに役に立つ看板であった。こうして両者がワンセットとして一体化した20世紀モデルが生まれた。マスメディアはジャーナリズムの権力監視機能を取り込むことによって、自己の正当性を手に入れた。そこでメディアの権力監視と言われるようになる。しかし、道具や乗り物は単に一方的に使われるのではなく、使う者に影響を与える。道具からの強制が働く。ジャーナリズムの権力監視機能はマスメディアの論理から自由ではいられなくなった。

メディア技術は送り手のマスメディアから「不特定多数」の受け手（オーディエンス）へという一方通行の構造を可能にし、送り手に独占的立場を与えた。あとから来た別の情報通信技術はその構造を壊すことになった。

そして、それまでの送り手の独占も崩されることになった。マスメディア時代の終わりが近づいた。

インターネット時代になって気づかされたことは、マスメディアとジャーナリズムの20世紀モデルは「神話化」されていたということである。マスメディアは単に「メディア」（大文字のメディア）と呼ばれることも多いし、またジャーナリズムとの関係では「主流メディア」（mainstream media）とも呼ばれる。主流メディアの本来像は権力監視と語られてきたけれども、実はそれは神話化された建前であって、現実とは乖離していたし、現実を多少美しく見せる化粧でしかなかったと気づかされるのである。確かにウォーターゲート事件やペンタゴン・ペーパーズ事件などのような権力監視の輝かしい業績はあるが、それらはごく少数の例外的な事例であって、だからこそ伝説となって殿堂入りしたのである。こういう言い方は厳しすぎるかもしれないし、一方的だと批判されるかもしれないが、主流メディア、既成メディアが主張する権力監視とはごく少数のジャーナリストの非日常的な業績であって、その大多数の構成員に対しては自己満足の材料を提供していたにすぎないと言える。実際にはやってもいないのに、看板に権力監視を掲げて偉そうな顔をするのは自己満足にほかならない。気がついてみると、「イズム」にとって既成メディアは自らを全面展開する場所としては決して優れた条件にあるとは言えないものだったのである。

20世紀モデルの神話から目覚め、その呪縛から解き放たれたとき、「イズム」は20世紀メディアとの当然視されてきた関係を解消して、新たな居場所を求めて旅に出る。マスメディアは情報の収集・加工・発信の効率のよいシステムとして今後も残っていくであろう。しかし、ジャーナリズムはもはやそこに居場所を求めない、少なくともそこだけに居場所を求めることは決してないと言える。「イズム」は居場所を移していくことによっても再生していくのである。

## 3．調査報道ジャーナリズムによるイノベーション

ジャーナリズムが行き詰まると、ジャーナリストがイノベーションの運動を起こすという現象が欧米では見られた。メディアが起こすわけではない。21世紀に入って、特に2008年のリーマンショック以降にはっきりと形をとって世界的に現れてきたのが、調査報道ジャーナリズム（＊補注1）やデータージャーナリズムの運動であり、それをネット上で非営利の財源モデルで展開していくという戦略である。主流メディアでやれなくなった調査報道を別の場所で、別の財源形態でやろうという、ジャーナリストたちの試みである。米国で有名なのは2007年設立の「プロパブリカ」であるが、アジアでもフィリピンで1989年に「調査報道ジャーナリズムセンター」が、韓国で2012年に「ニュース打破（タパ）」が、台湾で2015年に「報導者」（The Reporter）がスタートしている。いずれもNPOである。同じNPOでもその財源調達方法にはいろいろある。それぞれの国の政治的・経済的・文化的条件に応じて変わってこざるをえない。そのような非営利の調査報道ニュース組織で作る国際組織、世界調査報道ジャーナリズム・ネットワーク（GIJN）も存在する。こうした世界的な動向について詳しくは、紙幅の都合上、既発表の拙稿①と②をご覧いただければと思う。

では、なぜ調査報道ジャーナリズムなのだろうか。それはどのようなジャーナリズムなのだろうか。それは何よりも速報ニュースとは区別されるものだ。速報ニュースの大部分は毎日当局が記者会見や文書資料で発表する情報の処理加工・発信で構成されている。もともとの情報の所有者・生産者・提供者がいて、そこから記者たちに情報が提供されるのである。記者たちはその情報を収集し加工するが、機能的には提供情報を公衆へと仲介しリレーしているというのが現実だ。したがって、まずコミュニケーターがいて、次にメディエーター（記者）が

いるという関係である。大部分のニュースはこの関係で生産されており、メディアはその生産のスピードを競争している。それが一つのタイプの報道だとするならば、そして日本でもそれが主流だと思われているとするならば、それとは別のタイプの報道（リポーティング）がある。インデプス・リポーティング（in-depth reporting）と呼ばれるものだ。そこからの翻訳であろうが、台湾では調査報道ジャーナリズムのことを漢字で「深度報導」と書く。この表現も確かに一案である。そこでは記者自身がコミュニケーターである。

インベスティゲイティブ・ジャーナリズム（investigative journalism）の翻訳は難しい。当面は日本の業界ですでに使われている調査報道の語を使うしか道はないのだが、その「調査」はリサーチのことではなく、インベスティゲーションのことでなければならない。リサーチのことを指しているのなら、リサーチ報道と呼べばよい。リサーチとはリポーティングの工程の中での「下調べ」のことである。資料やデータや統計などにあたっての「下調べ」である。それに対してインベスティゲーションとは未知のこと、隠されていること、秘密にされていること、謎めいていることの中に分け入り、探査し、探求し、もって真実に迫り、掴んだ事実を暴露していくことである。「調べる」のではなく、「探す」のである。

では、何を対象にして「探査」に乗り出すのだろうか。対象は権力である。政治的・経済的・社会的権力が隠していること、つまり不正や腐敗や暴走や不作為などの事実を「探査」によって掴み、それを白日のもとに曝していくことである。

なぜそれをするのだろうか。強大な権力が不正に行使されることによって必ず被害者や犠牲者が生まれる。その人々を救済し、世の中を改善し改良していくためである。このやり方で調査報道ジャーナリズムは権力監視の王道に立ち返ろうとするのだ。最近の諸外国のいろいろな作品を見た私の観察によれば、「権力活動による犠牲者や被害者の無念を晴らす」ことが強く意識され、共有されているように思われる。そこに立脚して取材もスタートするし、成果物のストーリーも組み立てられるのである。それは「社会的弱者に寄り添う」こととは少し違うように思われる。権力に対してもっと論争的であり、対抗的である。権力との勝負に出て、個々のケースで事実をもって決着をつけ、不正を終わらせ、犠牲者を救うこと、それによって勝負に勝つことを目指していると言える。

これを実践しようとしている、世界中の様々の試みは、権力監視の使命の再定義の上に立ち、調査報道コンテンツの開発、表現アプリケーションのメディア開発、財源モデルの開発などを同時並行で進めている。既成メディアに対するオルターナティブとして、その持続的発展可能性が大きな課題である。「イズム」はいまここに新しい居場所を見出したのである。

## 4．イノベーションのトリガーとしてのワセダクロニクル

ここで私自身が関わっているプロジェクトについて言及させていただきたい。早稲田大学ジャーナリズム研究所の中に2016年3月11日、一つのプロジェクトチームが立ち上がった。早稲田調査報道ジャーナリズムプロジェクト（Waseda Investigative Journalism Project: WIJP）である。研究所に参加していたジャーナリストたちが調査報道に特化したメディアを始めたいので、大学の軒下を貸してほしいと言うのである。準備の末、媒体名「ワセダクロニクル」として、2017年2月1日に創刊特集「買われた記事」をもってネット上でパブリッシングを開始した。

これは一体どういう出来事なのだろうか。国際動向を眺めていた私は、いよいよ日本でもガラパゴス状況を脱

して、世界のムーブメントに参加していくジャーナリストたち、そしてそれを一緒にやっていく専門家たち（デザイナーや映像制作者など）が現れたのだと思った。「イズム」の当事者たちが立ち上がって、調査報道イノベーションが開始されたのである。成功するか、失敗するか、それはやってみなければわからない。プロジェクトとはそういうものだ。

なぜ大学なのか。私は大学とはイノベーションの場所だと考えている。イノベーションは技術に限った話ではない。理系では新しい原理による技術革新を進めることが当然のように、文系でも知の、あるいは社会システムの自己革新が企図されるべきで、その場所が大学である。

今日、ジャーナリズムには次のような問いが突きつけられている。日本社会はジャーナリズムを必要としているのか、いないのか。必要とされるとしたら、それはどのような使命と内容と形式をもったものか。その活動はどのように経済的に賄われるのか。市民社会はその経費を負担する用意があるか、ないか。そうした問いを単に考察するにとどまらず、現実社会の中で実証実験しなければならないだろう。そのためにデザインして投入されたのが、調査報道ジャーナリズムを非営利のニュース組織によってウェブ上で展開するというモデルである。さらに加えて、このニュース組織の活動にはジャーナリズムを学んだ学生も参加しており、教育と修行の実践の場という機能ももっている。

この研究開発実験モデルが日本社会の諸条件の中でどこまでやっていけるのか、このモデルに対して日本社会はどのように反応するのか、その社会実験なのであり、それは大学の研究所だからこそできる社会実験である。その意味で、ワセダクロニクルは権力空間に向かって打ち上げられた探査衛星なのであり、リバイアサンをはじめ人間を奴隷化して喰ってしまう様々な怪獣の棲む海に向かって出航した探査船なのである。

最初の調査報道コンテンツである創刊特集「買われた記事」のシリーズは、広告が規制されている医療用医薬品（処方薬）に関わる記事制作の裏側で製薬会社、電通、共同通信の間でカネが動き、その配信記事を地方紙が掲載していたという事実をインベスティゲーション（探査）により明らかにしたものである。命に関わる薬で、そういうことが許されるのか。これを報道する価値は何か。偽られていることによって、本当の薬を必要としている患者に犠牲が生じているのではないか、その問題を提起している。狙いはメディアの不祥事ではなく、犠牲者や被害者の無念を晴らすことである。

では、財源モデルの実証実験はどうなっているのか。創刊特集のリリースと同時に、クラウドファンディングをスタートさせた。ジャーナリズムをクラウドファンディングで賄っていくという試みである。期間は5月末までの4ヵ月間で、目標額は350万円だった。その目標額には19日で到達し、最終的には346人のコレクター（寄付者）から552万円が拠出された。コレクターからサイト上に残されたメッセージは市井の人々からの期待と支援の言葉であり、それはまさに市民社会から吹いてくる風を感じさせるものだった。

もう一つの財源は、月1000円からの定期寄付金によるサポーター会員制である。これは韓国のニュース打破（タパ）の仕組みを参考にしたもので、その会員数は状況に応じて増減があるが、今日時点で3万8858名をサイト上で表示している。ただ、ニュース打破（タパ）はこの方式で成功している世界で唯一の例であり、日本にその可能性があるかについてはまったく楽観できない。とは言え、これを含めて実験しなければわからないことである。

## 5. NGO・NPOとジャーナリズム

具体的現象から始めることにしよう。主流メディアにおいてNGOを情報源とするニュースに触れる機会が多くなってきた。最近私が目にした事例は、朝日新聞の見出しで言えば、「日本、規制国最多の4社クラスター爆弾製造企業に投資 NGO発表」（2017年5月24日朝刊）である。クラスター爆弾とは投下時には広範囲におよぶ無差別殺傷兵器として働き、さらに不発弾が地雷のように働く。民間人や子どもに犠牲者が多く、「非人道的兵器」と見なされている。世界のNGOがつくる「クラスター爆弾連合」とノルウェー政府の努力によるプロセスで、クラスター爆弾の使用・製造・取引・備蓄を禁止する条約が成立し、2008年に発効した。日本もその年に批准した。ところが、その記事は、世界の金融機関166社が過去4年で310億ドルをクラスター爆弾の製造企業に投融資しており、そのうち4社は日本の金融機関であるとして、その企業の実名と融資額を挙げているのである。この事実はどこが掴んだ事実なのだろうか。朝日新聞でも外国メディアでもない。記事の情報源は国際NGO「PAX（平和）」（拠点はオランダ）である。その組織の担当者が5月23日に日本外国特派員協会で記者会見をして、その調査結果を公表したのである。

この事例からどういう構図が読み取れるだろうか。調査報道ジャーナリズムを実践しているのはNGOであって、主流メディアはそこから情報を提供されて配信しているのである。主流メディアがやってもよい調査報道なのではないか。今日、NGO・NPOは問題提起能力、探査能力、発信能力を高めていて、主流メディアがやらなくなったことをやるようになった。すなわち権力監視はもはや職業ジャーナリストや主流メディアの専任事項なのではなく、NGO・NPOなども権力監視の主役なのである。

これは皮肉な事態である。もともとメディアは理念的には市民社会との同盟関係の中でＮＧＯ（非政府組織）、ＮＰＯ（非営利組織）と親和性があったと言える。昔、そのような言葉は存在しなかったけれども。ところが、20世紀を通じて、そのＮが外れて、ＧＯとＰＯへの道を歩むようになった。そこでいま、権力監視機能、それをジャーナリズム機能と言うならば、ジャーナリズム機能がＮＧＯ・ＮＰＯによって担われるという局面が生まれてきたのである。もちろんすべてのＮＧＯ・ＮＰＯが優れているわけではない。政府や行政の下請け機関と化したものも少なくない。メディアと同じ事情だ。

ＮＧＯ・ＮＰＯが影響力を高めてきた事態を、ジャーナリストでトレーナーのマーク・リー・ハンター氏は２０１７年5月に早稲田大学で行われたシンポジウムの基調講演で、「ステークホルダー・メディア」（原語ではstakeholder-driven media ステークホルダーによって駆動されるメディア）という言葉を用いて語った。彼は、社会の中の、ある利害関心を共有したコミュニティが自分のメディアをもち、コミュニティに情報を伝達し、またそのメディアを通じてコミュニティを形成し維持しているという関係の中で、そのようなメディアが強力な力を発揮するようになったことに着目する。主流メディアではなく、「ステークホルダー・メディア」によって、フランス大統領選挙における極右政党の国民戦線の善戦も米国トランプ大統領の勝利も、そして国際環境ＮＧＯ・グリーンピースやフランスの医療サイト・プレスクリール（Prescrire.org）の活動も説明できる。つまり政治的に右とか左とかに関わりがない。詳しくは、文献③と④をご覧いただければと思う。

この文脈から見れば、ワセダクロニクルも「ステークホルダー・メディア」と言えるのかもしれない。ワセダクロニクルは不特定多数が見られる状態で発信しているけれども、不特定多数によって支持されているわけではない。権力監視の調査報道ジャーナリズムに価値を認め、その活動を精神的にも経済的にも支援する、一つの「利害関心共同体」をステークホルダーとするメディアだと言うことができる。つまりワセダクロニクルはジャーナリズムＮＧＯなのだ。環境ＮＧＯや人権ＮＧＯや医療ＮＧＯがあるように。

特定秘密保護法、安保関連法、「共謀罪」法と三点セットを整えて、安倍政権は市民社会とジャーナリストを監視するシステムを作り上げた。当然、ＮＧＯ・ＮＰＯなどの市民社会アクターも対象となる。権力監視をしようとするものは国家にとって危険な存在なのだ。その三点セットはエドワード・スノーデン元ＣＩＡ職員が暴露した事態、エックスキースコア（盗聴や監視であらゆる人物の私生活の完璧な記録を作ることができる）を米国国家安全保障局と日本が共有しているという事態と重ね合わせれば、大量監視社会に向けた一気通貫にほかならない。そのような状況のもとで権力監視とは何を意味するのか。市民社会アクターによる権力監視と国家による市民監視とのせめぎ合いである。こちらがあちらを監視しているとき、あちらもこちらを監視している。日本語では同じ監視という言葉が使われているが、中身が違う。権力監視（watchdog）とは市民社会にとっての権力の悪行が監視されるのに対して、市民監視（surveillance）とは市民社会にとっての市民の善行が監視されるのである。それが質的、量的にどれだけ非対称的な関係であるかは明らかだ。そこにおいて、ジャーナリズムの社会的・文化的な実践を再定義することにより、権力監視機能をマスメディアから解放し、広く市民社会アクターに正当に割り当て、ジャーナリズムという「イズム」の拡大版を作っていくほかないだろう。

権力とは首相や政権や政府のことだけではない。権力は政治的、経済的、社会的に遍在している。どこにでもある。また、人格化あるいはポスト化（役職化）された「見える権力」のみならず、政治的、経済的、社会的な構造や制度やシステムの中に「見えない権力」が作り出されていて、作用している。差別構造や家父長制などがその例だ。21世紀の今日、日本を含めて世界中で、それら可視的権力と不可視的権力によって人間の奴隷化が進行しているのである。奴隷は過去の話でもないし、外国の話でもない。新入社員が長時間の残業で自殺に追い込まれるような事態を奴隷化と呼ばずに何と呼ぼう。そういう認識をもたない限り、社会の改善や改良はありえない。ナイーブな権力観を捨てるところから事は始まる。

## 6. ジャーナリズム教育への帰結と先端的な課題

ジャーナリズムという「イズム」が居場所を移しつつ、自らの使命と実践を拡大的に再定義しているとき、教育は無縁ではありえない。そこに当然の帰結が生まれるだろう。

欧米ではしばらく前から既存のスクール・オブ・ジャーナリズムの機能不全が指摘され、5年後、10年後のジャーナリズム教育はどうあるべきかという議論が行われている。たとえば2014年にカナダのトロントのレイソン大学で行われた「2020年に向かって――ジャーナリズム教育の新方向」という国際会議を挙げておこう。カナダ、米国、欧州、オーストラリアなどから100名以上のジャーナリズム教育者が集まった。なぜそのような議論が行われるようになったのだろうか。ジャーナリズムのイノベーションの波にスクール・オブ・ジャーナリズムも晒されているのである。そのような議論においてはジャーナリズムの再定義のみならず、ジャーナリストの再定義も求められてくるだろう。

従来、既存のスクール・オブ・ジャーナリズムはマスメディアとジャーナリズムを一体化した20世紀モデルを大前提とし、そこでマスメディアに就職を希望する学生に対して就職のための準備教育を与えるという考え方で行われてきた。しかし、近年の実態では、準備教育を受けた者の多数はマスメディアへの就職を選ばないという現実、あるいは準備教育を受けた者がマスメディアに実際に就職できないという現実がある。実際、スクール既卒者のメディア就職率は下降しており、中にはスクール・オブ・ジャーナリズムを出て失業している若者も出ている。教育プログラムとその人材の社会的な受入れの間のミスマッチが拡大しているのである。

矛盾の原因は何だろうか。推定されているのは、スクール・オブ・ジャーナリズムの教授陣や講師が前世紀の遺産メディア（legacy media）の出身者やそこから派遣されてくる者であり、21世紀に形成中の新しい状況に適合する理念やカリキュラムや教授法などを提供できないこと、したがってそこで教育された若者（就職準備者）が現在のメディア状況の中でイノベーションの駆動力になれるような能力や知識を備えておらず、雇用市場で競争力を失っているということである。こうしたスクールを続けることは前世紀の負の遺産の再生産をしていることに等しい。これはイノベーションが求められるときにどの分野でもつねに起こりうることである。

では、何が必要だろうか。イノベーションの方向に合致した新しいニーズに応えることであろう。組織の中で自己満足するジャーナリストの予備軍を養成するのではなく、組織の外でジャーナリズム活動にとって必要なあらゆる資源を自己調達していくジャーナリストを育成することである。独立したジャーナリズムを自ら実践し、同時にそれに必要な陣容や技術や財源を確保し、ほかのジャーナリストや組織と連携し協働し、そして支援者との関係を構築していくこと、これらすべてを自分たちでやる自前主義をビジョンとすることである。これを「アントレプレナー・ジャーナリズム」（entrepreneur journalism）と呼ぶことができるだろう。ジャーナリストが起業家になるのである。あるいはジャーナリズムをプロデュースしていくのである。

そこで重要なのは誰に向かってパブリッシングするのか、公共化するのかという点である。「イズム」の新しい居場所を見つけたジャーナリストにとって、その相手、パートナーは20世紀モデルの「不特定多数」ではないし、それを前提とした読者や視聴者、そしてオーディエンスという名前で一般性を付与されたマスではない。受け手でもないし、啓蒙や教育の対象でもない。その相手とは、意思をもった諸個人の集合体であり、ジャーナリズムに価値をおくコミュニティであり、そのメンバーとして捉えられるべきものである。

以上のようなマインドとスキルをもったジャーナリストこそを育成していくことが先端的な課題なのである。

## 7. 公共財としての大学の役割

市民社会の代理人として権力監視を使命とするジャーナリズムが、マスメディアとのセット関係を解約して、その居場所を既成マスメディアから他所に移して、再生のプロセスに入ってきたことを見てきた。その新しい居場所としてまず調査報道ジャーナリズムに特化した非営利ニュース組織、次にＮＧＯ・ＮＰＯを挙げてきた。これらはいずれもアソシエーション組織である。そこではジャーナリストとは「イズム」の実践者を指すことになり、もはやマスメディアの職業的専業ジャーナリストだけを指す言葉とはならないのである。「イズム」の実践者が「イスト」であり、その実践者はいまやマスメディアの外に多く存在しているのである。そのことをさらに進めて、第三の居場所として大学を挙げたい。

もともとジャーナリズムとアカデミズムは近代の産み出した双子の兄弟であった。どちらも出来事や現象など対象への批判的な観察を基礎とし、その営みを守るために自由と独立を主張してきた。それらを脅かすものはつねに権力だった。権力は批判的な観察をみずからの基盤への脅威と見なしてきた。いま権力監視という実践の枠組みがメディアによる独占体制から組み替えられ、拡大し、普遍化する方向にあると認められるとき、大学はその「イズム」の実践の場所として重要な拠点となりうる。権力への懐疑的な思考、また権力の観察・観測・監視の学を市民社会の知ないしは認識の学として広げ深めていくことを教育、研究、社会貢献において実現していくチャンスであろう。また公共財としての大学にはそれが求められていると言える。大学がジャーナリズムという「イズム」の居場所になるのである。

その意味ではワセダクロニクルは二重の意味をもっている。ジャーナリズムの実践組織でありながら、上記の役割が期待される大学を拠点にしているからである。公権力の介入できないアジールとしての大学、自由な議論や論争が保障されている大学、学の独立や在野性を矜持としている大学において、権力監視の「イズム」を実践し、そして「イズム」の表現物を発信していくのである。これはさらなる展望へと誘うであろう。政治の劇場化が嘆かれるけれども、ならば対抗して大学が劇場化してはどうだろうか。市民社会の劇場になるのである。文化的実践のメディアとして、文化的交通関係の要衝として、市民社会のパートナーとして、大学は文化的イノベーションの拠点となるべきではないかと思う。

【補注1】　現在は、「調査報道ジャーナリズム」ではなく、「探査ジャーナリズム」という言葉を私は使っている。

＊参考文献

①花田達朗「なぜいま日本で調査報道か――ジャーナリズムとグローバル市民社会の接続」花田達朗・別府三奈子・大塚一美・デービット・E・カプラン『調査報道ジャーナリズムの挑戦――市民社会と国際支援戦略』旬報社、２０１６年、12～46頁。
②花田達朗「調査報道ジャーナリズムの世界的潮流――ジャーナリズムの正当性を求める闘い」渡辺周・花田達朗・ワセダクロニク

ル編著『始動!　調査報道ジャーナリズム――「会社」メディアよ、さようなら』彩流社、２０１７年、23～54頁。
③マーク・リー・ハンター「Power is Everywhere――そこにある権力」渡辺周・花田達朗・大矢英代・ワセダクロニクル編著『市民とつくる調査報道ジャーナリズム――「広島東洋カープ」をめざすニュース組織』彩流社、２０１７年、36～55頁。
④花田達朗「ステークホルダー・メディアと当事者公共圏――ジャーナリズムは誰のものか」前掲書、83～１０４頁。

（本稿は『世界』、８９９号、２０１７年9月号、岩波書店、に最初に掲載された。）

# 6 パブリックをめぐる空間の生産
## ――社会運動と探査ジャーナリズムの闘争様式――

田中 裕

## 1. 立ち現れるパブリック

### (1) 焦点としてのパブリック

パブリックは、市民社会における政治的な主体として、あるいは、コミュニケーション過程の公開性を指し示す概念として、自律的な生活の形成に必要不可欠である。また、パブリックは民主主義社会の理念として、社会運動による抗議およびジャーナリズムの遂行における根拠の一つとなっている。

だが、パブリックはプリズムのような言葉である。私たちは様々なイメージを思い浮かべ、希望と理想、失望と疑念を抱く。それらは明確な輪郭をもっておらず、部分的に重なり合っている。そして、相反する感情が引き起こされる。それゆえに、特定の意味内容だけを正統化するのは困難である。パブリックを似たような意味の言葉で解釈とすることも同様に簡単ではない。例えば、形容詞としてのパブリックをオフィシャルに、名詞としてのパブリックをピープルに読み替えたとしても、それによってパブリックの意味を正確に把握し、説明することはできない。その反対に、パブリックに固有の意味や直接的な存在を与えようとする挑戦も簡単には成功しないだろう。その困難さに導かれ、プライベートとパブリックの分割線を自明の構造として取り扱ってしまうことを避けなければならない。その想定に当てはまらない主体や対象を誤って排除することになりかねないからである。仮に誰かが所有権を有する土地や建物で、その物質的な対象の境界線が明確であっても、プライベートとパブリックの線引きは歴史的な条件に応じて変容する。ユルゲン・ハーバーマスが論じたように、西欧では私人たちの集まるカフェやサロンが18世紀ごろにパブリックの場所へと変化した。したがって、パブリックについて論じる際、実際の社会において「パブリックなるもの」(〝the public〟)あるいは概念としてのパブリックがいかにして構想され、貫徹されていったのかを捉えようとする態度を保持しなければならない。

### (2)領域としてのパブリック

アメリカの哲学者ジョン・デューイは1世紀ほど前、大衆社会の到来とそれによる伝統的な地域社会の解体を目の当たりにし、異なった性格を持つ二つの社会の間で揺れ動くパブリックを救い出そうと試みた。著書『公衆とその諸問題』によると、そのパブリックとは、諸行為の結果から継続的に社会的な影響が生じる際、その対応に利害・関心を持つ人々の総体である。言い換えれば、社会的な利害・関心を共有する個々人の集合である。デューイはこのパブリックという民主的な主体を形成できたならば、地域社会の解体による政治的無関心が克服可能だと考えた。ただし、注意しなければならないのは、このパブリックは地域社会のどこかに最初から存在しているのではなく、人々の振る舞いや相互行為の維持、変容が直接的あるいは間接的に関心事となる地平に現れてくるとされる点である。何らかの利害・関心を共有していれば、特定の主体たちが自動的にパブリックへと変化するわけではない。パブリックは振る舞いや相互行為の様式を焦点とする「領域」(realm)で立ち現れてくるのである。主体としてのパブリックを取り扱うデューイの議論において、その主体を特徴づけているパブリックなるものは主体とこの領域との相互作用において成立している。つまり、その領域が立ち現れるからこそ特定の主体はパブリックとなりうるのであり、パブリックなるものはその社会的領域において生成するのである。

では、形容詞としてのパブリックはどのような言葉であろうか。例えば、公共施設や公共事業、公共交通機関、パブリック・オピニオン（世論）やパブリック・リレーション（広報）のような熟語で、私たちはパブリックを形容詞として用いる。その特徴とはそれらの対象が多くの人々のアクセスに開かれていることである。設備とサービスの提供、意見と情報の流通においてその範囲が広い場合に、私たちは習慣的にその対象にパブリックという形容詞を使う。形容詞としてのパブリックとは、ある対象が誰にでも利用可能な状態であることを意味すると言える。パブリックと見なされ、パブリックと表現された対象は、私たちと無関係に存在する対象ではない。日常生活と具体的な関係を持つ、あるいは、持ちうる対象として、開かれた利用と参画を前提としている。このような意味で、パブリックとは対象の非排他的な性格を表現する言葉である。そして、諸対象は相互行為の様式だけでなく、その行為における具体的な対象と人々の生活との結びつきが開放的であるがゆえに、パブリックであるということができる。言い換えれば、何らかの対象がパブリックであるということは、それらの対象の開放的な利用と参画が制度化されていることを意味する。つまり、これらのパブリックな対象を構成するパブリックなるものは、設備や情報そのものに埋め込まれている特性ではない。主体としてのパブリックのように、相互行為を焦点とする地点にパブリックなるものが立ち現れる。ただし、人々の集団としてのパブリックが相互行為に関心を寄せる民主的な主体の形成に重点を置いていたのに対し、表現としてのパブリックは対象の利用や参画における行為の様式が焦点である。このような違いが認められるものの、両者のパブリックなるものは相互に矛盾する関係ではない。特定の社会関係とその関係に基づく実践をとおして領域としてのパブリックが生成するという共通点を持つ。そこで、本論文ではパブリックを次のように定義する。行為ないし実践という観点において、パブリックとは物理的なモノと日常的な活動との相互作用をとおして生成される民主的で非排他的な領域である。

### (3) 問いとしてのパブリック

領域としてのパブリックは、地域社会における政治的主体が形成される際の舞台となり、様々な対象と行為、生活との結びつきの開放性を制度化している。つまり、人々の日常生活が民主的かつ非排他的である場合、そこで領域としてのパブリックが駆動していると見ることができる。ここまでに集合的主体の形成や施設の利用、言論活動への参画などを題材としてパブリックなるものを考察してきた。ここに社会運動とジャーナリズムを加えることができる。社会運動は政治的な主体による集団的な行為であり、それぞれの目標に向けて労働形態や経済政策、政治制度に対して抗議する。そして、ジャーナリズムは市民および市民社会に奉仕する言論活動の思想であり、ジャーナリストたちが権力による抑圧や不正を新聞やテレビで告発してきた。社会運動もジャーナリズムも領域としてのパブリックに関わる社会的なエージェントである。しかしながら、近年ではそのパブリックが闘争の主体や対象となっている。オキュパイ運動のように近年の社会運動は街頭や広場を抗議活動の舞台とする。街頭や広場は、本来であればパブリックなるものが生成しうる場所である。なぜ人々はそれらの場所を占拠し、そこで抗議の声を上げるのか。ジャーナリズムはインターネットに活動の場所を求め始めている。なぜこれまでパブリックなるものを媒介するメディアであった新聞やテレビから距離を取らなければならなかったのか。既存の主体や対象がパブリックなるものから乖離し、抑圧的で排他的な性格を持つこととなったのであろうか。そうあれば、領域としてのパブリックがどのように構成されているかを解明した上で、その変容についての分析が求められる。

以下では、領域としてのパブリックの考察を進めるにあたり、空間論の観点からその空間的編制を分析する。その際、社会運動とジャーナリズムを空間編制の重要な契機として位置づけ、パブリックとの関連性を考察していく。そして、インターネットがどのような性格を持つのかを確認し、近年の社会運動およびジャーナリズムに関する言説や研究からパブリックの再編可能性を検討する。これは抽象的な概念や観念としてのパブリックの理想的なあり方を問うものではない。パブリックを社会空間として位置づけ、社会運動とジャーナリストの活動をとおして現実の空間の生成と変容を明らかにする試みである。

## 2. パブリックの空間編制

### (1)空間としてのパブリック

この考察を進めていく枠組みとして空間論をその一つに挙げることができる。もちろん、空間論が領域としてのパブリックを分析する唯一の方法だとは限らない。しかしながら、多数ある空間論の中でもアンリ・ルフェーブルは人々の生きられた経験を空間の生成における重要な契機と見なしており、領域としてのパブリックが生成されるプロセスの解明にとって有効なパースペクティブを提供している。

ルフェーブルは空間が私たちの生き方と密接に関連していると考え、「(社会) 空間とは (社会的) 生産物である」(Lefebvre 1974=2000:67) と述べた。社会空間は人々の愛着や想像力、利害関係に応じて形成され、私たちの生き方に大きな影響を与える。都市や地域社会が様々な影響を受けながらも歴史的に形成され、変容してきたように、ある空間とはそこで営まれてきた人々の関係性と物質的な条件との相互作用から生み出される。つまり、空間とは主体としての人々の行為に影響を与えるとともに、それらの行為をとおしてつくり出される客体である。ルフェーブルはこの相互作用を物質的な次元、観念的な次元、そしてその両方が一体となった次元から論じる。これは「空間的実践」「空間の表象」「表象の空間」という三つのモーメントであり、順に「知覚される (perceived)」「思考される (conceived)」「生きられる (lived)」という行為のあり方に対応しているとされる。それぞれは、空間をつくり出す具体的な行為、その抽象化による観念的枠組み、象徴的枠組みをとおした日常的な生活を意味する[*1)]。したがって、空間とは社会関係の形態の一つであり、それが三つのモーメントをとおして具体的かつ抽象的に編制されるのである。注意したいのは、現実の空間は空間的実践という物質的なレベルで実在化しているという点である。クリスティアン・シュミットは以下のように指摘している。

「社会空間とは、特定の物質的基礎 (形態学、建築物の環境) に部分的に依拠している諸活動や相互行為を結びつけるチェーンやネットワークとして、空間的実践の次元において現れる。」(Schmid 2008:37)

ルフェーブルの関心は資本主義と私たちの生活との関係にある。例えば都市の開発ないし再開発計画は、国家や市場のアクターたちが人々とその生活を計画上の指標や操作可能な機能へと単純化することで、自身の利益の保護あるいは拡大を生み出そうとする試みである。その一方的な抽象と固定に基づいて不平等な空間をつくり出し、その空間が社会における豊かな生や創造的な結びつきを抑圧する。その空間は、大多数の市民の行動や感情から利益を引き出すことで、一部の人々の利害に貢献するシステムとなっている。ルフェーブルはこのような空間の生産を資本主義の体制と関連づけて読み解こうと試みたのである。

では、空間論において、パブリックはどこに位置づけられうるか。デューイにおいて対面の相互行為が即座に主体としてのパブリックを生み出したわけではなかったように、都市や地域社会での日常生活そのものをパブリックの領域として認めることはできない。日常生活における何らかの具体的な社会関係が不可欠な要素として理解された場合に、あるいは、その関係の価値が把握された場合に、領域としてのパブリックは生成される。この領域を社会空間の一つとして位置づけることで、空間における日常的な感覚や生き生きとした経験を考察する道が開ける。パブリックは空間の一つとして具体的な身体とそこに体現された感性、そしてその身体的行為によって生成していると考える。別言すれば、人間関係や場所に刻み込まれた記憶や物語、そしてそれらを媒介する思想や理念の実践に応じてパブリックの空間は編制されると考える。つまり、パブリックを社会的な行為によって作り出される空間の一つとして考えるのである。

もちろん、日常生活の一部を切り取って現実の空間を構想した場合でも、それを絶対化しないならばその空間はパブリックの領域として実在化しうる。しかしながら、「パブリック・スペースはその使用をとおしてパブリック・スペースとして社会的に作られる」（Mitchell 2003:129）という見方を維持する必要がある。空間は人々の行為に応じて編成される。広場や公園などはパブリック・スペースであることを理由としてパブリックの領域なのではない。パブリックは計画や建設によって生成するわけではない。もし、パブリック・スペースが存在しているだけでパブリックの領域であると主張するのであれば、そのパブリックは生きられた経験や人々の関係性に閉鎖的なヒエラルキーを与えることとなるだろう。パブリックなるものの一つとしての空間は、民主的あるいは非排他的な利用と参画によって作られる。また、パブリックは歴史的条件の変容にともなって再編される可能性を持つ空間として構想されるべきであろう。公共事業を考えると分かりやすいが、そこでは計画上の社会と現実の生活感覚（senses of daily life）とがしばしば対立する。[*2] その結果、つくり出された現実の空間がコミュニケーションの過程に大きな影響を与えるケースがある。ダムは谷を埋め、高速道路は町を切断する。空間における解体と再編の契機が失われるならば、その空間は道具である。問題は空間が作られていく際、何が基準となっているかが問われる。

### (2) 社会運動とパブリックの空間

空間論において、社会運動は「時間—空間の植民地化」（Gregory 1994:401）に対する集合的な抵抗と見ることが可能である。この「時間—空間の植民地化」は、都市計画家や技術官僚、投資家や不動産業者たちが空間を交換可能なモノとして抽象化し、その青写真ないしそこに隠された利害・関心に基づいて空間を生産することで生じる。人々が生活する空間は断片化されて売買の対象となり、資本システムの植民地となりうる。そこでは空間が政治と経済の論理によって一部の利益を優先するための道具となっており、碁盤の上で操作・管理される諸記号の配列へと陥っている。場合によっては、人々の身体や感情でさえも空間を売買する材料となる。例えば、机上で計画された巨大なショッピングモールの建設によって消費の中心地がつくり出されることで、街中に張り巡らされた商店街は分断される。あるいは土地やマンションの価格、家賃を上げるために隣接の公園や緑地の利用を制限したり、価格の高い（あるいは低い）住宅を特定の場所に集中させることで経済的活動の中心をつくり出したりすることも植民地化である。これらの計画は空高くから人々の日常生活をのぞき込む視点からつくられている。そしてこの空間的な構想とその実現はヒトとモノの集中と分散を操作することを目的の一つとしている。人々の身体とその暮らしを計算可能な対象として均質化し、一方的に設計された「快適さ」や「便利さ」が基準となっている。これは特定の利害を反映させた排除と包摂の空間である。日常生活が一方的に分断され、私たちの主体的な生活は疎外される。これは表象の空間における断絶であり、パブリックなるものの収奪となる。

この空間は誰の考えを代弁し、誰のために生産されるのであろうか。実際の空間に暮らす人々は、空間の構想者にとって「彼・彼女たち（Them）」として操作可能な対象へ陥る。あるいはモノの生産と売買のためのエージェントである。そこに民主的であること、非排他的であることの価値は失われている。このような一方的な空間の編制に対して、社会運動は反対を表明し、そのやり方の民主的な実現を求める。ルフェーブルは、このような空間の分断と支配に対して、場（places）の結びつきによる抵抗が構築されるべきだと主張する。

「多様な場が直接に結びつけられ、それらの場が孤立化するのをやめる――だがだからといって、孤立化から生じたそれぞれの特殊性や差異を打ち砕いてしまうことなく――ことによって、諸種の結びつきとネットワークが増殖し、そのために国家はしだいに無用になっていく……。」（Lefebvre 1974=2000:543）

ルフェーブルは国家を空間的抑圧の首謀者に据えているが、現代では地球規模でその抑圧の構造が築かれている。しかし、場（places）を相互に接続する可能性が失われたわけではない。人々が空間のユーザーとして、あるいは、主体としての「私たち（We）」という関係性によって空間は生産可能である。人々が主体として場の直接性を回復し、場と場の結びつきを生み出すことができたならば、人間不在の植民地となりつつある現実の空間をパブリックの空間として再び領有し、救い出すことが可能となる。場を出発点として私たちは空間をつくり出すことが求められているのである。すなわち、空間という観点において、社会運動とは人と場所の結びつきを生み出すことでパブリックの自律性を作り出そうとする行為である。社会運動は断絶を自然な状態として人々に押しつける空間編制に抗議する。身体や心情を含む人々の生き方ないし社会関係をWeの空間とし、その空間の実在化を主張するのである。

### (3) マス・メディアとパブリックの空間

マス・メディアはどのような空間を編制するのか。マス・メディアは少数の送り手と多数の受け手という非対称の関係によって構成されている。また、マス・メディアは産業として利潤の獲得とその最大化を目指す。それゆえにコンテンツにおける嗜好の多様化が課題として掲げられたとしても、最終的にはマスないしマジョリティとしての受け手が紙面や画面の向こう側に想定されるのである。もちろん受け手との数少ない交流から推測した人々の生活感覚、様々なネットワークを使用したアンケート調査や大量のデータの情報解析から抽出したサンプルは、活動計画や経営戦略の資料となりうる。しかしながら、それらの努力が産業における既得権益の保護や拡大、そして自身のサポーターである既成権力との関係の維持に向けられているならば、人々の社会関係を複数のマスによる対立や錯綜として単純化し、均質化する。これは人々が均質化された「マス」であることに特別な意義を感じる特殊な歴史的状況においては妥当だったであろう。しかし、顔を持たない「彼ら（Them）」としてのマスというカテゴリーによって、人々を代表することの限界は明らかになってきている。商業的に作り出されたマスという記号はコミュニケーションの様式を固定するだけでなく、現実の日常生活との距離を拡大させていく。

このコミュニケーションは既得権益を守ると同時に顔のない商業的なマスを想定するという点で断絶をつくり出す。また、マス・メディアがその均質的な受け手であるマスを国民と一体化させ、その操作から得られる利益を既成権力と共有するならば、その断絶は深くなる。これらは社会生活の現実から距離を取ることで成立するシステムが生み出す暴力である。そして権力との結託は、受け手に対するメディアの権威を担保するとともに、そこから自身の権益を繰り返し引き出すことを合理的な行為だと考えている証左である。そのような様式に基づいて編集された諸情報を媒介として仮にパブリックの空間が一時的に編制されたとしても、それはすぐさま抑圧的な空間へと陥るだろう。それは人々によっていずれ作り直されることになる反社会空間である。

しかしながら、マス・メディアには、自己目的化した組織と異なる行動を選択するコミュニケーションのアクターが存在する。それは生活世界（表象の空間）を自身のフィールドと考えるジャーナリストたちである。空間的視点から考えると、ジャーナリストたちは生き生きとした生活感覚を持つ個人として、社会空間の異変を探査し、空間の生産様式を監視するアクターである。これはウオッチ・ドッグと呼ばれるジャーナリズムの任務であり、歴史的な条件に応じてその実践方法を変化させてきた理念の一つとして結晶化している。この理念が復帰や帰属先を生活世界に求めるならば、つまり「私たち（We）」として培われてきた象徴的秩序を足場として求めるならば、生きられた経験の防衛ないし権力体制への攻撃となりうる。とりわけジャーナリズムがコミュニティや地域などの枠組みを超えた空間を自身の活動の場所とする場合、その実践は社会空間のポテンシャルも同時に広げていく。その活動はパブリックの空間を様々な角度から編制する契機となる。

だが、ジャーナリズムがマス・メディア産業への所属を前提とする状況では、活動の舞台は媒体の都合によって制限される。また、政治的あるいは経済的な成功のために顔の無い最大多数の大衆を想定し、人気の獲得を動機とする「ジャーナリスト」の活動もパブリックなるものの空間からかけ離れたものとなるだろう。マスがパブリックを構成する場合はあっても、パブリックなるものは必ずしもマスを必要としない。操作のために作り出した仮想上のマジョリティと現実の空間との決定的な隔たりを克服するためには、ジャーナリズムがどのような形態で実践されるのかを解明すべきである。

## 3．パブリックの運動

ここまでパブリックを社会空間の一つとして位置づけたことで以下の展望が得られた。「彼（彼女）たち（Them）」と「私たち（We）」のいずれかの論理に基づくかでパブリックの空間が異なって立ち現れうる。空間的実践の根拠を現実の単純化による抽象的観念か、生き生きとした経験かに置くことでパブリックの性格は変わる。つまり、パブリックは権力によって偽装される危険がある。ただし、これは理論的な考察にすぎない。社会運動はどのような実践によってパブリックの空間のリアリティの獲得を図るのか。そしてジャーナリズムはどのような実践をとおしてパブリックの空間を実在化させようと試みるのか。この二つは異なる地点から発せられる問いであるが、パブリックの空間再編の可能性をともに探求する。今日、インターネットおよびそれを利用するデジタル機器が日常生活のあらゆるシーンに浸透しており、私たちはその影響を無視して議論を進めることはできない。以下では最初に空間論の観点からインターネットの空間を考え、次に社会運動とマス・メディアについての考察を深めていく。

### ⑴空間としてのインターネット

私たちは電子機器およびそこで作動するソフトウェアを日常的に利用する。そしてインターネットが世界中の人々や様々な場所とつなげる。私たちはヴァーチャル・スペース（仮想空間）で様々に提供されたサービスに応じた生態系を構築している。以前には想像されなかったような新たなコミュニティの形成が可能となっている。このような意味で、インターネットを道具であると同時にコミュニケーションの場と考えるのは誤っていない。例えば、ソーシャル・メディアと呼ばれる交流手段はその一つである。インターネットとデジタル機器は突如出現したわけではない。すでに歴史を持っている。10年以上前、モバイル機器によって仮想空間と物理的空間とが相互作用する状態は既に「ハイブリッド空間」（De Souza e Silva 2006）として考えられていた。近年では、ソーシャル・メディアが「プライベート空間とパブリック空間とを『媒介』する社会的プラットホーム」（Van Dijck and Poell 2015:5）として機能しているという。これらの議論を踏まえるならば、インターネットの浸透によって私的・公的の境界が曖昧になるという指摘には一定の意義を認められる。確かに私たちが物理的な空間なしに日常生活を継続できないように、デジタル技術から生み出される情報なしに活動することは想像できなくなってきている。それゆえ、インターネットによる空間の形成や変動を論じることは十分に可能だと考えられる。

それらの議論は空間の分離を前提としたり、仮想空間と物理的空間に暗黙のヒエラルキーを認めていたりしないだろうか。モバイル機器を身につけた人々は日常のあらゆる場面で越境的なコミュニケーションを繰り返している。しかしながら、仮想空間の拡大を新時代の到来として喜び、物理的空間を付属品だと見る思考は、現実の抽象化にすぎない。またインターネットへの反感と恐れから物理的空間を中心化する考え方は現実の還元である。むしろ、このようなコミュニケーションは人々の移動や交流の範囲拡大という歴史的事象と同様に、現実の物理的空間と分離不可能な行為である。もっと言えば、それは空間の生産である。インターネット上の「空間」は現実を仮想するという域から完全に抜け出さない限り、物理的空間から独立した領域として捉えるのは難しい。したがって、ネット上の「空間」と物理的な空間のいずれか一方の独自性に議論の焦点を合わせたり、一方の優位性を前提と結論にしたりするアプローチからは距離を取らなければならない。

インターネットを利用する諸活動を空間という観点から理解する場合、それは特定の空間的実践として社会空間の変動を引き起こす契機である。あるいは、既存の空間に刻み込まれた諸象徴の体系をリライトする実践である。もちろん技術ないし産業構造の革新という意味で、インターネットとその使用は現実の抽象化を押し進める。例えばインターネットを道具と見て、そこに埋め込まれた交通や通信の様式に着目すると、金融商品や資本の流通の拡大と加速から生じる「時間―空間の圧縮」（Harvey 1989=1999）という現象が指摘可能である。あるいは、ARやMRといった仮想現実の技術を空間における象徴体系の上書きや単純化と見なすことができる。しかしながら、インターネット上の「空間」を社会生活における一つの契機として理解するならば、その「空間」は以前とは異なった想像力や象徴の体系の再編を生活の空間にもたらしうる。つまり、インターネットを空間における相互行為の場として位置づけることにより、ネットワークを介して生まれた感性とその実践は、物理的空間に埋め込まれた象徴の形式を書き換えうるポテンシャリティを示す。ただし、特殊な価値に基づく特定の社会関係の模倣によって人々の集中と分散を生じさせる傾向は否定できない。

このように考えると、インターネットの利用は一つの空間的実践として、一方で私たちの社会関係を均質化させ、他方で異なった社会関係の想像可能性をもたらすという性格を持つ。そして、いずれの場合でも現時点におけるインターネットは現代の私たちにとって何らかの関係性を生み出す契機である。既存の空間を避けようもなく変化させることは疑いようがないと思われる。とりわけ、既成権力の主導によって生み出された「パブリック」の空間が抑圧のための口実として機能している場合は、インターネットという「空間」は闘争の契機となる。したがって、パブリックをめぐる運動が活発になりうる条件は既に整っている。その空間がどのように再編されうるのかを問わねばならない。社会運動ではどのような人々の関係が実践され、それがどのようなWeの空間と関係するのかを分析するのである。これはインターネットやモバイル機器によって何が社会運動で可能になったのかの分析ではなく、路上に集う人々が何を生み出そうとしたかの分析である。どのような空間的実践だったのかが問われるのである。またジャーナリズムは、実際の人々が生きるWeの空間へと接近するために、何を媒介とするのか。インターネットによる物質的および象徴的な秩序の変容が進行する状況で、どのようなパブリックの空間と関連するのかが考察されなければならないだろう。

### (2)社会運動とパブリックの生成

パブリックの空間はどのような様式をとおして再編されるのか。この考察を進める必要があるものの、残念なことに私たちが生活の空間から何らかの具体的な価値を直接的に見つけ出すのは難しい。この空間は第二の自然として直接的に生きられ、自明の領域として様々な象徴や感覚的な感性で覆われているため、何らかの価値を直接的かつ明確な表現で言及できないからである。これは空間の脆弱性（vulnerability）を示している。このような性格を持つ空間は、差別的な生活や悪条件での労働を受け入れてしまう土壌ともなっている。しかしながら、この脆弱性はデメリットだけでなく、特長の一つとしても見ることができる。生活の空間は特定の価値の中心化によって諸体系が完全に均質化されてはいない。知らない間に抑圧を受け入れている可能性はあるものの、生活の空間は人々の主体的な想像をとおして様々に生きられていると同時にその共存を否定しない。諸象徴が明確に意識されるシーンはほとんど無いために、生活の空間は様々な共存の可能性を排除しない。言い換えれば、誰にでも分かるような言葉や表現による意思疎通ができない領域が残されているので、生活の空間は攻撃を受けやすく脆弱（vulnerable）であると同時に様々な生き方を柔軟に受け入れるのである。[*3]

この脆弱性と異種混交性（mixtuality）はコインの裏表として日常の空間を成立させているのである。したがって、社会運動では、自明かつ特有の価値を持った思想があらかじめ存在し、それへの攻撃に対して抵抗が展開されると考えるのは難しい。仮にそうならば、その運動は抽象化に基づく観念あるいはイデオロギーの闘いであり、空間の具体化が副次的な課題となる。むしろ、社会運動では空間を一方的に引き裂こうとする権力的な線引きへの反動として、共有可能な社会関係が浮上するのだと考える方が正しい。断絶によるパブリックの収奪に対する抵抗と表現できる。重要なのはパブリックの空間としてどのような We の空間が街頭で立ち現れるのかである。

ジュディス・バトラーはエジプトやアメリカなどで起きた近年の社会運動について考察し、「現れの空間」（space of appearance）に対する抗議をその特徴として挙げている。「現れの空間」とはハンナ・アーレントに由来する概念で、その空間は人々の協働による平等な政治を指し示している。しかしながら、バトラーによれば、その空間では誰が空間の内部に現れるかを線引きする権力が作動しているという。そして、バトラーは社会運動に参加する人々は既存の「現れの空間」に介入したと主張する。つまり、近年の運動は、新たな「現れの空間」を生み出そうとする集合的な行為だったと考えるのである。アテーナ・アタナシオの表現を借りれば「現れの空間化」

（Butler and Athanasiou 2013:194）を試みた運動だった。

それらの社会運動は、広場などの既存のパブリック・スペースに見られる物理的空間と既成権力との関係を変えようとする行動だった。路上に立つ人々は暴力を受ける危険を冒しながら声を上げるだけでなく、顔を突き合わせて議論を積み重ね、時には道路で寝食をともにし、けがの治療や入浴も行う。バトラーはモバイル機器による広場や路上からのインターネット中継や情報の伝達を含め、これらの行動のすべてが政治的であり、「平等の新たな関係を打ち立てるため」（Butler 2015:90）の抗議活動だと説明する。この平等を求める行動とその集合を象徴的な社会関係として掲げ、物理的空間を書き換えることを目指した運動だった。また、近年の社会運動では雇用や教育、公平な食料分配、暮らしやすいシェルター、運動と表現の自由などの基本的な権利を求めて人々が街頭に集う。バトラーは「人間（bodies）は世界の中でどのように支え合っていくのか」（Butler 2015:72）を課題とする運動だったと述べている。これらの社会運動は身体および日常生活を引き裂く空間に対し、路上に集合した身体がその実践をとおして空間の再編を目指した闘争だったのである。言い換えれば、既成権力が生み出す空間の分断（division）に対する抵抗ないし否定であり、人々は分断不可能な（in-divisional）関係による空間の書き換えを要求したのである。また、それらの運動は表象の空間における脆弱性と異種混交性をとも共鳴しながら、既成権力による「オフィシャル」な境界線を引き直す試みだったのでもあった[*4]。これは、路上を舞台に人々の生き生きとした関係性とそのコミュニケーションの様式を示し、既存の社会空間に隠された不協和音に対する攻撃だった。つまり、近年の社会運動に見られるパブリック・スペースの占拠は、社会空間における境界線のポリティクスをとおしたパブリックの空間の解体と再編にその特徴を見ることができるのである。

### (3) ジャーナリズムとパブリックの生成

ジャーナリストたちの世界にも境界線のポリティクスを見ることができる。これは空間の解体と再編の問題であり、とりわけ探査ジャーナリズムの実践と関係している。それは二つの水準で認められる。第一は、マス・メディアと市民たちとの間に引かれた抑圧的な境界線である。顔のないマスを既成権力と共有し、既得権益を守ろうとしてきたマス・メディア産業の境界線である。近年では探査ジャーナリズムがその境界線に対する挑戦を始めている。これは探査報道の組織が非営利団体としてインターネットを使った報道を選択することと関連する。主流メディアとは異なった産業構造を採用するならば、「マス」を想定した経営戦略による活動の制限を受けにくくなる。インターネットはその自由な活動のための道具としてだけでなく、幅広い受け手に開かれているという意味で適切な手段だと見ることができる。マス・メディアが形成した境界線からジャーナリズムは解放され、誰のために何を報道するかについての自由が拡大したことで、自律的活動が相対的に可能となる。また、マス・メディアの境界線は抽象的な観念として日常生活へと押しつけられていたため、その相対化は様々な情報への接近の可能性を広げる。つまり、インターネットの普及はパブリックの空間が生み出されるための条件を整える。そして自由な通信とその利用の自由が守られる限りはジャーナリズムの自律性の回復に寄与する。

しかしながら、空間は第二の水準とより密接に関連する。すなわち「犠牲」(Victim)を生み出す境界線のポリティクスである。探査ジャーナリズムでは、マスや産業のためではなく、「犠牲者」(victim) のための活動が具体的な実践形態の一つと考えられている。この考え方は探査ジャーナリズムを論じた古典 *The Journalism of Outrage* (Protess, David L. et al. 1991) でも言及され、近年のマニュアルでもジャーナリストの自問事項の一つとして「その人たちは犠牲者か」(Hunter 2011=2016:28) という問いとして示されている。また、犠牲者という視点は2017

年にスタートした日本の探査ジャーナリズム組織「ワセダ・クロニクル」にも引き継がれている。つまり犠牲というパースペクティブは、探査ジャーナリズムの基本姿勢、あるいは取材や報道の焦点として共有されていると考えてよいだろう。

ジャーナリストがこの犠牲へのパースペクティブを自身の倫理として意識するならば、その実践は境界線のポリティクスと関わる。言い換えれば、そのポリティクスと関わる活動を自身のミッションとして実行する人々にジャーナリズムは体現される。既に述べたとおり、私たちの日常生活は脆弱さと異種混交性という性格を持つ。その性格ゆえに権力作用による囲い込みを招き、それを無批判に受け入れてしまう危険がある。この状況において犠牲者はどこに存在しているのだろうか。犠牲者は囲い込みの外側で沈黙させられているのである。何かを主題として語る場合、しばしば数多くの前提を自明視してしまう。その前提が「常識」と見なされるならば、「常識」が生み出す排除や差別に抵抗することはできないだろう。例えば誰かが国民を主題として何かを物語るとき、非国民との対比を必要とするだけでなく、その物語では国民国家という特定の政治体制が自明視される。もちろん、国家を前提せずに国民について語ることは難しい。そこで、「常識」にわずかなアレンジを加える努力がなされるだろう。だが、その小さな抵抗で国民でも非国民でもない存在者が登場する物語を描けるだろうか。話題およびその前提に対する無批判な理解や自明視された信条の反復を期待する饒舌な語りは、特定の存在だけを存在者とする囲い込みを生み出す。ここに沈黙を生む境界線が存在する。境界線は所属の内と外ではなく、存在の内と外を作り出す。だからこそ境界線の外側では、犠牲者が闇に放り込まれた存在として沈黙させられる。だが、この境界線は決して不変でも普遍でもない。ましてや中立でもない。私たちはかつて境界線の外側にいた犠牲者を挙げることができる。例えば、ハンセン病とその患者であろう。近年ではＬＧＢＴＱという言葉が取り上げられ、男女の差別あるいは両者の平等の議論で沈黙させられていた人々が全身に傷を受けながらも姿を現しつつある。

　このような犠牲と闇を生む沈黙の境界線と向き合うことが求められる。その実践によってジャーナリズムが運動し、具現化されるのである。注意すべきはその境界線が日常生活の細部にまで張り巡らされていると同時に、自明なものとして空間に刻み込まれているということだ。既に述べてきたように生活の空間を生きる私たちは、権力による抑圧や疎外を認識できる状況に置かれていない限り、すべての境界線を明確かつ直接的に意識できず、その一つ一つを正確に把握して告発するのも難しい。もちろん、インターネットの積極的な利用によって情報を得た人々はそれまで意識さえなかった様々な境界線に気づき、自身の生活に隠された犠牲を認識できる状況にあると言えるだろう。例えば若者の過労死がそれまで当然だと思われた劣悪な労働条件を浮き彫りにすることがある。これはパブリックの空間にリアリティを与え、その空間が立ち現れる契機となりうる。しかしながら私たちは、闇の中にいる犠牲者がこちらを向き、何かを伝えようとするその顔に気づくことはほとんどない。その上、現代では情報が過剰に供給されるとともに、その集中と分散によって境界線は姿を変えながら私たちの選択と決定を制限しようとする。誠実であろうとする多くの人々も同様の困難を抱えている。

　与えられた情報に基づく速やかな選択と決断が求められている時、私たちは賛成するか反対するかという単純な反応と行動へと導かれやすい。その情報による刺激から離れることは難しい。しかし、「犠牲」と向き合うことを志向するならば異なった可能性が残されている。少なくとも闇の向こうに立つ人々の顔を意識するならば、その顔は倫理や責務の一つとして私たちからの応答を求める。そして自明なものとしての境界線を否定する思考と行為を探し求めるよう要請する。探査ジャーナリズムはその応答の一つとして位置づけ可能である。「犠牲」と向き合い、そこで作動する境界線の告発を責務とするジャーナリストは、空間の闇を探索する専門家の1人としてパブリックの空間にリアリティを生み出す。空間の脆弱さが悪用され、人々が無自覚かつ無抵抗の中で窮地に立たされようとするとき、ジャーナリストはそれにいち早く気づき警鐘を鳴らすことができるだろう。顔と向き合おうと努める彼（彼女）らは権力からも日常的な感性からも意図的に距離を取ることを強く意識するようになる。そのような活動を実践するのがジャーナリストであり、そこにジャーナリズムが立ち現れるのである。しかし、その活動が単純な反復行為へと陥るならば、特殊な価値の全体化に気づくことなく日常生活の植民地化に手を貸す。それを突破できるかは、闇の中に浮かぶ数々の「犠牲者」の顔に気づき、その犠牲を生み出す境界線に対してどれほど自覚的であるかにかかっている。試行錯誤を繰り返す以外の道はない。この厳しい自問自答と困難な告発に成功できたならば、社会関係は分割不可能な状態への志向を取り戻すことが可能となる。そしてパブリックの空間は人々と共鳴して運動する道を見つけることができるのである。

## 4. パブリックの領有に向けて

### (1)空間の闘争

本論文ではパブリックを人々の関係が焦点となる空間として位置づけた。そしてその空間の生産を社会運動とジャーナリズムの実践様式の分析から考察した。その結果、社会運動とジャーナリズムの活動における生き生きとした経験とその想像力は、個々人の異種混交的な結びつきを基礎とするならば、分割不可能な関係に向けた闘争を可能にすること明らかになった。この関係の実現は、空間の断絶を根拠とする「パブリック」の書き換えを街頭で要請した社会運動においても、不可視の「犠牲」を生み出す境界線の告発を追い求めるジャーナリズムにおいても共通する。また、両者は空間的実践の自律性をめぐる闘争であった。パブリックとは社会運動と探査ジャーナリズムによる空間の闘争にリアリティを生み出すだけでなく、その闘争によって生み出される空間である。

### (2)応答を求めて

この闘争に加担するのは危険だろうか。おそらくそうだろう。決して安全で、効率の良い方法ではない。しかし、自宅から遠く離れた軍事演習場の前へ通い、抗議活動を続けた九州のある作家が反対の声を上げ続ける理由を以下のように語っていた。

「この大分県で風成の闘いというのが行われました。その風成の闘いの中で言われたのが、こういう言葉でありました。『はっきり反対の声を上げよう。なぜなら、反対の声を上げない、反対の意思を表明しないものは、おのずから賛成の中に数えられているんだ』。これは常にそうなんですね。反対の言葉をはっきりと表明した者が反対であって、いくら心の中で反対だと思っていても、黙っている者、意思表明しない者、そして私は中立だと言っている者、そういう者は自動的に賛成の中に組み込まれているんです。[*5]」

現在、世界各地で様々な運動が起きている。硬直化した既成の政治体制や経済制度に対する反対、その既得権益を共有する主流メディアに対するNoである。これらは新たな分断によって各々の利益を守ることが目的ではない。人々の声や顔、そこに刻み込まれた人々の関係性が分断不可能だと訴えるのである。明確に反対を表明する人々には、その行動に対する誠実な応答が不可欠である。具体的な行動を求めるのであり、言葉や表現の問題として処理しようとするならば、個々人とパブリックと統治機構との断絶は深まる一方であろう。そこでパブリックは激しく燃え上がる。パブリックを新たに作り上げようとする行動が始まり、応答を求めて闇の中から闘争の空間が立ち上がる。

＊注

（1）斉藤日出治は空間的実践を「時代に固有な社会的諸関係を空間に刻み込む実践」、空間の表象を都市計画家や技術官僚による「空間の言説やコードの領域」、表象の空間を「映像や象徴を介した直接に生きられる領域」と解釈する（斉藤 2011:290-291）。

（2）人々の関係に型をはめようとする抽象的な観念と、身体に基づく生き生きとした経験から生まれる生活感覚は相容れない関係にある。しかし、資本主義およびその論理が無邪気に信じられた場合、特定の生き方や進化論的イメージは正統かつ合理的な理想像だと疑いもなく認められるならば、抽象的観念と生活感覚が一体化する。

（3）ドリーン・マッシーの表現を借りれば、他者との相互関係性を可能とする「共時代的な数々の生成変化としての空間」ないし「徹底的に開かれた〈時間―空間〉」（Massey 2005=2014: 358）と表現される空間である。

（4）デレク・グレゴリーはこの社会運動の行為を空間的実践と区別するために「空間のパフォーマンス（performance of space）」（Gregory 2013: 241）と呼んでいる。社会運動そのものを空間編制の行動として捉えるのである。

（5）松下竜一の演説。https://www.youtube.com/watch?v=zIs2cHresjk（２０１７年8月31日閲覧）

＊参考文献

Butler, Judith, 2015, *Notes toward a Performative Theory of Assembly*, Cambridge, MA: Harvard University Press.

Butler, Judith and Athena Athanasiou, 2013, *Dispossession: The Performative in the Political*, Cambridge, Malden: Polity Press.

Dewey, John, 1927, *The Public and its problems: an Essay in Political Inquiry,* New York: Henry Holt.（＝2014、阿部齊訳『公衆とその諸問題 現代政治の基礎』筑摩書房。）

De Souza a Silva, Adriana, 2006, "From Cyber to Hybrid: Mobile Technologies as Interfaces of Hybrid Spaces," *Space and Culture,* 9(3): 261-278.

Gregory, Derek, 1994, *Geographical Imagination,* Cambridge, Oxford: Blackwell.

———, 2013, "Tahrir: Politics, Publics and Performance of Space," *Middle East Critique,* 22(3): 235-246.

Harvey, David, 1989, *The Condition of Postmodernity,* Oxford: Basil Blackwell.（＝1999、吉原直樹監訳『ポストモダニティの条件』青木書店。）

Lefebvre, Henri, 1974, *La Production de l'espace,* Paris:éditions Anthropos.（＝2000、斎藤日出治訳『空間の生産』青木書店。）

Hunter, Mark Lee et al., 2011, *Story-Based Inquiry: a Manual for Investigative Journalists,* Unesco.（＝2016、高嶺朝一・高嶺朝太訳『調査報道実践マニュアル――仮説・検証、ストーリーによる構成法』旬報社。）

Massey, Doreen, 2005, *For Space,* London: Sage.（＝2014、森正人・伊澤高志訳『空間のために』月曜社。）

Mitchell, Don, 2003, *The Right to the City: Social Justice and the Fight for Public Space,* New York and London: The Guilford Press.

Protess, David L. et al., eds., 1991, *The Journalism of Outrage: Invastigative Reporting and Agenda Building in America,* New York, London: The Guilford Press.

斉藤日出治、２０１１、「空間論の新しい方法基準――空間の政治」吉原直樹・斉藤日出治編『モダニティと空間の物語――社会学のフロンティア』東信堂、２７７～３１４頁。

Schmid, Christian, 2008, "Lefebvre's Theory of the Production of Space", in: Goonewardena, K., et al., eds., *Space, Difference Everyday Life: reading Henri Lefebvre,* New York: Routledge, 27-45.

Van Dijck, José and Thomas Poell, 2015, "Social Media and the Transformation of Public Space," *Social Media+Society,* 1(1): 1-5.

# 第II部

## アジア地域における探査ジャーナリズム／調査報道

◉国際シンポジウム「アジア地域における調査報道ジャーナリズム―その可能性と展望（Investigative Journalism in the Asia Region: Perspectives and Prospects)」開催プログラム

［主催］早稲田大学ジャーナリズム研究所／ワセダクロニクル／ジャーナリスト保護委員会（CPJ）
［後援］早稲田大学総合研究機構
［協力］世界調査報道ジャーナリズムネットワーク（GIJN）
［日時］２０１７年6月4日（日）12時45分開場、午後1時15分開始
［場所］早稲田大学総合学術センター　国際会議場井深大記念ホール
［式次第］
13時15分～13時30分　開会挨拶　花田達朗
13時30分～14時50分
◇セッション１「日本における調査報道ジャーナリズムの経験」（パネリスト）
依光隆明（朝日新聞）、熊田安伸（NHK）、石丸次郎（アジアプレス）、マーティン・ファクラー（ジャーナリスト）（司会）スティーブン・バトラー
14時50分～15時00分
◇ＧＩＪＮからのメッセージ：　アレッシア・チャラントラ（GIJN）
15時00分～15時10分　休憩
15時10分～16時45分
◇ビデオ上映「ワセダクロニクル緊急取材　アメリカの調査報道は今～市民が支える報道」
◇セッション２「アジアにおいて調査報道ジャーナリズムを支える新モデル」
（パネリスト）キム・ヨンジン（韓国・ニュース打破）、ジェンマ・バガヤウア＝メンドーサ（フィリピン・ラプラ）、シェリー・リー（李雪莉）（台湾・報導者）、渡辺周（司会、日本・ワセダクロニクル）キャサリン・キャロル（CPJ、AP通信）
16時45分～17時00分　閉会挨拶　ジョエル・サイモン（CPJ）

# 1　アジアにおいて探査ジャーナリズムを支える新モデル

キム・ヨンジン、ゲマ・バガヤウア＝メンドーザ、シェリー・リー（李雪莉）、渡辺周（司会）キャサリン・キャロル＝登壇者らの略歴は巻末参照。
＊このパネルディスカッションでは、「investigative journalism（インベスティゲイティブ・ジャーナリズム）」「調査報道」「探査ジャーナリズム」の三つの用語が混在する。それぞれ言葉の使用者の意向に委ねている。

## ❖取材チームのパートナーをどのように見つけるか

**キャサリン・キャロル（CPJ、AP通信）**　みなさん、こんにちは。今日のシンポジウムはジャーナリスト保護委員会（CPJ）と共催ということで、私もみなさんとご一緒にお話させていただきます。

ここにいらっしゃるみなさん方は読者に対して忠実な記事を書こうと願っておられる方たちでしょう。インベスティゲイティブ・ジャーナリズムにおけるロックスターのような方々にアジアから集っていただき、ここでご一緒することができるのは非常に嬉しいことです。このセッションではいろいろ重要なことや言いたいことがあると思います。私のほうからどんどん質問を投げかけますし、みなさんもお話されたいことは多くあると思いますので、双方向に議論していきたいと思います。

それでは最初の質問です。インベスティゲイティブ・ジャーナリズムを続けていくには、横の連携や協力が非常に重要だという話がこれまでも出ました。連携には様々なきっかけがあると思いますし、お互いのスタッフを貸し借りすることもあると思います。そのことでお互いの仕事にもインパクトを与えられるし、経験を豊かにすることもできると思います。

しかし、実際には、協力できるパートナーを見つけるのは非常に難しいことです。すぐに仲良くなれるわけでもありませんし、どうしたら良いパートナーを見つけられるのでしょうか。みなさんの持っているニュースバリューと、相手の持っているニュースバリューが同じだということを、どうやって確認し、信頼感を打ち立てて一緒に仕事をすることができるのでしょうか。まずはリーさんからお聞かせください。

**シェリー・リー（李雪莉）（台湾・報導者）** 非常に興味深い質問ですね。２０１６年12月、私達は非常に重要なインベスティゲイティブ・ジャーナリズムをいたしました。インドネシアの有力誌テンポ（Tempo）のジャーナリストたちと一緒にやりました。

詳しく説明いたしますと、私たちは２０１６年8月にインベスティゲイティブ・ジャーナリズム・プロジェクトを始めたのですが、そのころインドネシアのジャワ島で２０１５年に亡くなった人物についての情報を得ます。彼は出稼ぎ労働者で台湾の漁船で働いていましたが、亡くなった時、彼の体には激しい打撲の痕がありました。検察官は彼の死に不審なところはないとして、事件性はないとしていたのですが、私たちが調査していくと、この件は氷山の一角だということがわかりました。つまり、彼らは台湾の漁船で人身売買のような形で奴隷のように扱われていて、彼一人の個人の事件ではなかったのです。

私たちは、フィリピンのミンダナオ島やインドネシアのジャワ島にジャーナリストを派遣して、調査を開始していました。一方で、私が世界探査ジャーナリズムネットワーク（ＧＩＪＮ）の会議に参加をしたときに、すばらしいチームと出会うこともできました。それが、前述したインドネシアのすばらしいジャーナリストたちです。

私はその会議の初日に、彼らのところにツカツカと近づいて行って「お話があります」と伝え、一緒にこの問題に携わってくれるパートナーを探しているところだと伝えました。そのとき、彼らはこの事件のことを全然知らなかったのです。メールアドレスを交換し、台湾に戻ってからメールで詳細を説明したところ、彼らも関心を持ってくれました。けれどもその時点でまだ協力すると決めてくれたわけではありませんでした。私たちのメンバーがジャカルタのテンポに行って、調査の内容を詳しく説明したのです。テンポは１３０人の記者を抱える大きな雑誌会社で、私たちの10倍ほどの規模でした。しかし、そこで私たちのチームがしっかりとした情報や統計的なデータを持って交渉したところ、彼らもその情報をしっかりと精査し、その後協力のためのチームを作ってくれました。３人のシニアレポーターを派遣してくれ、私たちからも4人のスタッフが参加し、この件についてインベスティゲイティブ・ジャーナリズム・チームがスタートしました。その結果、この案件の全体像、実像に迫ることができたのです。

**キャロル**　キムさん、あなたも協力体制は重要だとおっしゃっていますね。

**キム・ヨンジン（金鎔鎮）（韓国・ニュース打破（タパ））**　私たちも国際協力の経験がありますが、アジアのネットワークではまだ実現できていません。本日、私たちアジアのニュース組織のジャーナリストがなぜここに来ているかと言えば、アジアでジャーナリズムの協力体制を組みたいと希望しているからです。

数年前に、台湾の雑誌のエディターの方が、一緒にやらないかと、あるプロジェクトを提案してくれました。それは、産業廃棄物の海洋投棄に関する問題でした。非常に重要な話でしたが、決定には至りませんでした。また、今お話が出ていたインドネシアのテンポに協力していただいて、インドネシアでの問題に取り組んだこともあります。石油会社のシェルのペーパーカンパニーがインドネシアにタックスヘイブン（租税回避）の機会を見いだして、租税回避に利用しているのではないかという疑いです。テンポの編集者からも様々なヒントを頂いたのですが、フルに関わるプロジェクトにはなりませんでした。

ヨーロッパのジャーナリストたちとは様々に連携した経験があります。たとえば、ロシアのニュース組織です。その問題は、産業廃棄物を海洋投棄することについてでした。これはすばらしい話でしたが、私たちは決定ができませんでした。

OCCRP（組織犯罪と汚職に関する情報組織）も問題にしているところですが、ロシアのマネーロンダリンググループがブラックマネーを流しており、韓国のサムソングループがそれに関わっているということが判明しました。ニュース打破でもこの件を指摘しましたが、韓国当局はずっと沈黙を守っています。このようなコラボレーションの経験もありますので、今後、私たちにとってより良い方向性、協力のための新しいモデルが見えてくると思っています。

**キャロル**　ほかの方々で、パートナーを見つけるということについて意見のある方はいますか？　私自身の経験からいいますと、ちゃんと評価規準を合わせることができるかどうかの判断は難しいですよね。

**渡辺周（日本・ワセダクロニクル）**　パートナーを見つけ

るきっかけはいろいろとあります。たとえば本日のシンポジウムやセミナーもそのきっかけになるでしょう。しかし、探査報道を一緒に進めるとなると、相当な秘密を共有しないとなりませんから、信頼関係がないと進めていくことはできません。朝日新聞社時代も、僕は、「こいつは信用できないな」と思う人とは一緒には組まなかったですから。それを、さらに社外に出て、外国の、まったく文化の違う方たちと、一緒に組んでいくためにはどうしたら良いかというのは、非常に難しいことだと思います。僕は、根本的には人間同士の信頼関係だと思っているので、飲みに行くのが早いんじゃないかと思っています。僕は、キム・ヨンジンさんとはこれまで2回飲んでいます。1度目はサンフランシスコの探査報道大会の際に。そして2回目はまだ僕が朝日新聞記者時代に、「ニュース打破」の視察にいったときです。日本で探査報道を行うにはどうしたら良いかということで、相談も込みで視察に出かけたのです。実際には、昼間の取材はすぐに終わって、「じゃあ飲みに行こうか」という話になり、そのときにいろいろな話をしました。新聞社を辞めて探査報道をやろうと思っているが、とにかくお金がない、という話をすると、「金がなくてもとにかくやれ、結果はあとからついてくる」と励ましてもらいました。あれ以来、僕はキムさんにとても影響を受けているし、尊敬しています。とはいえ、いつでも飲みに行けばいいというわけにはいきませんので、ひとつ例をあげます。

先日、GIJNの創設者の一人であるマーク・リー・ハンターさんが来日し、ワセダクロニクルや日本の既成メディアの人たちも含めて探査報道のトレーニングセッションを行いました。その際に、非常に重要だと思ったのは、やはり、具体的なネタを元に話を進めないと、何も進まないということです。とはいえ、自分が追っているネタを簡単に披露するわけにもいかない。どうしたかというと、このセッションでお互いに話したことは、外では絶対に口外しないと参加者に誓約書を書いてもらったのです。その上で、小グループに分かれて、実は今、こういうネタを持っている、もしくはこういうネタで取材をしたがここでうまくいかなかったなどの、具体的なケースを出して話を進めていったのです。

このやり方の何が良いかというと、あるネタを取材する上での、その人のスタンスや方法などを聞くことで、この人のここは信頼できるな、ここはいいかげんだな、このくらいの情報だけで取材を進めようとするのだな、というようなことがよく見えてくるのですね。このような場をなるべく多く持って、具体的な話をしていく場所を作らないと、信頼関係を作っていくのは難しいし、逆にそういう場を持つことができれば、別に飲みにいかなくても共同でやっていこうという話になる。実際に、その日のセッションをきっかけに、このネタいいね、という話が出たものに関しては、後日連絡を取り合っている方もいます。その人たちがどういうスタンスでどんな取材姿勢をとるのかということを知るための、場所や機会を設けることは非常に大切ですね。

### ❖安全をどのように確保するか

**キャロル**　別の側面からの話もしましょう。一杯飲んでパートナーが見つかったとします。しかしインベスティゲイティブ・ジャーナリズムにおいては、危険なこと、安全ではないことも起こりますね。そのような安全上の問題に関しては、どのように対処なさいますか？　報道の過程においても、実際に記事が発表された後に、その記事が歓迎されなかった場合に、多くの批判や不満のレスポンスが押し寄せることもあります。そのような場合にはどのような対応をなさいますか？

**ジェンマ・バガカウア＝メンドーサ（フィリピン・ラプラ）**　もちろん、いくら重要な探査であっても、ジャーナリストが命をかけて進めなければいけない取材はない、ということがまず大前提です。危険を防ぐための注意は必要です。オンラインにおいても、いろいろ調査をしながら監視も続けて、ネット上でどのようなコミュニケーションが行われているかを見ます。ジャーナリストが緊急事態に備えることができるように、促していきます。もちろん、実際にどのような危険性があるのかを認識するのは難しいことですが。

**キャロル**　みなさんの中でパートナーと組んだことがある人は、どうやって、安全、保護されることを担保しましたか？　同じテクノロジーを使ってお互いに仕事を共有している上で、安全を担保するためのどんなガイダンスやアドバイスがありましたか？

**リー**　安全の問題に最初にお答えいたしましょう。テンポとコラボレーションをしたときのテーマは、いわゆる不正漁業についての問題、そして奴隷、人身売買についての問題でもありました。非常に危ない話でもありましたので、科学的な知識を持ったオブザーバーをつけました。最初のうちは特に問題を感じず取材をしていました。

しかし、オブザーバーとコンタクトを取ったところ「あなたたちは非常に危ないことをやっているのですよ」と指摘されました。これは非常に複雑な話であり、様々な人たちの利害関係にからむ話なので、非常に危険な一面がある、ということでした。それは、女性ジャーナリストに対して、ジェンダーの問題での忠告だったのかもしれませんが、女性ジャーナリストは、やるとなったらあまり細かいことを考えず、誰のシッポを踏むかということを考えずに取材を進めていくようなところがあります。

しかし、記事が掲載されると、やはり電話がかかってきました。「あなたたちは我々の利害を壊した」と。地元の、ブローカーのような人たちでした。彼らは漁民からたくさんのお金を取っている人たちでした。「あなたは、我々の生存を脅かし、業界を壊してしまった」とも言われました。脅しのような反応はよくあります。ですから私の同僚が、私たちの身の安全を守るためにいろんなものを買ってくれました。たとえばコショウの入ったスプレーです。使ったことはありませんが、私たちは今もそれを持っています。また、私の顔は割れていますので、港町にはそれ以来行っていません。「行くと危ない」と言われています。

安全の問題に関して気をつけていることは、チームにちゃんと「あなたはどういうところに行こうとしているか分かっていますね？」と情報を伝えるということです。どこで会合を持つか、関係者が誰かということをちゃんと認識することは大切です。また、みんなのスケジュールは記録し、きちんとフォローしています。保険もかけています。先ほどジェンダーの話をしましたが、たとえば漁業のことを取材するときも、船長は船に女性を乗せたがりません。ですから、取材時には男性のスタッフが必要なのです。このテーマを追いかけるにあたっては、そのような制約もあったということです。

**キャロル**　他に、現場で問題に直面した人、だれかいらっしゃいますか？「コショウのスプレー」は役立ちますよね。話を続けてください。

**リー**　台湾においては、安全についてはあまり問題がありません。台湾は非常に治安が良い社会だからです。しかし、インドネシアは汚職に満ちたところであり、危険なことも多くありましたが、私たちのインドネシアのパートナーたちは、どうしたら自分の身を守れるかということはよくわかっていました。つまり、地元の人とコラボレーションをするのは、私たちにとって良いチャンスになります。私たちが現地に出かけていって、深く掘り下げて取材をしたくても、現地社会のことはよく分かりません。しかし、現地のパートナーたちは、ちゃんと自分たちのディープスロート（内部告発者）を持っていますし、誰と連絡を取ったら良いか、どのように自分の身を守るかがわかっています。

私は様々な経験をしてきました。２０１０年、２０１２年には北京にいましたが、毎日大変怖い思いをしました。仕事の電話は盗聴されていましたし、家も盗聴されていました。台湾に帰ってきても、中国に関連するものを取材するときは、そのインタビューは中国当局に監視されているということはわかっていました。そのように監視されるのは、政府の状況次第ですが、どのようなトピックを扱っているかにもよります。

少し加えさせて頂きます。過去に実際に経験したことですが、安全を考慮しなければならないのは、地元の政治と大きく関係している取材をするときです。それは必ずしも国レベルの政治家と関係していません。ある現場に行く場合においては、私たちの連絡員と連絡を取り合います。警察に連絡することさえあります。地元の連絡員とは安全性を入念に確認します。安全やセキュリティについては、状況によって異なると言わなければなりません。そしてそれは必ずしも急迫した物理的な危険とは限りません。むしろ近年経験するのは、オンラインでの個人攻撃です。それは我々の仕事に影響を与えますし、スタッフにも心理的な影響を与えます。ソーシャルメディアのチームの人が、ＰＴＳＤを発症する例も起きています。それに関しては、カウンセリングをしてもらうなど、事態に対応できるようにしています。

**キャロル**　記事が出たあとの反響が大きかったということですね。会社のスタッフも影響を受けた、つまり、その会社に属していることで、みんなが批判されるということで、仕事に影響があったということですね。

**メンドーサ**　とりわけ私たちのリーダーの評判やレポーターなど、特定の事例や人を対象にした攻撃ということになりますと、精神的にも大きな影響があります。実際に攻撃を加えられたような報道もありましたし、ＹｏｕＴｕｂｅで動画をさらされるといった精神的な被害だけではなく、ある段階では、物理的な攻撃になることもあるのではないかと思います。

**キャロル**　ソーシャルメディアについてのオンラインデータをきちんと使いこなしているという例を先ほど見せていただきましたが、このようなオンライン攻撃がいつ始まったか、どのくらいのタイミングで、どのくらいの同じような文言が広がったか、その頻度はどうだったかというようなデータもありましたね。これらは、組織的にしかけられた攻撃のようにも見えます。それについてはいかがですか？　またそのような攻撃にはどう対処されますか？

**メンドーサ**　私たちのラプラはオンラインの事業を行っておりますので、記事を公表するときにはソーシャルメディアを使います。ソーシャルメディア以外に選択肢はないということでもあります。過去を振り返ってみると、たとえば、ある記事やコメントを出すと、「それは間違っているのではないか」と訂正を求めるようなコメントも寄せられます。しかし、たとえば選挙活動が行われているときなどは、みんなヒートアップしていますので、コメントが非常に攻撃的な、ひどいものになっていくということがあります。選挙が終わると少し落ち着くのですが。2016年以降はそれが顕著で、非常に攻撃が激化する傾向があります。特に、2015年8月ごろ、非常に人気のある、500万人のフォロワーがいる女性ブロガーに対して、攻撃が加えられました。非常に攻撃的なもので、特定の言葉が繰り返し使われていました。そのような例をはじめとして、他の攻撃に関しても、私たちは非常にしっかりとモニタリングをしています。たとえば政府に対して批判する言論に対しては、政府が何を批判されているのかを認識しないまま、私たちに対する攻撃を激化させるということもよくあります。

**キャロル**　ほかに経験談はありますか？

**渡辺**　ワセダクロニクルはまだたいした攻撃は受けていませんが、朝日新聞時代にはとても多かったですね。しかしひとつ重要なことは、ネット上の個人攻撃も含めて、あまりにネットの言論空間に敏感になりすぎると、実社会との感覚から外れていってしまうということです。もちろんマーケティングのために、この記事はどのような層に見られているのか、どのような意見が来ているのかと、ＳＮＳなどをチェックする必要はありますが、そこでひどい言葉が投げかけられていたりするのを見ると、そのネガティヴな空気が私たちの報道に対して蔓延しているかのような錯覚に陥ってしまうのです。たとえばコメント欄に5件「死ね」というような言葉が書かれていたら、相当傷つきますよね。しかし、日本には1億2000万人の人がいるのですから、そんなこと言うやつもいます。ですから、ネットの反応に関しては、実社会との距離感、遠近感がおかしくならないように気をつけなければいけない。

逆に実社会で、自分たちの記事がどう思われているか、活動がどう思われているかというのを見て、それとネット空間の反応にズレがあるなと思ったら、それはもしかすると、誰かが組織的に攻撃をしかけている可能性もあるわけです。それは、まさに私たちがやっている探査ジャーナリズムのテーマでもあります。同じ文言があちこちで拡散されているなど、特に選挙の時期になるとそのようなものが増えてきます。だいたいパターンが決まっているのです。僕らのスタッフにはデータエンジニアもいますので、そのような動きを含めて分析しています。実社会と、ネット空間と両方をちゃんと見ながら何かを判断したり感じていないと、どんどんネット空間に自分たちが引きずり込まれてしまって、おかしな方向に入ってしまうと思います。

**キム** 数年前のことでしたが、野党の政治家の調査をして、批判的な記事を出したことがあります。その際に、その政治家の支持者たちが非常に厳しい攻撃をかけてきました。私たちは、その政治家が行っていることは問題ではないかと指摘したのですが、支持者の人たちは耳を貸しませんでした。私たちの記事は間違ったことを指摘してはいませんでしたし、正当性もありました。しかし、その政治家のフォローをしていた人たちは他にも多くいましたので、抗議を受けたことで、私たちの支援会員は減りました。しかし、きちんと記事を評価してくれる人もいました。この経験から言えることは、何か攻撃されるようなことがあったとしても、自分に正当性があると思えれば、ぶれることはない、ということです。そして、どんなことがあったとしても、自分が報道したいことからぶれないほうが良いということを学びました。同じような例は、最近の大統領選に関する報道についてもありました。そのときも私たちは2000人くらいの支援会員を失いました。でも別に気にしません。

また、韓国のジャーナリストに対して物理的な脅しがあったということはありませんが、訴訟を起こされることは多くあります。ですから、記事を書くときには訴訟の口実を与えないように細心の注意をします。しかし、訴訟を起こされたとしても、結局、訴えたほうが敗訴することがほとんどです。私自身も、国家情報院に訴えられたことがあります。非常に重い刑罰を伴う訴訟だったのですが、まず、民事で私たちが勝ちました。そして刑事裁判についても、検察は私たちの意見を採用し、国家情報院は控訴することを断念しました。

また、ハッキングや盗聴などは、私たちの編集局でも起こっております。大統領選の報道に関する重要なミーティングは、編集局の外でミーティングしたりしていました。2013年には編集局の外部に、安全な場所を2ヶ月間借りたことがあります。以上が、セキュリティに関して、私たちが直面している問題です。

**キャロル** 今の発言をうかがって追加の質問を思いつきました。記事が正確であることは、インベスティゲイティブ・ジャーナリズムの質のためには非常に重要なことです。そのためにみなさん方が規定している社内の基準があると思います。その正確性の基準を、仕事を一緒に組むパートナーに対してどのように担保してもらうかをどう確認していますか？ パートナーが正確な仕事をしてくれないと、みなさんの名誉も傷つくわけですからね。

**キム** プロジェクトの目的がはっきりしていて、協力していこうということをちゃんとパートナーが同意しています。たとえば、タックスヘイブンのプロジェクトをやった際には、自分が抜け駆けでスクープしないということを約束しました。租税回避行為がどういうふうに経済全体に影響を与えるかという観点に立ち、政治的なリーダーは、その観点を持つ必要があるということ、それを明らかにすることがプロジェクトの目的なのだということを確認しました。それがお互いのパートナーとしての信頼性の確認となると思います。ですから、お互い協力しながら、共通の目的ということで意見を一致させなければなりません。それは非常に難しいことですね。

**リー** 私たちがインドネシアのテンポと協力した際、彼らは英語誌にも記事を出していますが、通常ほとんどの場合はインドネシア語で記事を書きます。私たちのウェブサイトは北京語ですから、記事を全部英語に訳す必要がありました。そのための翻訳スタッフを置いていました。また、漁業に関する古い写真を探さなければなりませんでしたし、図も作らなければなりませんでした。また、外務省や漁業庁、司法省なども関わっていかねばなりませんでした。ですから、システムをちゃんと作って、二つの国の間で、どこに違いがあるのかということを確かめながらプロジェクトを進めていきました。

たとえば、私の国のシステムはこうなっているが、あなたの国ではどうですか？ ということを一つひとつ検証していきました。そのコミュニケーションを通じて、親交を深めていきました。テンポのチームの人たちが、「なぜ私たちを信頼してくれたのですか？」と私たちに問うたとき、私は「たった20分話しただけで、私たちの話に関心を持ってくれたからですよ。信頼できるような顔だったから、信頼したのよ」と話しました。

私たちは、お互いのジャーナリスト同士がおしゃべりできるような場所を設けて、どんな情報でもシェアしました。

もちろん、そうやってコミュニケーションが取れるようになるまでには時間はかかります。本当に努力しましたし、とにかく、自分の誠意と熱意を伝えることを努力しました。勤勉さを見せるということです。フェイスブックやEメールを使って、トップマネージャー同士が、綿密に打ち合わせながら、意思決定のプロセスを確認しました。何時に記事を発表するのか、どんな反応が政府から返ってきたかなど、情報は全て共有しました。また、どんな営業戦略を始めていくかも共有しました。パートナー側の社会で、どんな要素で記事がプロモーションされていくのかということもわかるようになります。

　これも、信頼を持ち続けるためのひとつの仕組みでした。お互いに、同じスタンダードと倫理で進めるということです。そう簡単なことではありません。私たちは2015年に立ち上がったばかりの若い小規模なグループですが、彼らは30年以上の歴史を持つ会社です。彼らが私たちをパートナーとして信頼してくれたことはとても不思議ですが、しかし、私たちはGIJNという共通の土俵に立っています。それはとても影響力のあるネットワークです。もし影響力のあるレポーターたちの助言や示唆があるなら、互いをよく知ることができるようになります。また、信頼関係を維持していかなければなりません。そのために同じ目線に立っているということを日々確認することです。

**キャロル**　ずいぶん大変な作業ですね。リーさんは非常に詳細に情報を共有をするとおっしゃいましたよね。お互いに情報共有して、それを使って実際にリリースされた記事にはどのような変化がありましたか?

**リー**　私の取材パートナーは10歳年上で、私よりも経験がある方でした。私たちが遠洋漁業の話をするときは、どういうストーリーの筋の立て方をしようかと相談したところ、「シェリー、私を信頼してほしい。これは人身売買の問題だ」と言ったのです。私たちは、国際労働機関（ILO）が「人身売買」をどのように定義しているのかに立ち戻ったのです。確かにこれは遠洋漁業の話ではなく、人身売買のケースなのだということを確認しました。そのように、お互い話をすることによってどんどんアイディアが刺激されるのです。

　このプロジェクトでは、ニュースドキュメンタリーを制作した際には、私たちは報道のトーンを変えました。私にはニュース・ドキュメンタリーを制作した経験がありましたから、このテーマを異なった複数の媒体を使ってプレゼンしようと考え始めました。一分間の予告映像のようなものや、インフォグラフィクスや、数分のミニドキュメンタリーなどを制作しました。もちろん記事も書きます。3万5000字の記事を書きました。様々な媒体に応じたフォームを作って、それをパートナーに使ってもらうようにしました。ミニドキュメンタリーはインドネシア語で制作しました。彼らは何もしなくてもよく、私たちが作った素材をそのまま使えばよかったのです。どうですか？　私たちは良いパートナーでしょう？　これらは非常に面白いインパクトをもたらすことができたと思います。たくさんの異なった媒体に向けた素材があると、コラボレーションがテレビともできますし、日刊紙などでも私たちの素材が使われたことがありました。テレビもラジオも私の記事をとりあげました。私たちはそれらの素材の権利を保有しておりますので、それを使ってもらうことに問題はありませんでした。このように展開していくためには準備をすることが非常に大事です。ある問題を伝えるためには、活字用にもオンライン用にも準備をするということです。私たちはオンラインメディアですから、支援者や読者を獲得するということが大事です。それがあるからこそ、実社会にもインパクトを与えることができるのです。特に、政治家というものは、オンラインの記事など全然読みませんし、影響力もないと思っています。ですから、いかにテレビで放映してもらい、日刊紙でスペースをとってもらえるかというのは非常に重要ですね。

**キャロル**　インパクトを拡大するアイディアをリーさんが語ってくれましたが、ずいぶん大変な作業ですね。

## ❖オンラインメディアでいかに展開していくか

**メンドーサ**　私たちはオンラインでメディアを展開していますが、オンラインの世界と新聞やテレビといった旧来のメディアで発信される世界は違うということはよく分かっています。私たちは多くの市民ジャーナリストたちと一緒に仕事をしていますが、その世界の違いを彼らに認識してもらうための訓練もしています。一方で、私たちの持っている価値についても教え、合意できたら署名します。倫理ガイドラインについて合意をするという確認も行っています。

一つには、こうした訓練によって、彼らは大事なことを考えるようになります。それは、どんなネタに迫っているのか、どんなストーリーを持った記事になるのか、自分たちのコミュニティに根をおろしたストーリーとはどんなものなのか、ということです。私たちは彼らのコミュニティに取材するとっかかりを持っていません。私たちが発信する記事の大部分は、自分たちのコミュニティに足場を置いたものです。もちろん、彼らがつかんだネタを確認するための訓練を私たちは惜しみなく提供はしますが。

もう一つは、記事の影響力に関してです。まず、実際にどれだけの人に読んでもらえる記事を提供することができるのかということだと思います。私たちの読者はオンラインで5000万人です。みな、フェイスブックを使っているような状況です。したがって、私たちが用意する記事は、様々なメディアで派生的に広がっていくような要素を組み込んでいます。たとえばツイッター、フェイスブック、インスタグラムなど、様々なメディアからアクセスができるようにするということです。インフォグラフィックスのような要素を活用することも重要です。それによって、実際に私たちの記事を多くの人に読んでもらえるよう導くことができ、影響力を与えることができるからです。

**渡辺**　情報の拡大ということについては、ワセダクロニクルを始めるにあたり、相当考えました。私たちはまったくのルーキーのオンラインメディアです。日本の場合、政治家や影響力のある人たちは、台湾以上に、ネットメディアを相手にしていません。みな、記者クラブに属するような既成の大手新聞やテレビの論調を、どうコントロールするかということを彼らは考えています。そのような状況の中で、ワセダクロニクルがどういうインパクトを与えるか、ということで考えれば、やはり大手メディアとの提携が重要だと思いました。ですから、ワセダクロニクルが始動する前から、既成のメディアや新聞と連携するための模索をしていました。私たちがネット配信をするのと同時に、新聞やテレビでも発信してもらいたいと思っていたからです。しかし、残念ながら、今回の第1弾「買われた記事」のテーマは、今の日本のメディアの中では非常にタブー感が強かった。世界的な広告代理店の電通が関わる問題は、メディアにとっては全部自分たちに跳ね返ってくることだからです。

私たちも悩みました。第1弾の記事は、もっと他のメディアが提携しやすいようなテーマにしたほうが良いのではないか。最初はスロースタートで、他のメディアが取り上げやすいようなテーマにしたほうが良いのではないか、と。しかし、もう一方では、やはりインパクトの重視、タブーに挑戦しないとインパクトはないのではないかという意見もあった。僕もこの意見でした。タブーに挑戦すると周囲は付いてこられないのでジレンマはありますが、しかし、私たちの原点である探査報道を最初に立ち上げるにあたっての最初のメッセージとしては「我々にタブーはない」ということを訴えたかった。

そして、結局このやり方を選んだのですが、予想通り、大手の既成メディアはまったく追いかけなかったですね。一部、NHKで少しやってくれましたが、全体としては皆無に等しい。

つまり、その国のメディア状況にもよると思いますが、他メディアとの連携というのは、妥協をするということでもあるのです。一方でタブーにも挑戦しなくてはいけない。このバランスを見ながらやっていかなければならないということなのです。

だからこそ、やはり今回の機会のように、外国の探査報道の独立した組織と提携してやっていくことはとても重要だと考えます。

製薬会社がどのようなマーケティング戦略で、世界中に自分たちの薬を売っているのかという視点でいけば、海外でも十分に通用する記事だと思います。ですから、記事のインパクトを与えるためには、今回の状況は僕らはチャンスだと思っています。

単に大手の既成メディアと提携すればいいというものではなく、自分たちがタブーに挑戦するというスタンスは捨てないまま、それにしっかりと共感してついてきてくれる独立したメディアと提携したい。そこを間違えてしまうと、どんどんカドが取れてしまうだけです。そんなんだったら、朝日新聞に残ってやっていたほうが良かったじゃないかという話になってしまいますから、そこは気をつけたいと思っています。

**キム**　リアルタイムでどれだけの人が見ているかということは、私たちもモニターしています。グーグルのナラティヴのシステムを使っており、私たちの編集局の中でも、それは中心的なものになっています。そのモニターでは、どれくらいの人がドネーションページ（寄付申込ページ）にヒットしたか、その日どのくらいの新規支援会員が増えたかなどがわかります。個別の記事はそれぞれドネーションページにつながるようになっていますし、どんなニュースが寄付につながるのかということもわかるようになっています。また、注目しているのは、WEBを訪れるビジターだけではなく、YouTubeチャンネルに関してもどのくらいの訪問者がいるのかを確認しています。フェイスブックやインスタグラムでも、どのようなコメントがあるかをチェックしていますし、フィードバックも参考にして、良いアイディアであればそれを取り入れたりもします。ニュースリリースも頻繁に出し、大きな記事に関しては、記者会見も行います。そうすることで、他のパブリケーションにも引用してもらえるし、記事の影響もそれだけ大きくなります。

タックスヘイブンのプロジェクトに関しては、5回以上記者会見をやりました。場合によっては、100人くらいの記者が記者会見に来てくれますが、ほとんどのメジャーニュースがトップの面で書いてくれたこともありましたし、何百社ものメディアが引用してくれました。ほかの媒体でどのくらい私たちの記事が引用されるかということは、インディケーターとしてよくわかります。私たちの記事がどれだけのインパクトを持つかということがわかるのです。

## ❖伝統的なメディアと提携するか

**キャロル**　すばらしいアイディアですね。みなさんはそれぞれ、とても若い組織ですが、ジャーナリスティックな反乱を起こしていますね。大手のメディア会社は苦労しているのではないでしょうか。

伝統的なメディア会社とパートナーを組むというのはみなさんにとっては難しいことですか？　やはりパートナーを組む場合にはどちらかというと、生い立ちが似ているようなところと組んだほうがやりやすいとお考えですか？

**メンドーサ**　私たちは常にパートナーを求めています。必要なだけ協力プロジェクトがあるわけではないですし、フィリピン以外のニュース組織についても協力している組織があるわけではありません。同時に国内の各地域における組織と協力していくということについては、必ずしも情報共有をするというわけではありません。でもデータ分析を一緒に行うなどの協力は、ソーシャルメディア上ではやっていかねばなりません。しかし、今後、記事をいかに作っていくかということに関していえば、様々なプロパガンダによる、ソーシャルメディアに対する攻撃が行われていますし、ソーシャルメディアを使った宣伝もいろいろ行われていますので、それらに対してファクトチェックを行っていかなければならないと考えています。少なくとも、どんなことがどんな分野に起きているかをしっかり書いていかなければならない。地域では、特にメディア業界は競争が激しいので、そのような状況の中で、地域のメディアとしっかり協力していくためには、いろいろ考えなければならないことが多くあります。

**リー**　外国のメディアが台湾に来ると、パートナーを欲しいと思いますよね。しかし、1年半前まではパートナーを見つけることはおそらくできなかったでしょう。私は以前、17年間、主流メディアにいました。非営利のニュース組織を立ち上げるために報導者に移ってからは給与は半分になりましたよ。しかし、賞を取ると、みんなが認めてくれます。

私たちは今年5月に、蔡英文総統の労働政策について検証をしましたが、3人の記者とエンジニアで、政策を3ヶ月にわたって分析しました。私たちはトラッキングを行い、全ての労働政策を六つに分類し、それをさらに「約束は守られた／破られた」というように八つの分類にわけました。オンラインで、相当な数の人たちが、私たちのリンクをシェアをしてくれました。すると、私たちが記事を出したその朝に、蔡総統がシェアをしてくれたんです。自分の政策が検討の対象になっているのにも関わらず、シェアしてくれた。そこで私たちのレポーターも、彼女のコメントをシェアし、それによって多くの市民が、このプロジェクトをフォローして参加してくれるという事例がありました。これによって、記事の影響力を広げるのはお金の問題だけではないということがわかります。正しいことをやれば、真剣なジャーナリズムをやれば、お金もついてくるしブランドもついてくるということです。

違法漁業における奴隷的な労働の記事のときもそうでしたが、130万元の寄付が1週間内に集まりました。多額ではありませんが、非常に早い反応でした。私たちの試みに対する市民社会の認知度もあがりました。出版社賞ももらうことができました。それが200万元の寄付につながりました。良きジャーナリズム、真剣なジャーナリズムが台湾で起こっているな、ということが伝わったのだと思います。

**渡辺**　伝統メディアと提携するかという問題について、僕は、どんどん提携すればよいと思っています。日本では、なんとなく既成メディアや伝統メディアに対する不満が鬱積していて、僕らのような新しいメディアが出てきたときに、新興メディアvs伝統メディアというような構図にどうしてもなってしまうのですが、それはまったく意味のないことだと思います。どんどん提携するべきだし、僕らとしては、今回記事で批判した共同通信社とだって、あちらさえ良ければ提携してもいいと思っています。怒っているかもしれませんが（笑）。メディア同士の争いみたいなものにしたくはないのです。

今回の記事も、相当共同通信社のことは書いていますが、別に共同通信社を叩くのが目的ではなく、むしろ電通や製薬会社のほうを相手にしたつもりです。ですから、共同通信社や、その記事を配信した地方紙各社に関しては、早々に「いやー、申し訳なかった。今後は改めます」というように、私たちの記事をきっかけに、自らの膿を出すような検証をしてくれると思っていたのですが、そうはなりませんでした。むしろ、共同通信社が私たちに抗議してくるというような流れになった。そういうことであれば、こちらも対応していくしかないですね。しかし、そうやってケンカをしていては、一番そういう状況を喜んでいるのは政治家であり、大企業なのですから。彼らは私たちがやりあってるのを見て、しめしめと思っているでしょう。だからこそ、そこは自覚的に気をつけなければならないし、対立ではなく、提携していかなければならないと思います。

たとえば朝日新聞社とワセダクロニクルの提携は難しいとしても、朝日新聞の一部有志記者が今回はワセダクロニクルと組んで仕事します、というような、そのような形もあって良いと思うのですよ。会社に何と言われるかわかりませんけれど。そのようなことはもっとやらなくちゃいけないし、私たちがワセダクロニクルを始めてまだ半年もたっていないのですが、この間、実際に内々にアクセスしてくる昔の友人や既成メディアの友人たちが多くいます。彼らは彼らで問題意識があって、何かしたいと思ってギリギリのところで頑張っている。ワセダクロニクルに来ても給料は出ないいし、行ったら野垂れ死んでしまうと思って踏みとどまっているだけです。ですから、ワセダクロニクル編集長としてまずやりたいのは、財政的な基盤をしっかりして、そういう記者たち、飛び出してきた記者たちをちゃんと受け容れられる状況を作りたいということです。

現在やっているのはクラウドファンディングです。特集記事への支援として500万円を超えました。また、今後は寄付会員、毎月定額1000円の寄付サポーターをなんとか増やして、3年後には1万人に持っていきたいのです。そうすれば、ニュース組織をまわしていくことができます。私たちは印刷工場を持っているわけではないし、コストも多くはかかりませんので。今日も寄付用紙を用意してありますので、どうぞよろしくお願いします。

**メンドーサ**　協力は必要から生まれてきます。たとえばフィリピンにおいては、ドラッグ（麻薬戦争）にまつわる問題から協力が生まれました。この問題は非常に大きな政治的・社会的問題になっているのですが、亡くなってしまった人に関して事実を集めるのが非常に難しいという現状があります。私たちは殺された人たちについてのリストを実際に作って、状況を確認しています。なぜなら、警察はその事実を発表していないからです。彼らは、メディアが勝手な数字を発表していると、私たちを攻撃することもあります。実際に、麻薬問題でどのくらいの人々が死んでいるかが公式には発表されないという状況がありますが、メディア同士で自分たちが入手した情報をシェアするということもありません。競争関係にありますので。しかし、本当ならば、メディア同士で自分たちの得た情報を交換し、実際のデータを確認していくことが必要だと思います。みなで自分たちが確保しているリストを、比較して、事実に基づいているものなのかどうかを話合っていく必要があります。そして、それは始まったところですし、それは誰にとっても歓迎されるべきことです。すぐにでもやっていかなければならないことだと思います。

### ❖読者との関係

**キャロル** 今、お一人おひとりが非常に具体的なことをおっしゃいましたね。たとえば、さきほどキムさんが、記事によって読者が失われたことがあるとおっしゃっていました。政治家がらみのニュースではよくそういうことが起こりますが、たとえば記事のおかげで逆に読者が増えたということはありますか? 私たちCPJの人間は、伝統的な既存メディアでキャリアを積んできたので、みなさんのように、読者と直接的に関わっていけるということは非常にうらやましいことです。読者との関わりが意思決定にどうフィードバックされますか?

**キム** まず大事なのは、権力に対して、どういうスタンスをとるかということです。オンラインで1年に2回、寄付をしてくれる人たちに向けて、彼らが私たちに対して何を期待しているのかということをモニタリングします。このような試みを始めてから4年たっています。まず第一の期待として支援会員から上がってくるのは、権力を持つ人たちに対してアカウンタビリティ(履行責任)を取らせるということです。次に、なぜ私たちに対して寄付をしてくれるのかということを問います。これも答えはほぼ同じで、寄付をすることで、権力の座にある者たちに対してアカウンタビリティを求めることができるということです。次に、私たちの配信する記事の中でベストな記事はどれでしたかと尋ねます。記事10本のリストを出して、その中から選んでもらうということをやりました。どのような記事だったら寄付につながるのかを調査しました。

支援会員の数が急増するのは、私たちが何かを曝露したときです。私たちのインベスティゲイティブ・ジャーナリズムの成果が出たときに、読者は増えるのです。ですから、インベスティゲイティブ・ジャーナリズムこそが、私たちの活動を続けるためのベスト・エンジンだと思っています。

**メンドーサ**　私たちの場合は、新しいストーリーを用意をしていく必要があります。読者からはいろいろな反応があり、読者との議論を通じて、そのフォローアップが新しい記事に繋がっていきます。たとえばひとつのインベスティゲイティブ・ジャーナリズムのやり方としてこんな例があります。現在、私たちは様々な記事を出していますが、一つ、フィリピンのキリスト教のある宗派に関するスキャンダルを記事にしたことがありました。その際に、私たちにも攻撃がありました。記事は事実を述べたものでしたので、その事実に基づいて、様々なフォローアップの記事を続けて出していきました。結果的にそれによって、読者からの信頼を勝ち取ることができました。また、もう一点、これもフォロワーとの議論の中で確認できたことなのですが、フォロワーは一様に、インベスティゲイティブ・ジャーナリズムは大きな影響力を与えるものであると期待して支援している、そのような発言を頂いています。私たちはまだ、寄付制度を作ってはいないのですが、基本的にしっかりとしたビジネスモデルを用意して、それを活用して様々なイベントを企画するということをやっています。過去には寄付を募ろうとしたこともありました。読者は広告から資金を得ることに関しては懸念を持っています。実際に私たちが広告主を攻撃しなければならないときにはどうするのかという問題があったのです。私たちが忠実な役割を果たさなければならないコミュニティの人たちに対して、どのような成果を提供できるのかを考えていかなければなりません。

**リー**　コラボレーションはキーワードですね。ここでもうひとつ、新しいキーワードを導入したいと思います。読者の70％は「ミレニアル世代」（2000年代に成人あるいは社会人になる世代。インターネットの普及した環境で育った最初の世代）です。彼らは皆、今の既成メディアに腹を立てています。ゴミみたいな記事しか出してないではないか、もっと意味のある記事を出してくれと彼らは思っています。

彼らが何を大事に思っているかというと、正義の問題であり、人間の条件であり、環境の問題です。森林枯渇や都市再開発、ＬＧＢＴの権利、台湾においては約60万人くらいの外国人労働者がいますが、外国人労働者についても取り上げました。

彼らは世の中を変えたいのです。そして不正義の世界がより良くなることを望んでいるのです。

私たちのプロジェクトは逆風の中でスタートしました。みなさんに3年はもたないといわれました。実際まだ2年しか経っていませんが、それでも私たちは生き残ることができると思っています。

私たちの記事は長くて、3000語くらいで書かれています。場合によっては7000語とか1万語になることもあります。読者はこんなに長い記事を読んでくれるのでしょうか？　読んでくれるのです。読者は覗き屋でもないし、センセーショナルな記事を読みたい人でもない。読者は意味のあるものを読みたがっているのです。

また、もう一つ言いたいのは、読者の60％が女性であるということです。女性は正義の問題に非常に思いが熱いのです。私たち記者に大事なのは、誠意を持つということです。良いことをやり、良いことを書くということです。読者は頭が良く、私たちがちゃんと一生懸命書いているか、まじめに書いているかどうかを判断します。

二つ目に重要なのは、私たちはシリアスなジャーナリズム、良きジャーナリズムをやっていますが、しかし同時に記事は魅力的でなければなりません。読者と、かつて双方向なニュースゲームをやったことがあります。それは、「救急治療室ゲーム」というものです。インタラクティブなゲームで、読者は医師として救急治療室（ER）に入り、その役割をそのゲームの中で果たします。実はERに関しては、台湾では非常に問題を抱えています。極端な例で言えば、母親が救急車を呼んで、子どものニキビを治療させるような、そんな状況があります。「ミレニアル世代」には公的な問題に興味を持たない人も多くいますが、このようなニュースゲームを経験することによって、彼らも、ヘルスケアシステムはちゃんとやらないとダメだな、と思ってくれるようになるのです。

ですから、誠意をもって魅力的なニュースを提供するということが大事です。それと同時に、読者のことを私たちは理解する必要があります。

私たちは、2ヶ月に一度、パブリックフォーラムを企画し、読者とフェイストゥフェイスで話合いをします。コーヒーショップのような場所で、参加費も無料。フェイストゥフェイスでインタラクションを行っています。

**渡辺**　僕もだいたいみなさんと同じ意見です。探査報道はジャーナリストのためだけのものではない。みんなのためのものです。ワセダクロニクルも、寄付して頂いた方たちとイベントを開いています。単なる講演だけではなくて、普段私たちがワセダクロニクルでやっている編集会議をやったのです。僕らはブレインストーミングといっているんですけど、こんなテーマならどうか、どうやって取材するのか、どんなふに発信するのかというのをホワイトボードにかいて意見を会場から募りながら、双方向でやっていく。ああ、こういうテーマに関心があるんだというのがありありと伝わってきます。単なる数字じゃなくてそういうテーマに対する、深い思いがびんびん伝わってくる。そうやって読者を取り込んでいく。

探査報道に関しては、まだまだジャーナリズムの中の一分野で、プロがやるような仕事という意識を持っている人が多いと思うのですね。もちろん、僕らもプロとしてのプライドをもたないといけないけれど、情報を覆ってはダメだし、みんなに開かれたものであるべきだと思います。ワセダクロニクルの取材メンバーは多様で、ジャーナリストが中心になってやっていますが、医者もいるし、外国の政府機関で働いていた人もいるし、データエンジニアもいる。デザイナーもいる。今日の総合司会も、銀座のゲイバーのママだったり、非常に多様なんです。彼らが探査報道できないかというとそうではない。すごくセンスがいい。倫理とノウハウをちゃんと共有できれば、ジャーナリズム精神というのは皆が持っていますし、それぞれの深い専門知識を持っている人たちでもありますので、そういうメンバーを組み入れながら、探査報道を前に進めていきます。寄付者の人たちも単なる読者じゃなくてプレーヤーなんです。プレーヤーとしてどうやって引き込んでいくかということが大事です。

ですから、私たちは、まず対話型のイベントを繰り返すことです。あとはクラウドファンディングが重要です。「クラファン・ジャーナリズム」と私たちは呼んでいますが、要するに、テーマごとにクラウド・ファンディングを立ち上げるということです。

今回の最初のクラウドファンディングも、ワセダクロニクルの発足資金、設立資金をくださいと集めたわけではなく、第1弾の「買われた記事」の続報をやるために、寄付を募ったのです。本当は、取材が始まった時点でやりたかったのですが、それをやると何をやっているかがばれてしまいますから、第1報を出したあとに、シリーズはまだ続くので、その資金をご提供いただけないでしょうか、とやったんですね。なので今後もテーマが変わるたびに、クラウドファンディングで取材費を賄っていく。それとは別に、毎月の寄付会員からは、恒常的に出ていく経費や人件費を賄っていきたいと思っています。

　クラウドファンディングの非常に良いところは、寄付と一緒に寄せられるメッセージが良いということです。皆が、本当に真剣にこのテーマに関してのメッセージを寄せてくれているので、とても参考になるし、応援にもなります。「買われた記事」では500万円集まりましたが、クラウドファンディングをそれぞれのテーマで活用していけば、反応はどうだったのか、みんなが何を求めているのかが手づかみでわかるのではないかと思います。

**キャロル**　あと数分しかのこってないですが、今日の討論で私は非常にインスピレーションを受けました。みなさん方、本当に新しい発想を持っていらっしゃいますね。探査報道を始めようとしている人に対して、アドバイスしようとするなら、もっとも重要なアドバイスとは？

**渡辺**　とにかくひと言でいえば「腹をくくること」ですね。それ以外はないと思いますね。「いろいろ自分の会社はこうだ、ああだ」「今は給料がない」などと言い出したらきりがないけれど、一人腹をくくればどんなに大きな組織であっても、逃げ回るサラリーマンたちには勝つことができる。ひとりひとりが腹をくくる、これだけです。

**リー**　重要なことは「しなやかさ」ですね。インベスティゲイティブ・ジャーナリズムを進めると、ときどき、いろんな「えっ」と思うようなことがたくさんあります。いいときもあるし悪いときもある。しなやかにやらなければいけない。それと、チームで取材するということです。レポーターなので、ガツガツした人も多いけれども。しかし、インベスティゲイティブ・ジャーナリズムでは、特に複雑な世界を相手にする際は、チームで取り組むことが必要です。それから、若い世代と一緒に仕事をすることです。「ミレニアル世代」は本当にいろんな可能性を持った人たちです。この人たちはどうやったら目をひくかということを知っています。様々な媒体を使うということにも慣れています。ストーリーを語るにはどの媒体を使ったらよいかということもわかっている。彼らに権限を与えましょう、そして彼らと一緒に仕事をしましょう。しなやかであること、チームで仕事をすること、そして「ミレニアル世代」に裁量を与え、それに委ねること。この三つです。

**キム**　2、3分頂けましたら、ちょっとコラボレーションについて言いたいことが残っているんですけれども。時間オーバーすると叱られるかもしれませんが（笑）。いくつかの異なった種類の協力モデルを考えることができると思います。自分の国の報道をほかの各国が協力して作るということ、そういうやり方で探査をした結果いろいろな図式が見えてきます。

そのコラボレーションの結果を、共有するということになります。なんと言いましても勇気をもって、情報を排他的にしない、自分のところだけにしておくということをしないということです。プロジェクトをスタートするときには共通の問題で合意をすることが大事です。インベスティゲイティブ・ジャーナリズムをする人たちが、自分の国のなかで活動して、それを共有するということはあるでしょう。しかし、リーさんも言われていましたが、移住労働者の問題がありますね、そうなると国際的なルールが関わってきたりしますし、それは国境を越えて取材していかなければなりません。そういう新しい戦術もとらなければなりません。私たちはそれをさらに一歩進めて、もっと先にいきたいと思っています。それについてはまたあとで話をしましょう。いずれにしてもコラボレーションするためのモデルを構築することが必要です。

**キャロル**　それではまとめをいたしましょう。非常に触発されるセッションでした。4人のジャーナリストの方々から、それぞれのニュース組織でどういうことをやってきたかというお話をうかがいました。一つ結論というのは、クリエイティブであって決意を持っているなら、若い才能を活用して、ちゃんと遊び心を持ってやること。グローバルに考えながら、一方で自分たちのコミュニティを大切にすること。情報をシェアするということ。そしてスクープだと思ったら、それを独占するのではなくて、読者のためにそのことは一度脇において、コラボレーションをするということ。私たちが大切だと思っているインベスティゲイティブ・ジャーナリズムの価値を大事にするということです。そして正確にやらなければいけない、そうすると、すばらしいニュース組織になると思います。渡辺さんがおっしゃるように、バーで2、3杯飲むことからはじまるかもしれませんね。

みなさん、感謝の気持ちを拍手で表明してください。

## 2 国内の「マスコミ」より海外の同志――討論後、いま思うこと

渡辺周

国際シンポジウムの第2セッションでは、韓国「ニュース打破（タパ）」のキム・ヨンジンさん、台湾「報導者」のシェリー・リーさん、フィリピン「Rappler」のゲマ・バガヤウア・メンドーサさん、ワセダクロニクルの私が登壇した。司会を務めたAP通信のキャサリン・キャロルさんは、私たちにこんな質問を投げかけた。

「探査ジャーナリズムを続けていくには、横の連携や協力が非常に重要です。しかし、実際にパートナーを見つけるのは非常に難しいことです。どうしたら良いパートナーを見つけられるのでしょうか。どうやって信頼感を打ち立てて一緒に仕事をすることができるのでしょうか。」

私の回答は「実際の『ネタ』を共有しながら取材を進めていくことが大切。相手の取材方法やスタンスを知ることで信頼関係を築ける」というものだった。

ただ、その「パートナー」が誰なのかは確信できないでいた。

しかし、今は確信している。パートナーは、アジアをはじめ海外の探査ジャーナリズム組織だ。日本国内の「マスコミ」ではない。

## 1. 作品が距離を縮める

シンポジウムが始まる前の控え室で、私は登壇者たちに「買われた記事」のダイジェスト動画をみせた。タイトルは「Jouralism For Sale」とし、英語の字幕をつけていた。製薬会社の資金を原資に、報酬が伴う薬の記事を共同通信が配信し、全国の地方紙が掲載する。製薬会社と共同通信との間は、巨大広告代理店の電通が仲介するという内容だ。

全員、見入った。「すばらしい」と称賛してくれた。ワセダクロニクルの来歴や構成メンバーを紹介するより、作品で私たちを理解してもらうことが一番だと実感した。

同じ動画は、2017年11月に南アフリカで開かれたGIJN（Global Investigative Journalism Network）の世界大会でも流した。私は「聞いたこともないような話」というセッションで発表する機会を与えられ、「買われた記事」を取り上げた。

会場からは動画が終わった途端に、拍手が起こった。セッションが終わった後は、何人かのジャーナリストが私に話しかけてきた。インドのジャーナリストとは、世界中で活動する電通についての情報を共有した。

「作品に国境はない」と改めて実感した。

だが、日本では「買われた記事」を取り上げる新聞やテレビはない。

ＮＨＫと毎日新聞は、「買われた記事」の初報の直後に報道した。だが、ＮＨＫも毎日新聞も、報酬を伴う記事を配信した共同通信のみに取材した。ワセダクロニクルへの取材はなかった。

「買われた記事」の当事者である共同通信は、ＮＨＫと毎日新聞に「重大な事実誤認がある。『買われた記事』の表記は事実を歪曲している」とまでコメントした。

共同通信のコメントが事実に反することは、「買われた記事」の続報で明らかになった。しかし、今でもＮＨＫと毎日新聞はワセダクロニクルへの取材もなければ、続報もない。

## 2. 模索した既成メディアとの連携

ワセダクロニクルは当初、新聞やテレビとの連携を模索した。認知度がない私たちにとって、既成メディアを通じて作品を発信できればありがたい。共同で取材することも考えた。一つの問題をじっくりと深く取材する余裕があまりない既成メディアにとっても、ワセダクロニクルと提携するメリットはあるはずだ。

だが、うまくはいかなかった。提携を模索していた新聞社は、「買われた記事」の発信をして以降、遠ざかっていった。「なぜ同じメディアを叩くのか」。そんな声が伝わってきた。

「メディア同士の叩き合い」とみられるのは不本意だった。私たちの目的は、患者が最適な薬を服用できるようになることだ。薬の効果や副作用に関する記事が、実は製薬会社の金銭により歪められていれば犠牲になるのは患者だ。

読者からの反応は、既成メディアの人たちとは異なっていた。「共同通信を徹底的に追及するべきだ」という声が寄せられた。既成メディアへの不信感は根強かった。

ワセダクロニクルで取材に携わった学生たちにも尋ねたことがあった。「製薬会社、電通、共同通信・地方紙の中で、どこが一番悪いと思う?」

ほどんどの学生が「共同通信・地方紙」と答えた。意外だった。製薬会社か電通と答える学生が多いと予想していたからだ。製薬会社は莫大な財力で世界に展開する。電通はスポンサーの広告を握ることで、メディアに対して絶大な影響力がある。それに比べて共同通信・地方紙は小さい存在だ。製薬会社と電通が「仕掛ける側」ならば、共同通信・地方紙は「仕掛けられる側」ではないか。そう考えた。

しかし、学生たちはいった。「読者に一番近いのはメディア。メディアが掲載を拒否すれば、読者に『買われた記事』が届くことはない」

提携を模索した相手は、メディア業界の膿を自ら出そうとせず遠ざかる。読者はそうしたメディアを徹底的に追及するべきだという――。

新聞やテレビといった既成メディアは、協力関係を築く相手ではなく、取材対象ではないか? 私自身が朝日新聞の出身であり、気づかないうちに市民感覚から乖離しているのではないか? 疑問を抱くようになった。

## 3. ジャーナリズムではなく「マスコミ」

創刊特集「買われた記事」の後は、シリーズ「強制不妊」の発信をしている。

日本では1948年から1996年まであった「優生保護法」のもと、1万6000人超が強制不妊手術の犠牲になった。犠牲になったのは主に障がい者。法律は「不良の子孫の出生を防止する」ことを目的とした。第二次世界大戦に敗れてすぐに、「日本民族の再興」を目指した政治家が法律を作った。

取材を進めていくうちに、次々に驚くべき事実が明るみになった。政府は手術件数を増やすように自治体に要請し、自治体間で競争が起きていた。手術人数が２５９３人と全国最多の北海道は、手術人数が１０００人を超えた際に記念誌を発行した。手術件数を誇ったのだ。

手術人数が１４０６人で全国で2番目の宮城県では、行政や財界が一体となって強制不妊手術を推進する「宮城県精神薄弱児福祉協会」を作っていた。

予想外だったのは、強制不妊手術を推進する組織にメディアが入っていたことだ。

ＮＨＫは経営委員が宮城県精神薄弱児福祉協会の副会長、仙台の放送局長が顧問を務めていた。

地元有力紙の河北新報は、会長が福祉協会の顧問に就いていた。

さらに、他の新聞社の当時の紙面を検証すると、福祉協会の方針を後押しするものばかりだった。読売新聞は、強制不妊手術で「精薄児を徹底的に絶やす」とまで主張した。

これでは、第二次大戦で政府や軍部と一体となり戦争を煽ったときのメディアと何が違うのか。あれだけの痛恨事を経験しながら、メディアは何を改めたのか。権力機構の一メンバーとみなされても仕方がない。翼賛体制そのものだ。

より深刻なのは、強制不妊手術に加担したことをメディアが検証しようとしないことだ。

ＮＨＫは、強制不妊を推進する団体に自社の経営委員と仙台の放送局長が加わっていたという事実確認すらしない。河北新報はワセダクロニクルの質問から「回答しないという態度を取らせていただく」と逃げている。

自浄作用を発揮せず、批判対象が弱まると大きな声で一斉に叩き続ける。これが日本の既成メディアの姿ではないか。「ジャーナリズム組織」とはとてもいえない。ワセダクロニクルでは、新聞やテレビを総称する言葉として「マスコミ」を使うことにした。「拡声器」としての意味合いしか込めないということだ。

## 4．シンポ後に最大の収穫

国際シンポジウムが終わった後、韓国「ニュース打破」のキム・ヨンジンさんが、ワセダクロニクルの編集室に立ち寄った。編集室といっても、家賃が6万円の狭苦しい部屋だ。ワセダクロニクルはまだ財政基盤が弱く、メンバー全員が無給。広い部屋は借りられない。

ヨンジンさんは、編集室に入ると「自分たちも狭い部屋で始まったんだ」と笑顔をみせた。「ニュース打破」は、李明博（イ・ミョンバク）政権を追及してテレビ局を辞めさせられたり左遷されたりしたジャーナリストたちが立ち上げた。当初は労働組合の会議室を借りて編集作業をし、組合が会議をするときは出ていく。そんな職場環境だったという。

しかし、ヨンジンさんがワセダクロニクルの編集室を訪れたのは私たちを励ますためではない。共同取材について話し合うのが目的だった。

その2ヶ月後、ワセダクロニクルと「ニュース打破」はソウルで提携の覚書を交わした。もちろん、取材の打ち合わせが主目的だ。扱うテーマはインドネシアも関係することから、インドネシアで探査ジャーナリズムの実績が豊富な「TEMPO（テンポ）」も共同取材に加わることになった。

海外のジャーナリズム組織と共同で取材することのメリットは大きい。日本の新聞社やテレビ局も海外支局があり、特派員はいる。だがその国の人的なネットワークは、その国のジャーナリズム組織の方が圧倒的に豊富だ。「ニュース打破」と「TEMPO」との共同取材ではそのメリットを最大限に享受している。相手国での取材は任せて結果を共有することもあるし、「一見さん」ではたどり着かないような取材対象を紹介してもらい自ら取材することもある。

国際シンポジウムの最大の収穫は、ジャーナリズムについて考えたことではなかった。国境を超えてジャーナリストが連携し、行動するきっかけになったことだった。

## 5. ドイツ合宿

２０１７年6月に早稲田大学であった国際シンポジウム、同年11月に南アフリカで開かれたＧＩＪＮの世界大会（ＧＩＪＣ）に続き、２０１８年3月には国際連携を深める貴重な機会をドイツで得た。アジア10カ国の探査ジャーナリズム組織が集まり、「Watch Dog Asia」というグループを作ったのだ。日本からはワセダクロニクルが参加した。ドイツで会合があったのは、ドイツの財団が私たちの活動に資金を提供したからだ。

１週間の日程で、各組織の代表が同じホテルに泊まり合宿をした。早稲田大の国際シンポで共に登壇した韓国・「ニュース打破」のキム・ヨンジンさん、台湾・「報導者」のシェリー・リーさんも参加した。

事前に募った取材テーマから三つを投票で選び、興味があるテーマごとにグループを作った。連日、どうやって取材を進めるかを議論した。食事も朝、昼、夕と共にし、夕食が終わった後は二次会でビールを飲み交わした。あれだけ濃密な時間を集団で過ごしたのは、初めてかもしれない。

そこで気づいたのは、取材と発信の勘所は意外に同じだということだ。どうやって情報を入手し、その信頼性を担保するのか。批判対象からの攻撃に対して、どうやって防御するのか。概ね意見は一致した。それぞれが探査ジャーナリズムを手がけているからだと思った。常に権力との緊張関係の中で仕事をしており、事態を動かすことの難しさ、ちょっとしたミスで過酷な攻撃に晒される危険性を熟知している。

ワセダクロニクルは、海外の探査ジャーナリズム組織と連携していく。それは、国内のマスコミが連携するべき相手ではないと判断したからだけではない。政府も大企業も国境を越えて活動する時代に、一国だけで完結するようなテーマはほとんどないからだ。大きな力に対抗するためには、国籍など関係なくジャーナリストが職業人として連携する必要がある。

この本を読者の方々が手にする頃には、国際連携の成果を次々に発信できているよう奮闘する毎日だ。シンポから1年余り。ニュース打破とTEMPOとの共同取材は、第4シリーズ「石炭火力は止まらない～アジアのなかの構造的な差別」として結実した。日本と韓国の政財界が、公害対策が不十分な石炭火力発電所をインドネシアに作っているという話だ。インドネシアの住民は怒っている。事業を推進する日韓の政財界と、それを許容するインドネシアの政治家たちに癒着はないか。今後も力を合わせて粘り強く取材を続ける。

# 3　討論「日本における調査報道ジャーナリズムの経験」発言概要

依光隆明

## 1．権力に「食い込む」から、権力を「書く」へ

朝日新聞に入ってまだ8年半で、以前は高知新聞にいた。地方紙に長くいたので主に地方紙時代の経験を中心に話を進めたい。

記者になって35年になる。35年間記者をして思うのは、日本の新聞記者は着実にレベルが上がっているということだ。私が記者になった当時、「良い記者」とは、権力に食い込む、有力者に食い込むことができる記者のことだった。高知新聞は、新聞購読者を母数にした場合のシェアが全国で最も高い。私がいた当時がそうだったし、現在もトップのはずだ。私は新聞の強さはシェアの高さだと思っている。非常にシェアが高い、つまり強い新聞社だったので、先輩記者たちの権力者への食い込みは著しかった。県庁の知事室に入っていけたし、県警の本部長室にも入っていく。食い込みという点ではほんとすごくて、私はそんな先輩記者たちを尊敬していた。

入社10年目ぐらいだったか、私のすぐ上の先輩たちが「反乱」を起こした。反乱というのは大げさかもしれな

いが、要するに食い込みという取材スタイルへの批判を口にするようになった。権力者に食い込んで情報をもらう、記事を書くということは、「いつかは表に出る情報を少し早くもらっているだけではないか」と。当時、先輩たちがよく口にしていたのは「半日早いだけの特ダネは特ダネじゃない」というせりふ。やがて発表される情報を半日早く書く。「他紙を抜いた」と胸を張ったところで、その情報はじきに発表されて他の新聞にも載る。そんなものは特ダネでもなんでもない、と先輩たちが言いだし、その声が止まらなくなった。

反乱を踏まえて始まったのが調査報道だったように思う。私の経験で言えば、一番最初に調査報道を行ったのは1993年、高知県庁のカラ出張を暴いたときだった。災害復旧にしろなんにしろ、事業をするときには高知県に国から多額の予算が下りる。その中には事務費があり、そのまた中に旅費がある。ところがこの旅費がなかなか使い切れない。で、出張したことにして裏金にして貯める。国の役人が高知県にきたとき、その裏金で接待をしていた。それでも使い切れないので課の宴会に使うようになり、部課長が部下を飲みに連れて行くときにもそこから金を出すようになった。裏金の額は全庁で年間2億円くらいあったのではないかと思う。開示請求という手段を使い、OBや現役職員に話を聞いてそのことを報道した。

報道するとき、編集局では「高知新聞のようなシェアが高い新聞が県庁とガチンコで戦えば大変なことになる」と言われた。しかし何もなかった。政治部からは裏金は「必要悪なんだ」とも言われたが、読者は圧倒的に報道を支持してくれた。つまり読者はこぞってカラ出張に怒った。県庁OBも含め、「必要悪だ」という声は全くなかったと記憶している。

次の本格的な調査報道は2000年だった。高知県庁が予算を流用して10億円以上を同和団体の幹部が関係する協業組合に融資し、融資した瞬間にその金がどこかへ消えていた。予算を全く違う使途に流用するという荒業なので、ことの次第を知っているのは県庁内のごく一部だけ。高知新聞はこの融資に闇融資と名前を付け、1年以上にわたって徹底的に報道した。初報から1年2カ月後、警察が動いて県の班長から副知事までが逮捕された。自分の懐には一銭も入れていないのに、県庁職員たちは粛々と仕事をしただけだったろうに、決裁ラインのほぼ全員が罪を問われることになった。

私は関わっていないが、高知新聞は2003年には高知県警が組織的に裏金を作っていたことも暴露した。暴いたのは、捜査費を捜査協力者に支出したことにして裏金化するシステム。捜査費をめぐる調査報道はその後、北海道新聞をはじめ全国の地方紙に波及していく。

権力者に食い込んで報道するスタイルから、権力自体を書く報道へ。私の経験でいえば、それが調査報道への道だったように思う。最初は調査報道という言葉すら知らず、すべて手探りだった。スタートしたばかりの情報公開制度を使ってあらゆる書類を取り、そこから糸口を探り、関係者を追った。手探りする中で様々なノウハウが固まっていった。

こう書いていくと高知新聞が少々変わった新聞だと思われるかもしれないが、それはおそらく違う。「権力に食い込む」から「権力を書く」に進むのは自然な流れだし、多くの新聞は実際にそういう方向に向かっている。特に地方紙の場合はほとんどが同じような進路で調査報道に足を踏み出しているように見える。

経験を踏まえ、ここで調査報道なるものについて整理しておきたい。

一つ目、どうすれば調査報道ができるのか。大事なのは「課題は常に目の前にある」と思うことだと考えている。調査報道の第一歩は「端緒」。端緒はいつも目の前を通り過ぎていると思った方がいい。問題はそれをどう掴むか。どう掴んで、どう取材して、どう書くかということだ。例えば市役所の窓口にきょうはなぜか老人が詰めかけている。そこに引っかかりを感じるか、見逃すか。引っかかりを感じたら取材してみる。これは記事になる、と思ったらもっと取材して原稿にする。そういう意味では、個人のマインドの問題は非常に大きい。

二つ目。今の話と矛盾するかもしれないが、個人のマインドだけではなく「組織」の問題も大きい。若い記者に話を聞くと、多くが「調査報道をやりたい」と言う。少なくとも半分以上の記者は調査報道をやりたいと言う。しかし、できない。理由は「忙しいから」。私は朝日新聞の諏訪支局にいるが、諏訪支局には私しかいない。一人で現場記者をやっていると、あれやこれやでけっこう忙しい。若い記者は厄介な仕事を色々とこなさなければならないので、もっと忙しい。

日本の新聞は、紙面に森羅万象を詰め込もうとする。極言すると、〝世界〟をそこに詰め込もうとする。だからあらゆることを取材する。交通事故は当然のこと、イベントも取材する。街の話題も、政治も、スポーツも。もちろん選挙の取材もある。世の中ではあらゆることが起きているから、あらゆることを取材する新聞記者は極めて忙しい。ニュースを捨てない、ということは日本の新聞社の長所であり弱点でもある。

人間の体はひとつしかないので、どこに重点を置くかが大事な問題になる。そこを差配するのがマネジメントだ。日本の新聞社は経営の安定さや紙面のチェック体制などいい面をたくさん持っている。中でも記者ひとりひとりの能力はおしなべて高い。能力が高い記者が、朝日新聞でいえば2000人以上いる。それなのになぜ、現場記者が調査報道に手を染めることができないのか。これは個人の問題というよりも、人の使い方、マネジメントの問題だと言っていい。これは大事な調査報道だ、と判断したら2000人のうちの1%か2%を何カ月か専念させるだけで成果は上がる。

私は外国の新聞をあまり知らないが、日本の新聞社の特徴は「地上戦」だと思う。若いうちに現場を這うことをたたき込まれるからだ。現場に何度も行き、必要な人に軒並み話を聞き、周辺の一軒一軒でチャイムを押す。そうやって事実を少しずつ見つけ出す。もちろん嫌がられもするが、真実に近づけることもある。日本の新聞社はそんな泥臭い「地上戦」的取材が報道のベースになっている。泥臭く這う記者をたくさん抱えているのも新聞社としての強さだと思う。記者の使い方次第、マネジメント次第でもっともっと優れた報道はできる。

三つ目として、調査報道のリスクに触れてみたい。

県庁のカラ出張にしても、闇融資にしても、会社は記事を載せるまでかなり悩んだ。特に闇融資は、原稿を出してから紙面に載るまでに半年かかった。新聞社としてのリスクを考え、半年間悩みに悩んだということだ。

高知新聞は日本で一番シェアが高い。ということは、いい報道をしても部数は増えない。県や協業組合の関係者が怒ったら、むしろ部数が減るかもしれない。広告も減るかもしれない。今後の取材にはそうとう支障が出るだろう。記事に少しでも誤りがあれば訴えられるかもしれない。などなど、リスクはたくさんある。片やメリットは見つからない。普通の会社ならリスクしかないような事業はやらないだろうが、新聞が新聞であるためにはいくらリスクがあっても載せるしかない。で、悩みに悩んで半年後に載せた。

記事が出てどうなったかというと、目からウロコ的な驚きだったのを覚えている。新聞社では「読者のために」をよく聞くのだが、その本質が体感できたと言えばいいか。とにかく読者が猛烈に応援してくれた。記者の後ろには読者の人たちがたくさんいる。だから書けるのだし、だから読者に向かって書くのだということが体感できた。その後、リスクのある報道に関わるたびに「誰に向けて書くのか」「読者に向かって書いていると言えるのか」と自問自答している。

ちなみに部数は減らなかった。増えはしなかったが、減りもしなかった。スポンサーも減らなかった。取材への支障もほとんどなかった。読者の反響が大きかったことで幹部も喜んだ。

私は50歳になって朝日新聞へ転職したが、若い記者が地方紙から全国紙へ遷るケースが増えているように感じる。社を替わるのはいいことだと思う。遷った会社も、以前の会社も客観的に見ることができる。私も非常に勉強になっている。同じ新聞社と名前がついていても、地方紙と全国紙では全然違う。業界用語の使い方からして違うし、企画の立て方も、同僚の呼び方も、機材も、連絡方法も違う。全国紙に入ることで地方紙を客観的に見ることもできるようになった。

高知新聞時代、若い記者が入社したときに私はこう聞いていた。「社員になりたいのか、記者になりたいのか」と。終身雇用が定着しているせいか、日本の場合は社員で生きていくことと記者で生きていくことは違う。社員ではなく記者として生きたいのであれば、会社を遷るのは悪いことではないように思う。組織への帰属意識よりも記者としての仕事を選ぶ、そういう雰囲気が増幅してほしいと願っている。

（編者注：この原稿は「セッション1」の依光氏の発言を元に本書のために改稿した）

## 2. プロのジャーナリストとしてのアイデンティティが、欠如していないか

石丸次郎

アジアプレスという組織は1987年に発足したフリーランスのジャーナリストのネットワークである。ジャーナリストたちが、特定の地域や問題を深く長く取材・発信するため、また、アジアのジャーナリストたちを支援していくため、という二つの目的の下、メディアから自立、独立した形で仕事をしていこうと結成された組織だ。現在メンバーは二十数人。日本人と韓国人、中国人、アジアのいくつかの国のメンバーがいる。そして北朝鮮の中にも、私たちの仲間がいる。組織として一緒に取材するというよりも、ひとりひとりの独立したジャーナリストの活動をみんなで支えていこうという形の組織運営をしている。

私自身は、朝鮮半島の取材を長くしてきたので、メディアの外で調査報道をしてきた事例として、北朝鮮内部での調査報道について紹介したい。

写真① 2008年8月平壌市郊外（アジアプレス）

ここにある写真は、2008年、平壌の郊外で撮影された写真だ＝写真①。撮影したのは北朝鮮の人で、私の取材のパートナーである。何ということは

ない、人々が露天のマーケットで買い物している写真だが、撮影していたことがばれたら、彼は非常に厳しい処罰を受けることになるだろう。日常の光景すら国外に見せようとしない北朝鮮は、世界でもっとも閉ざされた国のひとつだと言ってよいだろう。

北朝鮮国内の取材の難しさについて、少し整理したい。

まず一つは、入国自体が難しいこと、そして入国できたとしても制約だらけだということだ。私も3度北朝鮮に入国したが、寝ている時以外はずっと監視がつく。そして、外国人が北朝鮮に入って見ることができるものというのは、北朝鮮当局が見せたいものばかりだ。また、そこには、当局による演出とからくりがある。外国人の記者たちは、きれいに演出された舞台だけを見ることになる。

もう一つ知っておかなければならないのは、北朝鮮政権が体系的なイメージ戦略を持っている点だ。つまり、外国のメディアを使って、どのように自国を伝えさせるかという戦略を持っているということだ。外国のメディアは、近年、世界的に関心の高い北朝鮮に入ることを望んでいる。共同通信、AP通信、AFPなどのメディアが平壌に支局を置いているが、その支局に記者が常駐しているわけではない。取材をしているのは、実は多くの場合、北朝鮮当局が派遣した記者で、支局長は「通い」である。外国人の記者は何か行事があるときに入国を特別に許可されて行くことが大部分だ。2016年4月、金日成の105回目の生誕日に、北朝鮮は軍事パレードを行ったが、見せたい大きな行事のときには外国人記者を呼び入れる。

北朝鮮と中国の国境地帯、あるいはロシアでの取材が非常に重要な一次情報取材になっている。入国しても制約だらけなので、ファクトに接近するため周辺国で取材をしなければならないのが現状だ。

2次情報についてみてみよう。韓国には今3万人近い脱北者が住んでいるので、彼らを取材することができる。

また、韓国当局が重要な事件に関しては情報をリークするので、それを元に記事を書くことも多い。もう一つは、北朝鮮の国営メディアを引用する形で記事を書くことだ。思い起こしてほしい。テレビでしきりに映し出されるミサイルの発射場面は、すべて北朝鮮の国営テレビが放映した映像だ。あのように強い印象の映像を与えられると、ついついメディアは使いたくなってしまう。それがまさに北朝鮮側の狙いだ。つまり、北朝鮮政府は海外に向けて見せたいイメージがあり、それを外国メディアを使って拡散しようという戦略があるということだ。例えば、決して世界の趨勢から落伍していない、モダンな都市、町並みや人々がある国だ、経済状態も、社会主義の自立経済で、外国に依存せず自分たちでしっかりやっていますよ、軍事力も強いですよというイメージ。ミサイル発射の場面を精巧に作って見せていく。そのような映像ばかり見せられると、あたかも北朝鮮が軍事強国のようなイメージが広がる。私に言わせれば、世界中が、北朝鮮に対して本当の実力以上のイメージを持ってしまったように思う。人民のための社会主義制度、指導者の下で人民は一致団結している、そんな印象が広く世界に拡散されてきた。しかし私は、実像は随分違うと思っている。

私自身は、1995年、97年、98年と北朝鮮に実際に入って取材をしてきた。前述したように、寝ている時以外はずっと監視がつくので、いくらお金を積んでも、いくら努力をしても、越えられない高い壁が北朝鮮にはある。その壁を越えなければ核心は見えない。

ではどうしたらいいのか。私は、中国との国境地帯に通い、脱北者、あるいは合法・非合法に中国と行き来している人に多く会い、取材をしてきた。彼らへの取材を通して、外国人には絶対に越えられない高い壁を越えて、その向こう側にあるリアルな北朝鮮のことを取材できるのは、北朝鮮で暮らす人たちだけだということがわかった。

写真②　金正恩時代の2014年になって発行された高級中学1年生の物理の教科書

写真③　栄養失調になった人民軍兵士たち2011年7月平安南道（アジアプレス）

２００３年頃から、北朝鮮の人たちと一緒に取材チームを作って、内部の情報を世界に発信している。目標にしているのは、北朝鮮国内でジャーナリストを養成することだ。北朝鮮の実情を伝えるために、北朝鮮に暮らすジャーナリストたちが取材の主体、発信の主体となるような状況を作りたい。そして、検証が非常に難しい北朝鮮のことを、強い証拠力を世に提示するということを意識して取材してきた。具体的には、映像や写真や音声、そして文書だ。例を挙げる。一つは金正恩時代になって改定された中学校の物理の教科書。表紙にはミサイルのイラストが描かれている＝写真②。新しく発行された中学校教科書約80冊を、国内から送ってもらったものだ。もう一つ事例を紹介する。北朝鮮人のメンバーが撮影した栄養失調になって病院に送られる兵士の姿だ＝写真③。北朝鮮の軍隊は、実は栄養失調が蔓延しているのが実情だ。

次の写真も北朝鮮人のメンバーが撮影したものだ。平壌市の郊外で、地下鉄に乗ろうとする人たちを兵士が検問している＝写真④（次ページ）。前述したように、北朝鮮に入る外国人記者は、北朝鮮当

写真④　地下鉄の入口で兵士が「身なり検問」。2011年６月平壌市大城区域（アジアプレス）

局によって演出されたからくり舞台を見せられているが、そのからくりの一例だ。この映像が撮られたのは、ちょうど外国人が行事で平壌に入っている時期だった。平壌の中心部を身なりがみすぼらしい人、貧しい人がうろうろしているのを、外国人に見られたくない。そのため、地下鉄駅の入り口で「身なり検査」をして、みすぼらしい人、リュックサックを持っている人を、平壌中心部に向かう地下鉄に乗せないのだ。このおじいさんは、この身なりでは地下鉄に乗れないと、通してもらえなかった。

　この映像を撮影したのは、平壌に住むク・グァンホさんという私たちの取材パートナーだ。外国人に「きれいな平壌」を印象付けるために、北朝鮮当局がどんな仕掛けしているのか、強い証拠力をもって示してくれたと思う。私たち外国人が平壌に入って分かることには限界がある。ジャーナリストはそれを自覚しなければならない。

　私はジャーナリストになって25年になる。ずっとフリーランスで活動してきた。NHKや民放、新聞や雑誌をまたいで仕事をしてきた。その立場から、「表現の自由」国連特別報告者のデービィッド・ケイさんも懸念されていたことについて触れたい。それはジャーナリストの連携・連帯の弱さの問題と、プロのジャーナリストとしてのアイデンティティの欠如の問題についてだ。

25年間、マスコミの「外」にいながら感じていることだが、今の日本の報道の状況は、じわじわと悪化していると言わざるを得ない。私が普段話をしている新聞記者や放送局の友人たちの志気は、残念ながら年々下がってきている。社を超えたジャーナリストの横の連携が必要だという話はずいぶん前から言われている。しかし、実現しないままここまで来てしまった。

お金のことで言うと、NHKを除いて、日本のメディアはどこも経営的にじわじわと苦しくなってきて、調査報道を担う力も落ちてしまっている。今ここで踏ん張らないと、ずるずる後ずさりしていってしまうのではないかと、強く懸念している。

私が、一フリーランスジャーナリストとしてやれることには限界があるが、日本のジャーナリズムがどうすれば踏みとどまれるか、そのために具体的にどうすればいいのか、組織ジャーナリストたちと共に考えていかなければならないと思っている。


（編者注＝この原稿は「セッション1」の石丸氏の発言を元に本書のために改稿した）

## 3. 高いハードル超え、調査報道の成果を報道

熊田安伸

ＮＨＫはパブリックのための放送局である。国が隠そうとしていること、国が進んで国民に知らせたくないと思っていることを伝えることが私たちの役割である。もちろん、ＮＨＫには、政権の中枢から官庁のトップまで非常に親しく取材している記者がたくさんいる。当然それは必要だと思っている。そういうところからではないと取れない情報も多くあるからだ。一方で、調査報道をやる記者もたくさんいる。その記者は、毎日、権力と暴力と財力と、そういう力を持っている人たちが隠すものを暴くような仕事をずっとしている。

ここでは、公共放送で何ができるのか、何が厳しいのかという点に集中したい。

まずＮＨＫが比較的得意なジャーナリズムがある。それは大量のデータ・資料を分析し報道していくというである。ＮＨＫで最初に調査報道を行ったのは、１９７６年の水俣病に関する「埋もれた報告」という番組だったと言われているが、その後も調査報道的な番組は続いている。特に２００１年、情報公開制度が始まってからは、大量の資料を入手してそれを分析し、人と時間をかけて報道していくということに非常に力を費やしてきた。

その象徴的な番組の一つが、２００４年のＮＨＫスペシャル「調査報告　日本道路公団～借金30兆円・膨張の軌跡～」だ。道路利権ということが言われる中で、高速道路が非常に大きな問題になっていた。日本中にどんどん道路が作られる、将来は無料にするという約束だったはずなのに、逆に料金が上がっていってしまう、そんな

問題が起きていた。これは何かおかしい、どうしてこんなことになっているのだという疑問から、そのからくりを明らかにした。そのために独自に1万ページを超える資料を入手した。それを読み込みつつ、歴代の総裁や旧建設省の関係者から証言を引き出した。最終的には「カラ実計」と呼ばれる経理操作のためのカラクリが行われていたこと、それが国民負担を膨らませる原因になっていたことを明らかにした。

この番組以降、NHKスペシャルで調査報道の手法を使ったものに関してはしばしば「調査報告」という名前がつけられるようになった。

ではこうした調査報道は、チームと時間、人とコストをかけないとできないかというと、そうではない。特に大事にしているのは地方記者の「気づき」だ。

典型的な例がある。東日本大震災の津波で児童が74人も亡くなった「悲劇の小学校」と言われた大川小学校のケースがある。なぜ避難ができなかったのか、各社のジャーナリストは情報公開などで避難マニュアルを入手した。このマニュアルを見て、大川小学校がどう避難をしようとしていたかを各社は一斉に書いた。そのマニュアルには、津波の際の避難場所として「近隣の公園など」と記してあったが、実際にはそんな場所は大川小学校の周辺にはなかった。メディアはそれを一斉に報じた。ここまでは誰でもやることだと思う。しかしNHKの仙台放送局の記者が、そもそもなぜそんなマニュアルが作られたのかということに疑問を持った。そして、大川小学校のある宮城県石巻市をはじめ、被災地の主要な小学校にあった災害マニュアルを全て情報公開で入手して分析した。すると、津波に襲われた学校の半分以上の学校に、津波を想定した記述がなかったことがわかった。偶然にも被害が少なかったところが多かったが、一歩間違えれば、大川小学校のようになりかねないところがたくさんあった。

さらに調べると、この災害マニュアルには「原型」があったことがわかった。それは、石巻市が東日本大震災の10年ほど前に作って各学校に配った「参考資料」だった。学校の先生の多くは防災に詳しいわけではない。そこで、比較的詳しい先生が作成し、各学校に「この資料を元にマニュアルを作るように」と配られたのがその「参考資料」だった。災害マニュアルの大元になる「参考資料」が海のない地区を想定していたものだったので、その「参考資料」には津波のことなど一行も書かれていなかった。中には、その参考資料をコピー・アンド・ペーストしただけのものもあった。これは大川小学校だけの問題にとどまらない。全国の学校、あるいは自治体の防災マニュアルにも同様の問題が起きていた。

これらは、記者たちが調査報道の手法を使って明らかにしたものだ。地方の若い記者たちは、こうした普遍的な問題を明らかにしていくような機会に恵まれているし、私たちもまたそれに手を貸す仕事をしている。

さらに大きな転機があったのが２０１０年だ。２０１０年度に事業仕分けが行われた。これは日本の予算を適正に配分するために、行政事業レビューシートというものが作られて公開されるようになった。これは国家予算がどんな目的でいくら何に使われているかということを明確に記述したものだ。ちょうどこの頃、オープン・ガバメント・パートナーシップという、市民と政府が協力して、情報の透明性をあげていこうという試みが行われた。世界的にオープンデータを活用する潮流が起こり、公開情報、つまりすでにある情報から読み解いて、調査報道につなげていこうという取り組みが広がっていた。

そのときに私たちが手がけたのがＮＨＫスペシャル「東日本大震災　追跡　復興予算19兆円」（２０１２年）だ。東日本大震災の復興に使われるための巨額の予算について、すでに公開されていた事業シートを調べつつ、さらに、がれき処理や公共工事、物品納入などの資料を情報公開をはじめとした様々な手段で手に入れた。その結果、官庁が競い合うように復興予算の獲得に乗り出して、被災地とは遠く離れた場所や復興とはかけ離れた建築物、一度震災前に打ち切られた事業と酷似した事業につぎ込んでいる実態を徹底的に取材して報じた。ＮＨＫがこれまで培ってきた様々な調査報道のテクニックを使って制作した番組だった。

ただ、こうした資料やデータを分析しただけでは、調査報道としてはダメだと私たちは思っている。実は復興予算に関しては、私たちの前にも、予算の使われ方について報じた記事はいくつかあったが、しかし当時の政権も官庁も無視してまったく動くことはなかった。

私たちが目指したのは、まず何が足りないかということに目を向けるということだった。震災が発生して1年半も経っているのに、震災関連死で亡くなる方がいた。その方たちにお金や支援が渡っていないという現実を視聴者に見せることにした。それは、1年半に渡って被災地の人たちに寄り添って取材してきた仙台や盛岡などにいる記者たちでなければできないことだ、と考えた。

もう一つは、見ている人に訴えかける方法について考えた。実は復興予算とは復興増税のことだった。多くの人たちは、被災地のためなら、ということで新たな負担に耐えた。しかし、そうやって認めた税金の使われ方がこれで良いのですか、ということを、血税を納めている人たちに訴えかけ、その是非を判断してもらう手法を採った。その結果、世論や国が大きく動いたと思っている。

一方で、データが全くない現場というのもある。そこをどう報道するか。これはテレビ報道の調査報道に有利な点だと思う。ＮＨＫスペシャル「ひとり団地の一室で」（２００５年）は、その象徴的な第1号といって良いものだと思っている。

千葉県松戸市に常盤平団地というマンモス団地がある。そこで、警察回りの若い記者が、殺人事件の「地取り取材」で、一軒一軒を歩いて回っていた。しかしそのときに、記者はおかしなことに気がついた。団地にまったく子どもの声がしないということである。若い人も見かけず、家々を尋ねると、お年寄りばかりが出てきて、かつ、皆が独り暮らしの人たちだった。よくよく調べていくと、たったひとりで誰にも看取られずに亡くなっていく方も多くいて、ひどい場合は死後数ヶ月経ってから見つかるような例もあった。記者はこの現実を報道しようと考えた。

当時、国や自治体では、このような「孤独死」の実態を明確に示すデータはなかった。そこで取材班がどうしたかというと、この地域にカメラを据え、長期間密着取材をして、まさに孤独死が発生する現場を次々と捉えていった。その結果、この報道は「孤独死」という言葉を世の中に広く認知させて、地域や家族のつながりが崩壊していること、さらに雇用や年金などさまざまな現代日本の問題を、団地を通じて浮かび上がらせることに成功した。

このような現在進行形の問題については、当局や国は把握していなかった。しかし報道にはデータや資料が存在しなくても、国が触れようとしないテーマを明らかにしていくという可能性があると考えた。

その後に制作したのが、同じくＮＨＫスペシャルの「ワーキングプア――働いても働いても豊かになれない」(２００６年)だった。どんなに働いても、生活保護水準以下の収入もない、豊かになれない人がこんなにもいるのだという現場を、丹念に描くことで明らかにしたキャンペーンだった。この報道が行われるまで、日本に新たな貧困が広がっていること、しかもそれが広く深く進行しているということはあまりわかっていなかった。しかしこの番組の報道によって、日本における格差の広がりを社会的な問題として提示できたと思っている。「ワーキングプア」という言葉を広めることで、新しい形の調査報道になったと評価された。

しかし一つの課題がある。データがまだ存在しない問題を報道するということは、一つのストーリーを仮説として置いて、それに従って報道していくような形になる。調査報道もまた、一つの仮説を想定して、データなどで肉付けをしていくが、ともするとストーリーを重要視するあまりに、都合よく映像を使ったり演出が行われたりすることになりかねない。それはテレビのメリットでもあるが、非常に怖いところでもある。

ＮＨＫの非常に有利な部分をもう一つ挙げるならば、全国のネットワークを活かして調査報道ができるということだ。ＮＨＫスペシャル「調査報告　原発マネー　〝3兆円〟は地域をどう変えたのか」（２０１２年）も、東京と各局の記者が連携した成果だった。

番組やニュースの場合、記者が取材をして記事を書くと、映像も必要なので、様々な段階でチェックを受ける。原稿の段階でデスクのチェックを受け、部の幹部のチェックを受けて、テレビの制作者にチェックを受ける。最終的にはテレビの「編責」と呼ばれる、いわば編集長に当たる責任者のチェックを受ける。私たち記者の思いだけでは番組にできない。ＮＨＫスペシャルのような大型番組になると、専門の委員会もあり、そこも通さなくてはいけない。様々な人のチェックを受けていく中で、様々な人がいろいろな心配をして「本当にこれで大丈夫か」というようなチェックが非常に多く入る。様々な人が番組に関わる中で、当初、自分が思った通りの形で出せるわけではない。ただ、それでも本質的な部分は出せる。

番組の場合、放送前だけではなく出した後も大変だ。前述した復興予算の問題を告発したＮＨＫスペシャルは日曜日放送で、翌日の月曜日は午前中に閣議があるため、番組放映直後くらいから知り合いの役所の幹部の人に「熊ちゃん、これは大変なことになるから覚悟をしておけよ」と言われたことがある。実際、月曜の夕方には各省の事務次官の会見があるが、そのときは多くの省庁の記者会見で番組が一斉に批判された。番組は再放送されるので、私たちはそれに対して黙っているわけにはいかない。批判の全てに対して反論した。心配したのは、マスコミ各社が事務次官らの会見に乗っかり、番組を批判することだったが、それは杞憂に終わった。

私たちが今こそ重視しなければいけないと思っていることとして、二つの事例を挙げる。まず、PKO部隊がアフリカでの活動を記録した日報が、陸上自衛隊では破棄されたと伝えられていたのに実際には処分せずに持っていた問題について。これはもともと、説明と矛盾するために日報を消去するように指示されていたということが報道により明らかにされた。保管していたのに公表をしなかったということだ。もう一つは、福島原発事故後に継続的に行われている子どもの甲状腺がんの検査について、その結果や分析を報告しなければならないのに、実際には、最年少の4才の子どものがんのことが報告されていなかったという例だ。都合の悪いことを「存在しない」とする動きが、日本では今、強まっているように思えてならない。さらに、隠すことを法律で支えてしまうような動きも強まっているのではないかと懸念している。私たちが今後力を入れて報道していかなければならないのは、まさにこの部分ではないかと考えている。取材を報道として世の中に出すまでのハードルは非常に高い。しかし、そのような高いハードルの設定される中でも、調査報道の結果をどう番組として伝えていくかが大きな課題だと考えている。

（編者注＝この原稿は「セッション1」の熊田氏の発言を元に本書のために改稿した）

## 4. 連帯の不在を越えて気骨と決意を見せるとき

マーティン・ファクラー

この数日間（2017年）、ジャーナリスト保護委員会（CPJ）のメンバーが東京を訪れ、日本が持つポテンシャルについてずいぶんと話をした。ジャーナリストの自由のため、アジアにおける「輝ける星（ビーコン）」になるために日本に何ができるのか、ということについて話した。日本は大変なポテンシャル（潜在的可能性）がある国だ。現在、すでにアジアの「輝ける星」になっていると思う。そして、日本のジャーナリストには優秀な人たちがいることを私たちは知っている。したがって、まずはそこを認識するところから始めたい。様々な問題があるのは確かだ。特に、この5年くらいの間には、非常に大きな問題が生まれてきつつある。インベスティゲイティブ・ジャーナリズムに関する、いくつかの問題だ。日本独特の問題が反映された構造的な問題でもあるが、それ以外にも普遍的な問題が多くある。すべてのジャーナリストが共有している問題もある。福島第一原発事故後の数ヶ月後から、日本ではルネッサンス的なインベスティゲイティブ・ジャーナリズムの波が起こった。それはしばらく続いていたが、第2次安倍政権が2012年12月に誕生し、その波が終わってしまったという感じがした。いわば、日本のインベスティゲイティブ・ジャーナリズムが氷河期に戻ってしまったような印象だ。しかし今は、また新しい動きが良い方向に向かって起こりつつある。その辺りは後述する。

まず、日本のインベスティゲイティブ・ジャーナリズムの強さについて指摘する。どうしても日本の大手新聞社について語ることになるが、私が現役の記者だったときには、産経、東京、読売、朝日、毎日の5紙を毎日会社で熟読していた。一つひとつが素晴らしいクオリティだったと思う。

日本のジャーナリズムには、一つの取材を粘り強くやるということ、つまり何かをつかまえると絶対に離さないという粘り強さがあると思う。例えば、朝日新聞の「プロメテウスの罠」シリーズは、毎日連載されていた。シリーズは5年間続いた。米国のジャーナリズムにはこれは真似はできない。記事の内容も深く、脈絡があり、手触りも伝わるすばらしい報道だった。

もう一つの強さは徹底してやるということだ。私たちはワセダクロニクルがどのように報道するかということ見ることができている。非常に徹底している。どんなドキュメントであっても、基本的なことをきちんと固め、飛躍して判断するのではなく、地面に額をくっつけてかぎまわって調べるような態度だ。これは、日本のインベスティゲイティブ・ジャーナリズムの資産だと思う。

また、日本のインベスティゲイティブ・ジャーナリズムには、歴史と伝統がある。そしてジャーナリスト教育においても、インベスティゲイティブ・ジャーナリズムが大事だということは何度も教え込まれている。歴史の最大のポイントは、第二次世界大戦時に、ジャーナリストが戦争に反対できなかったということだった。勝てる公算もないのに、強敵と向かい合うことになった戦争に対して、戦後に大きな反省が生まれた。朝日、毎日などの新聞社は、どうしたら同じ過ちを二度と繰り返さないようにできるかということを考えていた。1970年代に公害の問題が起きたときも、田中角栄の新しい政治スタイルが起きたときも、インベスティゲイティブ・ジャーナリズムはきちんと機能していた。福島第一原発事故の後も、遅きに失した感はあるが、良いインベスティゲイティブ・ジャーナリズムが生まれた。福島原発事故はどのように起こったのか、どのようなことが起こるのか、どんな問題が残されているのか、ということだ。

しかし、日本のジャーナリズムには構造的な弱さもある。

一つは、あまりにもアクセス・ジャーナリズムが強調されすぎていることだ。当局や政府のリーダーにどれだけ近いかが、ジャーナリストの成功の道となるかのような考え方だ。その流れはインベスティゲイティブ・ジャーナリズムが始まっても基本的に変わっていない。今も様々な新聞社の人と話しをすると「自分は政治家のあいつに非常に近い。彼が朝食に呼んでくれるのは俺だけだ」というようなことを言う人がいる。このようなパターンが、特に安倍政権の取材に対しても行われているような気がする。

新聞は今でも、どれだけ政権や行政に近く迫れるかというようなところに価値を置く傾向がある。アクセス・ジャーナリズムが強調されすぎると、たとえば朝日新聞のように、インベスティゲイティブ・ジャーナリズムが実践しにくくなってしまうという影響が出てくる。ナラティブ・ストーリー、つまり政権のストーリーとは違うものを出すことが、非常に難しくなってしまう。それが、インベスティゲイティブ・ジャーナリズムをやってきた朝日新聞の特別報道部が２０１４年には事実上解体に追い込まれた背景にあると思う。メディアの内部、社内でも大きな圧力が働いているということだ。そんな取材をすると政府を怒らせることになるぞ、記者クラブのアクセスを失ってしまうぞ、というように、社内でプレッシャーをかけられてしまう。私が大手新聞社の記者と話していて感じるのは、むしろ、社内のプレッシャーのほうが大きいということだ。インベスティゲイティブ・ジャーナリズムを実践することで、ほかの記者の取材源を怒らせている、政府を怒らせている、自分の取材が難しくなるからやめて欲しい、というような反応があるというのだ。

もう一つの問題は、ジャーナリスト同士の連帯がないということだ。

２０１４年に、朝日新聞の原発「吉田調書」報道に関して圧力がかかったとき、朝日新聞社はある決定をした。いくつかの記事が間違いであったということを認めて、謝罪をした。そのとき、特別報道部の記者たちと連帯する記者たちが社内にいなかった。社内のプレッシャーだけではなく、外的な圧力もあった。例えば、読売、産経、毎日、共同通信など、ほかの大手メディアも、連帯ではなく朝日を叩いて、この機会に朝日の読者をかすめとろうとした。しかしそれはまさに政府の思うツボだった。朝日だけを悪者にして、他の新聞社も、朝日のような失敗をしないために、インベスティゲイティブ・ジャーナリズムはやめようと思うように仕向けられたということだ。

三つ目の問題は、プロフェッショナル・アイデンテティが欠落しているということだ。新聞社が雇用制度に基づいているため、日本のジャーナリストは社員である。会社に就職し、一生その会社にいることが多い。それでは、プロフェッショナル・アイデンティティは育たないし、それをジャーナリズム全体で共有することもできない。社員としてのアイデンティティしか育たない。それの何が問題かと言えば、朝日新聞の２０１４年の例を出して指摘したい。原発「吉田調書」問題で、新聞社として大変な圧力がかかったと感じたときに、社内のジャーナリストは、特別報道部が行ったインベスティゲイティブ・ジャーナリズムに、敵対した。なぜなら、自分たちにとってのトップ・プライオリティ（優先事項）は、ジャーナリズムではなかったからだ。ジャーナリズムを理想とするのではなく、会社という組織を守ること、自分の仕事を守ることが、トップ・プライオリティだった。その副作用で、それまでトップのインベスティゲイティブ・ジャーナリズムをやってきた記者たちが、みな会社を辞めてしまった。ワセダクロニクルを立ち上げた記者もいれば、雑誌『ＦＡＣＴＡ』に行った記者もいる。バズフィード・ジャパンに入った記者もいる。優秀な記者が自分のやりたいことはもう朝日新聞ではできないと、新聞社を辞めて散らばった。私は朝日新聞を批判したいのではなく、例として取り上げている。

ちなみに、米国人なら誰でも知っていることだが、今新聞業界は衰退している。デジタルな環境が読者に影響を与えている。新聞の購読者が激減し打撃を受けているのは、日本も、米国も他の国でも、皆が直面している問題だ。今後、どのようなビジネスモデルが良いのか、どのように利益を出せば良いのか、そのようなことばかり問題にされる中では、なおさらインベスティゲイティブ・ジャーナリズムは難しくなる。

新聞社がインベスティゲイティブ・ジャーナリズムをしたがらないのには、二つの新しいプレッシャーがある。一つはソーシャルメディアの存在だ。政府も、ソーシャルメディアに重点を置くようになり、既成メディアや記者を「フェイクニュース」だと攻撃するような例が米国でもある。日本でも「ネトウヨ」と呼ばれる人たちがソーシャルメディアで同じような攻撃をしている。もう一つは、国家権力が強化されたということだ。特定機密保護法や、共謀罪など、ジャーナリストを監視しようとする権力がどんどん大きくなっている。圧力も大きくなる一方だ。それでも、日本は米国に比べればずっとマシだとも言える。米国ではオバマ政権時代、どれだけのジャーナリストたちが政府の監視下に置かれていたか。日本とは比べものにならないくらい厳しい状況だった。それに比べると、日本にはまだ良好だと感じている。もちろん、問題はある。新聞記者やジャーナリストについてのプレッシャーはあるし、今までお話したような内的な弱さもある。

一番の問題は、メディアに対する攻撃というよりも、メディアが独立することに対する攻撃があるということだ。それは、朝日新聞がインベスティゲイティブ・ジャーナリズムから後退していることが顕著な例だろう。原発「吉田調書」報道で批判されたときに、気持ちを強く持ち、闘うことは選ばなかった。インベスティゲイティブ・ジャーナリズムを続けることを、読者数を失うかもしれないと考えて、諦めてしまったのは、非常に大きな弱点だったと思う。

しかしこの半年ほどは、また新しい動きが生まれてきているように思う。森友学園の不祥事は朝日新聞の社会部が端緒を掴んだスクープだ。加計学園の問題も、朝日新聞の一部の記者が掘り起こしたものだ。これらは、インベスティゲイティブ・ジャーナリズム的な部分から生まれてきたものだと思う。今の日本のジャーナリズムの状態を、嬉しいと感じている人はいないだろうし、何かここで変えていかなければならないと思う気運は高まっているのではないだろうか。

最後に、大統領選挙後の米国が今、どうなっているかをお伝えしたいと思う。実は、ニューヨークタイムスもワシントンポストも、非常に読者層が増えている。それは、これらのメディアがトランプ大統領のプレッシャーに屈しなかったからだ。屈しなかったことで、読者が再び増えた。だから、朝日新聞のようなところでも「ちょっと待てよ」とここで踏ん張ることができれば、再び読者を増やすこともできるのではないだろうか。米国からの波及効果が、日本のジャーナリストたちに良い影響を起こすことを期待している。

ただ、結局は、「記者次第」「ジャーナリスト次第」だ。日本のジャーナリズムの問題としてメディアの独立性を挙げたが、ジャーナリスト個人が決意を持って良いジャーナリズムをやろうと思えばできる環境はまだ日本にある。それは非常に良いことだと思う。米国と比較しても、あるいは他の国と比較しても、である。せいぜい、首相から怒られるくらいが、「最悪の刑罰」だ。気骨があればできるということである。

「忖度」という言葉があるが、これは先制的な検閲のようなもので、これを書いてしまったら首相が不快に思うかもしれないという自己検閲で、それこそが問題だと思う。日本では、インベスティゲイティブ・ジャーナリズムをするべき問題がたくさんある。率直に言って、現在最大のテーマは、戦後の日本の歴史が別の次元に移行しようとしているということだと思う。改憲や自衛隊の問題がどうという話ではなく、国家がこれまでにはなかったような権力を振るおうとしているということだ。

記者クラブなどに頼るアクセス・ジャーナリズムはスポットニュース的にいろいろ出てくるが、その裏で誰が糸を引いているのか、どこが背後の力になっているのかが見えない。これだけ戦後日本が大きく変遷しようとしているのに、本当の意味での良いインベスティゲイティブ・ジャーナリズムがやれていない。ナショナリズムに対しても同じだ。日本会議の存在があり、右翼が台頭してきている。世論でも右寄りの意見が大きくなっている。このような人たちにお金を出しているのは誰なのかということだ。インベスティゲイティブ・ジャーナリズムをすれば必ず何か答えが見えて当然なのに、まだそれに触れられていない。やろうと思えばできる。ジャーナリストがそれをやるつもりがあるかということだ。ジャーナリストが、その気骨を、決意を見せることができるのか。私は日本のジャーナリストたちに頑張れ、と言いたいのである。

（編者注＝この原稿は「セッション1」のファクラー氏の発言を元に本書のために改稿した）

# 4　三つの挨拶

## 1. 開会挨拶◉日本のジャーナリストに発せられた国連人権理事会ケイ勧告を受けて

花田達朗

本日は休日にもかかわらず本シンポジウムに足をお運びいただきありがとうございます。何と申しましても、最初に私が心からの謝意を表明したいと思っておりますのは、共催者に対してであります。すなわちジャーナリスト保護委員会ＣＰＪに対してであります。グローバルなＮＧＯであるＣＰＪには今回多大なるご協力をいただきました。ＣＰＪの発想とご協力がなければ、このような国際ジャーナリズム会議を東京で開催するということは可能ではありませんでした。感謝の気持ちでいっぱいです。ＣＰＪの代表のみなさまにも、本日ご出席頂いております。壇上よりその方々に感謝を申し上げます。またご登壇いただくパネリストのみなさまにも心から感謝申し上げます。

ジャーナリストのみなさん、そして市民社会のメンバーのみなさん、ご来場のみなさん、改めてようこそ本シンポジウムにお越しくださいました。早稲田大学ジャーナリズム研究所の所長をしております、花田と申します。

このシンポジウムはジャーナリズム、ジャーナリスト、そして市民社会のあり方について、ナショナルな視点ではなく、ましてや日本の会社や「マスコミ」という共同体の視点でもなく、グローバルな視点、そして普遍的な視点から考えていこうとするものです。

ジャーナリズムとは近代という時代が、その誕生のときに産み出したひとつの思想であり、活動です。近代国家とは市民社会が、議会、裁判所、そして政府の三権によって構成される国家統治機構に、統治を委託するというデザインのもとに生まれました。それと同時に市民社会は、議会、裁判所、政府が、基本的人権、すなわちヒューマンライツを侵害してはならないという条項を含んだ統治契約書、すなわち憲法を定めました。そのことは、市民社会が国家にその約束を守るように求め、命令したということを意味しております。それだけではありません、市民社会は、統治機構がきちんとその約束を守って活動しているかどうか、不正や腐敗や不作為、そういうものに陥っていないかどうかを監視するという役割が必要だと考え、その役割をジャーナリズムに委託しました。そして、ジャーナリズム活動を守るため、憲法の基本的人権条項の筆頭に、言論表現の自由、プレスの自由（報道の自由）を定めたのです。

歴史の教訓からすれば、権力は実に強大な力を持っていて、どこの国でも必ず腐敗をし、いったん暴走を始めれば、もはや誰にも止めることができません。そうならないためにこそ、権力を制御する力としてジャーナリズムが最初からデモクラシーに埋め込まれているのです。その意味で、ジャーナリズムの権力監視＝「ウォッチドッグ」は、別の言葉では、パブリックへの、市民社会への奉仕（Public Service）とも言われてきました。私たち皆が、学校で習い、すでに常識として持っている近代デモクラシーによる政治の理念、すなわちエイブラハム・リンカーンが、１８６３年のゲティスバーク演説で「人民の人民による人民のための政府はこの世界から消え去ることがない」と述べた理念は、今まで申し上げた仕組みの中で具体化され実現されていくはずのものでした。その「人民＝ピープル」とは、私たちひとりひとりであり、それは市民社会の構成メンバーであることに他なりません。

そのジャーナリズムは、これまでは公権力を監視するという使命を、果敢に、見事に、輝かしく果たしたこともありますし、無残にも破れ去ったこともあります。あるいは自らその使命を放棄し、積極的であれ、消極的であれ、公権力に、そしてそれと癒着した大企業や組織化された犯罪集団などに隷属し、結果として、市民社会の信託を裏切り、市民社会を災禍の中に陥れたことも少なくありません。

ジャーナリストのみなさん、市民社会のメンバーのみなさん、では今日、ジャーナリズムの状況はどうでしょうか。みなさんもご承知のように、ジャーナリズムはどこの国でも、この日本においても困難な状況にあります。政治的、経済的、社会的、技術的な環境変化の中で、とりわけ政治的・経済的な脅威を目の前にして、ジャーナリズムは新しい、リアルな危機の前に立たされています。いったいそのジャーナリズムの危機とは何でしょうか。それはジャーナリズムがその本来の使命を十分に果たすことができない、果たそうとしない、実際に果たさないということです。使命を果たそうとするジャーナリストにとっては、これは存立の危機ですし、職能的な危機です。自分たちの存在意義が問われることになる、そういう危機です。

危機に立たされたとき、当事者というものは危機を打開する試みを開始し、仲間とともにムーブメントを起こしてきました。ジャーナリストもそうです。世界のジャーナリストたちは、これまで、自分たちの力が衰弱してきたときに、それを挽回する努力をその都度開始してきました。つまり、自己革新、イノベーションの努力です。今日、そのムーブメントは探査ジャーナリズム（Investigative Journalism）というアイコンで立ち上げられています。探査ジャーナリズムというコンセプトによって、権力監視機能／ウォッチドッグ機能を発揮して、作品を出し、成果をあげ、読者、オーディエンスの期待に応え、市民社会からの付託を履行していこうというムーブメントです。それがジャーナリズムの市民社会に対するアカウンタビリティだからです。この運動は、様々なジャーナリスト、様々な組織によって担われ、牽引されています。CPJもその一つです。そして、このシンポジウムの協力者になっている、世界探査ジャーナリズムネットワーク（GIJN）もその一つです。

さて、ここで、この会議を主催しております、早稲田大学ジャーナリズム研究所について少し紹介をしたいと思います。研究所は、ジャーナリズムの改善と発展に貢献することを目的として2015年に設置されました。研究所はこのグローバルな自己革新の運動に参加するために、同年秋に早稲田探査報道プロジェクト（WIJP）を立ち上げて、準備の末、本年2月にワセダクロニクルの名称で、ウェブ上で発信を開始しました。創刊特集は「買われた記事」というタイトルで、そのシリーズは今も続いております。

そのワセダクロニクルは、日本で探査ジャーナリズムがどのようにして可能かを実証する社会実験です。その課題は二つあります。一つは日本の従来の既存メディアとは別の、どのような新しい探査ジャーナリズムのストーリーを打ち出していくことができるか。もう一つはその活動を持続的に可能にする組織モデル、財源モデルをどのように創り出せるかということです。ワセダクロニクルは米国のカリフォルニア大学バークレー校やアメリカン大学にあるような、大学を拠点としたニュース組織ではありますが（編者注＝ワセダクロニクルは創刊1年経った2017年に大学から独立し、ジャーナリズムNGOとなった）、米国の条件とは全く違う条件のなかでやっていかなくてはならない、ということを今私はひしひしと感じているところです。特に資金調達の環境条件が米国とは全く違っております。

さて、本日のシンポジウムは、前半では、日本の調査報道の過去・現在・未来について話し合い、後半ではアジアの四つの探査報道ニュース組織の代表が一堂に会し、現状と今後の課題について話し合ってまります。

ご来場のジャーナリストのみなさん、そして市民社会メンバーのみなさん。国連人権理事会の「表現の自由」特別報告者、デービッド・ケイ教授は、一昨日（２０１７年6月2日）、上智大学で記者会見を行いました。日本についての最終報告が先月末に発表され、やがて人権理事会に提出されます。ケイ教授がその記者会見でもっとも重視されていたことは、「メディアの独立」という項目でした。さらに私の印象に残りましたのは、ケイ教授が、その項目の中において、ジャーナリストの連帯の必要性、そして探査ジャーナリズムの進展の必要性を強調されていたことでした。それは政府やメディア企業に向けて発せられた他の勧告とは違って、日本のジャーナリストに対して発せられた勧告であり、メッセージでしたが、残念ながら翌日の新聞記事でそれに言及したものはありませんでした。

私たちがどのようなジャーナリズムを持ち、それにどのような成果を期待するか、これは私たち自身の問題です。今ここにいる私たちひとりひとりがこの問題の当事者にほかなりません。そして、それは国境を越えて、グローバルに活動するジャーナリストと、グローバルな市民社会によって共有された、共通の課題です。私たちはその課題にどのように立ち向かっていくのか、どういうアクションを起こしていくのか、それにどういう支援と援助をしていくのか。本日の会議がそのことを考える会議となり、議論の深化に貢献できることを願って、ご挨拶を終えたいと思います。どうもありがとうございました。

## 2．世界探査ジャーナリズムネットワーク（ＧＩＪＮ）からの挨拶

アレッシア・チェラントラ

世界探査報道ジャーナリズムネットワーク（ＧＩＪＮ）を代表して、またそのネットワークに連なっているジャーナリストたちを代表してご挨拶いたします。アレッシア・チェラントラと申します。ジャーナリストで、イタリアから参りました。

ここで少し、私の視点から事例を紹介させていただきます。世界の探査報道がどのような意味を持っているのか、私どものネットワークＧＩＪＮがどのような意味を持っているのか、ということです。

２０１１年という年、日本は東日本大震災、そして福島第一原発事故の危機に直面したわけですが、他方でウクライナのキエフでも重大な出来事が発生しました。そのキエフで世界探査ジャーナリズム会議（ＧＩＪＣ）が開催されました。その会議において、イタリアのジャーナリストがミーティングを持ち、そこに私も参加していました。ジャーナリストたちはそれぞれ様々な背景を持ち、異なる関心を持っていました。私個人は、日本に関心を持っていましたし、その他のジャーナリストたちはそれぞれほかの地域や問題をカバーしていました。そのミーティングでは、初めて会った人たちと一緒に、同じような背景をシェアしつつ、今後私たちがどのような形でジャーナリズムをやっていこうとしているのか、共に共有できるミッションがあるのではないかということを話し合いました。その経験を経て、その後、８人のジャーナリストはイタリアにおいても英米のモデルを参考に

しながら探査報道のネットワークを作っていこうということになりました。

　その数ヶ月後のことですが、イタリアにおける最初の探査報道ネットワーク「探査報道プロジェクト・イタリア（ＩＲＰＩ）」が２０１３年に設立されました。イタリアのネットワークではありますが、そのほかの地域にまたがる問題についてもカバーします。イタリアはマフィアの国で、国内には四つのマフィアグループがあります。汚職や組織犯罪は国際的な規模で行われています。これらのテーマをカバーしていく必要があります。ＧＩＪＣがあったおかげで、私たちイタリアでも探査報道ネットワークができたということです。いろんな関心を持った人たちが同じ旗のもとに集まって、新しい組織を作って、グローバルに探査報道を展開したいと考えたのです。

　国際的組織としてのＧＩＪＮには、世界中の65カ国から１４５の非営利組織（ＮＧＯ）が集まっています。今後も探査ジャーナリズムを促進する活動を進め、ジャーナリズムを実際に実践しているジャーナリストたちにトレーニングを提供し、そして国際会議を組織していくこと、さらに必要があれば法的な支援を提供することも行っていきます。詳しくはＧＩＪＮのウェブサイトをご覧ください。(http://GIJN.org/)。

　現在、ウェブサイトを5カ国語で提供し、探査報道に関する記事を掲載しています。できれば将来は日本語も可能にしたいと考えています。

　どのようにして情報を確保するのか、優れた事例を共有化し、どのように探査報道をすれば良いのかという情報提供を行っています。私たちの組織は非営利組織の連合体ですので、個々のジャーナリスト同士の間ではＳＮＳなどを通じて情報を交換しあっています。ＧＩＪＣを2年ごとに開催しています。今年（２０１７年）は11月に南アフリカのヨハネスブルクで開催予定です。探査ジャーナリストたちがそこに集まって、この1年間何をやってきたのかを報告し、他国のジャーナリストと協力しながら自分たちの探査報道を追究していきます。このような機会は非常に重要です。この1年を通じて、LINEやオンライン、メールを使って意見交換をしてきていても、直接会って話し合いができる場は貴重だからです。GIJCで新しいグループ、新しいチームを作ることも考えられます。昨年は、ICIJ（国際探査ジャーナリスト連合）とともに私たちGIJNのレポーターが中心になってチームを作って、4月にパナマ文書を公開しました。それもこの会議の成果のひとつです。日本のジャーナリストにもぜひ参加をしていただきたいと思います。

自分たちの国の中で探査報道を行おうとするとき、GIJCに参加することによって、どのような探査報道が世界中で行われているのかを知り、国を超えた国際的な調査の必要性に対しても対応できます。自分たちの国における報道規制を越えていくこともできます。イタリア人のジャーナリストにとっては、マフィアについて自国だけでカバーしていると孤立してしまいます。どうしても連携が必要です。会議に出席すると国際的なジャーナリストと交流することができますし、成果の国際的な発信を期待することもできます。それによって探査報道に力を付与することができるのです。

GIJNは、日本の方々にも参加していただき、GIJCを活用していただくことによって、ジャーナリストとしての力をさらに付けていただきたいと思っていますし、みなさんの仕事にとって有益なものになると思っています。また、孤立を回避することもできます。ぜひ、南アフリカで開かれる世界大会に参加してください。そこでまたお会いしたいと思います。みなさん、どうぞ頑張ってください。引き続き、探査報道の分野で協力していきましょう。

＊ワセダクロニクルは2017年11月に、南アフリカで開催された世界大会に参加し、二つのセッションでスピーカーを務めた。

## 3. 閉会挨拶◉「プレスの自由」を守るために団結し、脅威にさらされている僚友たちに支援を提供する——それがジャーナリストではないのか?

ジョエル・サイモン

みなさん、ありがとうございました。本当にすばらしい話し合いだったと思います。長い一日でした。ここにおられる方々はジャーナリズムとその将来のことを真剣に考えていると人たちだと思います。それを目の当たりにすることができて、すばらしかったです

まず早稲田大学ジャーナリズム研究所長の花田達朗教授、そして早稲田大学の友人のみなさまに、お礼を申し上げます。今回のイベントをまとめる上で、みなさんと一緒に楽しく仕事をすることができて、よかったと思います。ワセダクロニクルも心から賞賛したいと思います。この新しく革新的なメディア組織の立ち上げは、日本にとって、このアジア地域にとって、そしておそらく世界にとって、何というすばらしい名案でしょう。これからもわくわくする結果が生まれるように、ワセダクロニクルの幸運を祈りたいと思います。本日のイベントの2日前にも、上智大学と協力して行ったイベントがありました(編者注・2017年6月2日開催)。ここにはおられませんが、上智大学の植木安弘教授とともにそれを実現することができました。そして、ここ1週間ずっと一緒にいて、実に活発な議論が生まれるのを手伝ってくださった次の方々にお礼を申し上げます。今日のパネリストでもあったマーティン・ファクラーさん。CPJの同僚で、アジアプログラム・コーディネーターをしている

スティーブ・バトラーさん。彼は今日の会議でもすばらしい仕事をしてくれました。複雑な努力だったと思います。私たちは今週このあとミャンマーに行くことになっていますが、そこでもまた仕事が待っていますね。

キャサリン・キャロルさんは、ＣＰＪの理事会メンバーで、今日の第2セッションの司会をしてくださった。サンディ・ローヴェさんはこれまでの6年間ＣＰＪの会長を務めてこられ、この度交代されますが、私は楽しく一緒に仕事をさせていただきました。デービッド・シュレージンジャーさんも理事会メンバーで、ここに出席されています。今日の議論はすばらしいものだったと思います。国連人権理事会の特別報告者デービッド・ケイ氏の報告書が、日本にどんなインパクトをもたらしたか、どのような議論を引き起こしたかを見ることができたのはすばらしいことでした。

私のことについて言えば、日本に戻って来ることができて嬉しいと思っています。私は10年前にＣＰＪとともに初めて日本に来ました。その話をしたいと思います。

ＣＰＪにノーマン・パールスタインという理事会メンバーがおりました。彼はかつてハーバード大学のニーマンフェロー（現役記者のためのフェローシップ）だったことがあります。それは１９６０年代末のころの話で、その時奨学金を受けた彼の同級生に千葉敦子さんというジャーナリストがいました。彼女は１９８０年代に乳がんと診断されましたが、ちょっと勇敢なことをなされました、当時、病気について率直に語ることはタブーでした。彼女がしたことは、自分のがんとの闘いを週に1回、『朝日ジャーナル』のコラムに書くことでした。それは非常に人気があって、実際センセーショナルなことでした。悲しいことに、彼女は１９８７年に46才で亡くなりました。千葉さんが亡くなったあと、彼女を記念して小さな基金（千葉・ニーマン奨学金）ができました。千葉さんと親しかったパールスタイン氏はその基金の会長になりました。そして、その基金はアジアのジャーナリストに対してアメリカで研究するための奨学金を提供しました。

パールスタイン氏は今でもそうですが、アジアに熱い想いを持っています。彼はウォールストリート・ジャーナルの東京支局長だったこともあるし、アジア・ウォールストリート・ジャーナルのマネージングエディターだったこともあるからです。

「千葉・ニーマン奨学金」が20年間にわたりお金を出して、アジアのジャーナリストを毎年アメリカに送って勉強させたということがありました。20年たって手じまいになってしまったのですが、パールスタイン氏は「千葉・ニーマン奨学金」の残ったお金を日本でのＣＰＪのミッションを賄うために使いました。彼は、「プレスの自由」についてディスカッションを促進してほしいと考えました。それは２０１０年だったと思いますが、私は東京に来て、日本外国特派員協会で一つのイベントをしました。私たちは「プレスへの攻撃」という年次報告書を出しました。私たちは「プレスの自由」について今回行ったような議論をしようと試みたのです。

その訪問のあと、私たちは一連のいろいろな記事を書いたり、緊急声明やブログを出しました。「プレスの自由」にどういう攻撃がなされているか。そして、日本のジャーナリストの安全はどうなっているか、そのほかこの会場にいらっしゃるジャーナリストにとってはよく知られている問題について議論するようになりました。世界中で起こっていることを見出し的に言えば、「ロイターのために仕事をしている日本のカメラマンがタイのデモで殺害」「ビルマを取材中の日本のジャーナリストが逮捕され殺害」「アフガニスタン、イラク、シリアで日本のジャーナリストが殺害」ということになります。今日現在でも一人の日本のジャーナリストがシリアで人質になって捕らえられています。日本国内での「プレスの自由」に対する攻撃は、それに比べればそんなにひどいものではありませんが、しかしそれらも憂慮すべきものです。こちらも見出し的に言うなら、こんなふうになります。「ジャーナリストへの脅威：訴訟の山で葬り去られるジャーナリスト」「ニュース価値のあるイベントへのアクセスを断られるジャーナリスト」「懲罰的な新しい法律に脅されるジャーナリスト」。

私たちは、今述べたようなことを取材し、CPJのウェブサイトで発信してきました。

花田先生とファクラーさんが「プレスの自由」への攻撃について本日のイベントで話をされたと思います。その攻撃というのは、「プレスの自由」という権利を守る方法を見出す際に日本のメディアが直面してきたものです。その攻撃というのは、リアルであり、構造的です。

しかし、一点を指摘させていただきたい。ほとんどの民主国家において、そして民主的でない国でも、ジャーナリストの組織というのがあります。それは、国内での「プレスの自由」を守るために一緒に行動し、また海外で危険な環境で仕事をする僚友たちに支援を提供します。

ところが、日本はそうではありません。これは残念なことだと思います。

しかし、今日、「プレスの自由」を守れるかどうか、その〝賭け金〟は以前より高くなっていると思います。なぜかを説明させてください。

世界全体で「プレスの自由」が攻撃にさらされています。私の国のアメリカでもまったくそのとおりです。今の大統領は、ツイッターなどのメディアを使って、「プレスの自由」に対する未曾有の、言葉による攻撃を開始しました。ジャーナリストはアメリカではしっかりと立っています。もちろん、完璧ではありませんし、統一されてもいません。しかし、私たちの組織の次の会長であるキャサリン・キャロルが上智大学でのパネルディスカッションで述べたように、今アメリカのメディアは結束感を高めつつあります。あと一つ、この動きはジャーナリストが狭い意味での自らの利益を守ろうとしているのでないということです。メディアがあるひとつの制度

(institution)として、民主的な原則のために、そして人々の権利のために立ち上がるということなのです。人々の権利とは何かというと、人々が自らの決定を下すことができるように情報へアクセスする権利です。そして、権力の座にある者にアカウンタビリティ（履行責任）を守らせるためです。さて、ケイ氏が述べたように、日本はデモクラシーのリーダーです。アジアだけではなく、世界の「表現の自由」のリーダーです。

日本はその地位をキープすべきです。しかし、もしも日本で「プレスの自由」、すなわちデモクラシーの基礎的な柱であるものが浸食されるようなことがあれば、リーダーとしての地位を失ってしまいます。ケイ氏の批判に対する日本政府の反応を見るとき、ここにいるジャーナリストたちは、日本政府が「プレスの自由」を守るリーディング・ポジションを維持する上で頼れる存在だとは考えないだろうと思います。したがって、ここで私たちは、日本のジャーナリスト自身が日本のグローバル・リーダーシップを守るために何をするのかという点に至るのです。すなわち、ジャーナリスト次第だという点です。今、ジャーナリストはどのように自分たちを組織化するのか、あなたたちの権利を守るためにあなたたちは何をするのか、それは実際、あなた方次第なのです。しかし、私は心から希望します。日本のジャーナリストたちが前進する道を発見することができると。もう一度次の点を言わせてください。これはジャーナリストが、自らのプロフェッショナルな利益を守るための話ではありません。これはまさに、日本の人々の「知る権利」を守るという話なのです。より広く言えば、これは脅威にさらされているシステムの心臓部分にある価値の正当性を再確認することにより、グローバルな民主的秩序における日本のポジションを守ろうという話なのです。

本日、第1部と第2部のパネルディスカッションにおいて、ジャーナリズムが正義とアカウンタビリティ（履行責任）を広めることによって、どのように人々の生活にこれまでとは違うものを生み出すことができるかについて、多くの触発されるストーリーをうかがいました。命運がかかっているのは私たちの普遍的な価値なのです。だからこそ、その普遍的な価値を守るために、私たちは結束して立ち上がらなければなりません。

最後に早稲田大学の主催者にお礼申し上げたいと思います。特に花田先生にお礼を申し上げます。おかげで活発な、内容の濃い議論をすることができました。私のあとにどなたか謝辞を述べられる方がいるかわかりませんが、ＣＰＪとして申し上げれば、今回の会議はすばらしい経験でした。私たちはこのような対話をぜひ続けていきたいと思っております。ありがとうございました。

あとがき◉

# 国際シンポジウムを6項目で振り返る

スティーブン・バトラー

優れたジャーナリズムというものは厄介な仕事だ。優れたジャーナリズムは真実を明らかにする。その真実とは、ほとんどの人々にとって良いことかもしれないが、少数の人々にとっては、時に権力を持つ少数の人々にとっては悪いことかもしれない。私がこの「あとがき」を書いている間にも、米国の探査ジャーナリストたちは映画界の大御所ハーベイ・ワインシュタインの性的虐待の疑いを暴いてきた。結果はおそらく、彼の映画人としてのキャリアは終わるだろう。ロンドンとニューヨークの警察は彼を捜査の対象にし、映画芸術科学アカデミーからは追放されるだろう。暴いたジャーナリズムを賞賛するか批判するかを判断するのは難しい。この大きな不正行為を暴くことができたことは一つの成果ではあるが、暴露に至るまで、多くの人々が知っていたにもかかわらず、事件は何十年も埋もれ、放置されたままだった。なぜこれほど時間がかかったのか？　そう、優れたジャーナリズムとは結果が簡単に出ない、もどかしいものなのだ（訳注1）。

もしも探査ジャーナリズムに焦点を当てた早稲田大学での丸一日の会議から、何かのメッセージを引き出せるなら、それは次のようなことだろう。日本やアジアの地域では活発に探査ジャーナリズムを実行しようとすると、巨大な障害に阻まれるけれども、打ち勝つことができないというものではない。そして、会議に出席したすべての人は、壇上に登った人もそうでない人も、活発な探査報道を促進する方法を見い出そうとした。その早稲田大学のフォーラムでは質の高い探査ジャーナリズムにとって障害となるもの、そして逆にそれを促進するものについて議論されたのだが、ここでそれらの項目を論じ直してみよう。

## 1. 態度と社会規範

世界中のあまりにも多くの場所で、不正行為を明らかにするジャーナリストたちは殺害され、投獄され、あるいは襲撃を受けている。そのことが、私の組織「ジャーナリスト保護委員会（CPJ）」を忙しくさせている。非常に幸いなことに、日本はそのような場所の一つではない。しかし、日本の人々の社会的および政治的態度は、必ずしも活発な探査報道を支持しているとは言えない。

トーマス・ジェファーソンはアメリカの共和国の始まりにおいて、「我らの自由は、報道の自由にかかっている、それは喪失されることも、制限されることもあってはならない」と、述べた。そして、そのような態度はしばしば挑戦を受けてきたけれども、しかしそれが長い間アメリカの報道をおおやにかつ法的に支援するということを支えてきたのである。それは、たとえジャーナリズムが不愉快で、攻撃的であるように見えたときであっても、である。ジョン・マッケイン米上院議員は最近、「プレスは嫌いだ」と半分冗談で話した。続けて、「しかし、事実とは私たちが必要としているものだ」と付け加えた。この発言はもちろん、ドナルド・トランプ大統領がプレスを「人民の敵だ」とレッテル貼りをしたことへの応答である。過去にはなかった形で、今や米国ではこのことが闘いになっている。私の言いたい点は、様々な妨害にも関わらず、自由なプレスと活発な報道がもつ積極的な役割に対する社会的・イデオロギー的な支援が社会的のなかにあって、それが米国社会の奥深くにまで入り込んでおり、それが十分に奥深いのでプレスはトランプ政権の厳しい圧力を耐え抜くだろうという信頼感を抱かせているということなのである。このことは、日本国憲法でプレスの自由が強く明確に保障されているにもかかわらず、日本でプレスが安倍政権に相対するとき、日本ではそれほど当てはまらないことかもしれない。そこでは探査ジャーナリストは法的に自分自身を守る方法を見つける必要があるし、さらに彼らの仕事を高く評価し支援してくれる社会の強い構成員（市民）を見つける必要もある。彼らは市民に対して自分たちの価値を自分たちで明らかにして見せつけなければならないのだ。

## 2．財政的支援

探査ジャーナリズムは費用がかかる。主な理由は、制作できる量に比して時間がかかるということだ。それは読者を引き付けるかもしれないが、それで請求書の費用を支払うことは難しい。米国の多くのニュースメディアは、経費のために探査報道を中止したりチームを縮小させたりしている。幸いにも、強い意志を持った非営利のセクターが参入し、マスメディアのところでの損失分を大幅に補っている。日本の主要新聞の発行部数の減少は、業務を遂行する能力に確かに影響を与えたが、多くの海外のニュース事業に比べればまだ比較的健全である。

残念なことに、日本は政治的または社会的な論争に進展するようなニュースの生産活動を非営利モデルによって促進するという力を欠いている。そして、その気さえあれば日本自身が探査ジャーナリズムを十分に支援できるだけの裕福な国であるという事実があるために、海外の寄付者から支援を得るのはほとんど不可能だと言ってよい。台湾、韓国、フィリピンでは力強い展開が行われており、幅広い支持を得ている革新的なオンラインニュース事業のなかに探査業務を組み込むことは可能だということが証明されていると聞いた。もちろん、これらはすべて比較的新しい事業であり、その持続力が試されているのは確かだ。「報導者（The Reporter）」（台湾）、「ラップラー（Rappler）」（フィリピン）、「ニュース打破（Newstapa）」（韓国）は、日本にとって創造力をかきたて、希望を持たせ、そして可能なモデルを与えるものとなっている。ワセダクロニクルは、資金がほとんどないなかで高い品質の探査報道特集でスタートを切った。収益モデルはその作品の力の強さに引きずられて発展するだろうという期待のもとに、である。日本の社会はこのワセダクロニクルの努力をサポートするのに十分なだけ、確実に豊かであり、多様であるだろう。

## 3．独立性

日本を含む多くの国では、言論の自由に対する確固とした法的保護がある。しかし、報道の自由とは独立と同じことではない。それは、報道機関の編集者や記者が資金提供者・広告主・ビジネスパートナー・政治家・社会のなかの様々な人々などから取材に影響を与えるような潜在的な反応に恐れを感じることなく、テーマを追求することができるかという意味でだ。もちろん絶対の独立はどこにも無い。どんな国家であろうが、独立とは絶え間無い闘いなのでる。さらに、日本の社会やビジネスの特質が難問を提起する。政治やビジネスが密かに影響力を及ぼそうと水面下で画策するのだ。

２０１６年2月にある騒動が起きた。日本の高市早苗総務大臣が、政治的に偏向するテレビ番組が万一放送された場合、政府は放送事業者に放送を停止するよう命令することができると述べたのである。もちろん、実際には放送停止は起きなかったが、放送電波の停止をほのめかすだけで、放送免許を与えられて巨大な利益を生むビジネスを運営している放送事業者に対して恐怖を与え、批判的な報道を控えさせるのには十分である。これは放送規制機関が政府から独立していない日本にとっては特に問題となる。ジャーナリストは、内密にという条件で、異論の多いトピックの場合に経営陣から取材を避けるようにという圧力があったと話す。朝日新聞の特別報道部は、政府からの大規模な公開圧力キャンペーンの後に縮小された。本来ならば強靭な言論の自由を謳歌すべき多くの国々で（たとえばインド）、独立性が深刻な問題となっていることを言っておかなければならない。日本だけに特有な問題だというわけではない。

## 4．組織上のサポート

探査報道のチームは、必ずしも報道機関のほかの仲間に受け入れられているとは限らない。探査報道部は異なった働き方をするからだ。記事の締め切りは長くなる。表面的には、生産性が低いように見える。彼らは通常のニュースのサイクルから外れて働く。そこで働きたいという憧れをジャーナリストに奮い立たせる場所であるかもしれないし、または嫉妬が渦巻く競争の中心の場所であるかもしれない。日本の普通のジャーナリストは、政府省庁や業界と結び付いている記者クラブに加わることによって情報源にアクセスするというやり方に大きく依存している。探査ジャーナリストは、彼らの通常の情報源が微妙すぎると思うようなテーマを深く掘り下げている場合に、その情報源へのアクセスを失うという脅威を感じて、その仕事を遅らせることがあり得る。この問題は日本では特に深刻だ。なぜなら毎日のニュース生産の生命線である「アクセス・ジャーナリズム」に大きく依存しているからだ。したがって、放送メディアであろうと印刷メディアであろうと、大規模で伝統的なメディア機関の内部に活発に探査報道をする部局を置くことは、まったく不可能ではないけれども、難しい。しかし、それらの大規模な組織は探査報道の拠点となるべきである。なぜなら豊富な資源と多数の一般読者に届く手段を持っているからだ。読者層の減少という時代にあって、力強い探査報道は発行部数をあげる頼みの綱になるはずである。そして、もしもニュース組織がリーダーシップを発揮し、必要な資源をつぎ込むならば、まだ可能性はある。

## 5．人材の宝庫

人材とは日本がまったく抜きん出ている分野だ。早稲田大学のパネルに参加し日本の探査ジャーナリズムの経験について話をした3人のジャーナリスト、朝日新聞で特別報道部長を務めた依光隆明氏、NHKの熊田安伸氏、ユニークな北朝鮮報道を行ってきたアジア・プレス・インターナショナルの石丸次郎氏を見れば、そのことはほかを探さなくてもわかる。同様に、その創刊特集「買われた記事」が製薬業界、広告業界、そしてニュース業界に対して心地よくない観察者がいるということを示したワセダクロニクルもまたそうである。依光氏は東京の朝日新聞に入社する以前に高知県で地方の汚職をどのように暴露したかについて説明した。それは創意工夫に富むもので、現地の政治・ビジネスの場でいかに巧みな探査をしたかを示すものだった。したがって、日本の難題は、熟練したジャーナリストを見つけることではなく、ジャーナリストの才能が解き放たれるようなビジネス構造をいかに構築できるかにあるのだ。

## 6. コラボレーション

パナマ文書を構成するドキュメントの膨大さと、その資料の持つグローバルな性格のために、様々なメディアのジャーナリストが協力してその報道に取り組むことが不可欠であった。コラボレーション（協働すること）は、ほとんどのジャーナリストにとって天性ではない。しかし、日本においてさえ、通常は激しく競争している様々なニュースメディアのライバルジャーナリストがこの件では協働しようと努力した。これは新しいモデルを設定した。最近では多くの興味深いストーリーは国境を跨ぐ。私たちの会議の参加者たちは、他の国々の同僚とともに仕事をした努力の事例について語った。ある種のストーリーを取材する場合、現地でのコンタクトや情報の必要性から高いコストが発生する。そのことがこのような協働を不可欠なものにしている。早稲田大学での会議で積極的かつ直接的な成果の一つは、協働に関する覚書締結を含めて、参加者の間で共同の努力が進んだことだった。この種のコラボレーションは探査ジャーナリズムの強みをしっかり支えている。

以上6項目にまとめてみた。ニュースメディアは、今日それぞれの最前線で圧力にさらされている。技術の変化で、伝統的なビジネスモデルは衰退してきている。一方ではウェブを基盤にしている事業のなかには成長しているように見えるものもあるが、どのようなビジネスモデルが耐え抜けるのかを言うことは時期尚早だ。一人としてそれを完全に判断できた人はいない。ジャーナリズム製品の制作者の多くは、たとえばFacebookや日本ではYahoo! JAPANなどの配給チャンネルに対する主導権を失ってしまった。信頼性の高い情報に対する要求はこれまでにないほど高まっているが、しかし同時にあらゆるタイプのメディアは新しい政治的・社会的な圧力を受けて、独立した報道をすることがあらゆる場面で一層難しくなっているし、多くの国では不可能にさえなっている。

早稲田大学の会議を成功させるためにすばらしい努力をしてくださった花田達朗教授に感謝したいと思う。彼は早稲田大学ジャーナリズム研究所の所長として、日本で探査ジャーナリズムが生き続け成長できるよう重要な役割を果たしている。彼の援助のもとでワセダクロニクルは事業を展開している。この会議の開催が可能になるように、ジャーナリズム保護委員会（ＣＰＪ）が支援する役割を果たしたということを、私は誇りに思う。今回の会議とその内容の豊かさは、花田教授の志の高さと精力的な行動力のあかしであることを示している。私たちが非常に高く評価しているウォッチドッグのジャーナリズムの種を発展させることは可能であると明示できたのは、ひとえに彼のリーダーシップのたまものだ。私たちの出会いは、それを発展させることは簡単ではないということ、しかし必ずや可能だということを示した。この出会いから生まれる成果について私の抱く最大の希望は、この出会いが日本およびアジアの他の地域の僚友に、彼らが始めたすばらしい仕事を継続するためにさらなるエネルギーを供給することである。

＊訳注
（１）２０１８年4月16日、米国コロンビア大学ジャーナリズム・スクールは２０１８年ピューリッツァー賞（パブリック・サービス部門）を、ハーベイ・ワインシュタインのセクハラ疑惑の報道を２０１７年10月5日の紙面から開始した『ニューヨーク・タイムズ』と、同年10月22日の誌面から開始した『ニューヨーカー』（雑誌）に授与すると発表した。http://www.pulitzer.org/prize-winners-by-category/204

寄付モデルを採用し、4万人程度の寄付者が支える。
ウェブサイト：https://newstapa.org/

＊ラプラ（Rappler）
　フィリピンの非営利・独立のニュース組織。設立は2011年。視聴者参加型の時代にテレビはどう変わるのかという着想が出発点になった。

フィリピンでは世界的にみても最も早い1989年に、すでにフィリピン探査ジャーナリズムセンターが設立されている。

ウェブサイト：https://www.rappler.com/

＊報導者（The Repoter）
　台湾の非営利・独立のニュース組織。2015年に設立、創刊した。既成メディアの速報性を重視する姿勢に対抗する形で探査ジャーナリズムを掲げて設立された。寄付に際しては、寄付者に対して「所有せず」「干渉せず」「見返りを求めず」の3原則を求め、政治団体やそれに関係する人たちからの寄付を受け付けないなどの方針を掲げている。
ウェブサイト：https://www.twreporter.org/

＊米国ジャーナリスト保護委員会（CPJ：Committee to Protect Journalists）
　本部は米国ニューヨーク。ジャーナリストの権利の擁護や「プレスの自由」を促進するために1981年に設立された非営利・独立の団体。各国で発生する言論弾圧などを監視している。ジャーナリストや法律家など世界各国の40人の専門家から構成されている。
ウェブサイト：https://cpj.org/

＊早稲田大学ジャーナリズム研究所（Institute for Journalism, Waseda University）
　早稲田大学総合研究機構により承認されたプロジェクト研究所で、2015年4月1日に設立された。2015年3月に早稲田探査ジャーナリズムプロジェクト（WIJP: Waseda Investigative Journalism Project）をスタート。これを母体に早稲田クロニクルが創刊された。
＊世界探査ジャーナリズムネットーワーク（GIJN：Global Investigative Journalism Network）
　非営利・独立のニュース組織で構成する世界的なネットワーク。2003年に設立された。2年ごとに世界大会を開催するほか、ジャーナリストの活動に資するテクニックの共有や研修会も開催している。2018年現在、72ヶ国から163団体が加盟している。
ウェブサイト：https://gijn.org/

＊シェリー・リー（李雪莉）　LEE, Sherry Hsueh-Li

ジャーナリスト。台湾の調査報道メディア『報導者』の編集長。国立台湾大学ジャーナリズム大学院修士号取得、同大学院兼任講師、台湾記者協会常任監察委員。1999年に『聯合晩報』（台北）に入社し、記者としてのキャリアをスタートした。2000年に『天下雑誌』（台北）に移籍し、15年の間、政治経済部リーダー、副編集局長、教育特集編集長、北京特派員、映像センターのチーフ・プロデューサーなど、様々なポストで活躍。2012年からの2年間はニューヨークタイムズ中文版及び香港City Magazineに寄稿し続けていた。2015年暮れには新しく設立された『報導者』に移籍し、そこでは非営利探査報道メディアの強みを発揮し、外国人労働者の搾取問題、青少年と貧困問題、医療制度の欠陥など次々と大掛かりな調査プロジェクトを展開してきた。2018年9月、総主筆から編集長に就任。国際報道賞（2010年）、国際及び中国大陸報道賞（2012年）、テレビ報道深度報道賞（2013年）、卓越性特集特写賞（2011年）、卓越人権報道賞と卓越調査報道賞（2017年）などを受賞。

＊林 怡蓑　Lin, I-Hsuan

社会学者。立教大学社会学部メディア社会学科准教授。博士（社会情報学）。国立台湾大学文学院図書館学科卒、社会科学院新聞研究所修士課程修了。東京大学大学院人文社会系研究科・社会文化研究専攻・社会情報学専門分野修士課程、博士課程修了。専門はエスニック・メディア、オルタナティブ・メディア、ジャーナリズム研究。主な業績に『台湾のエスニシティとメディア――統合の受容と拒絶のポリティクス』（単著、立教大学出版会、2014年）、「管理職からみた『フリーランス』の理想と現実」『テレビ報道職のワーク・ライフ・アンバランス――13局男女30人の聞き取り調査から』（共著書、大月書店、2013年）、「華僑・華人の樹」『放送番組で読み解く社会的記憶――ジャーナリズム・リテラシー教育への活用』（共著書、日外アソシエーツ、2012年）、「震災報道の『顔』――河北新報の情報源を検証する」『新聞は大震災を正しく伝えたか』（共著書、早稲田大学出版部、2012年）、「ドキュメンタリー映像は社会的対話を生むか――台湾植民地統治をめぐる二作品から考える」『世界』801号（2010年2月号、岩波書店）など。

◆団体紹介

＊ニュース打破〈タパ〉（KCIJ Newstapa）

韓国の非営利・独立のニュース組織。設立は2012年。フィリピンに続き、アジアで2番目となる非営利・独立の探査ジャーナリズム組織。設立の中心になったのが李明博（イ・ミョンバク）政権による既成メディアへの圧力によって、解雇されたり、左遷されたりしたテレビ局のジャーナリストたち。月額1,000円の

＊マーティン・ファクラー　FACKLER, Martin

ジャーナリスト。ダートマス大学卒業後の1991年に、東京大学大学院に国費留学をした。帰国後、イリノイ大学でジャーナリズムの修士号、カリフォルニア大学バークレー校でも歴史学の修士号を取得。1996年からブルームバーグ東京支局、AP通信社ニューヨーク本社、同東京支局、同北京支局、同上海支局で記者の経験を重ね、2003年にウォールストリートジャーナルの東京支局の特派員となる。2005年からニューヨークタイムズ記者となり、2009年から2015年まで東京支局長を務めた。その後、財団法人日本再建イニシアティブ（RJIF）で主任研究員を務め、退任。現在は著作活動。2011年3月11日の東日本大震災直後から被災地を取材し、東北各地の被害を伝えるとともに、福島第一原子力発電所の事故、また日本の原子力行政や原発を巡る利権構造などについて探査報道を続け、2012年ピューリッツァー賞のファイナルリスト（次点）にノミネートされた。2005年には、インド洋津波の取材において、アジア出版協会（The Society of Publishers in Asia）から国際報道賞を受賞した。単著に『「本当のこと」を伝えない日本の新聞』（双葉新書、2012年）など。

＊ジェンマ・バガヤウア＝メンドーサ　BAGAYAUA-MENDOZA, Gemma

ジャーナリスト。フィリピンを拠点とする最初のソーシャルニュースネットワーク「ラプラ(Rappler)」の編集部門、技術部門、市民的活動部門の間の橋渡し役を務める。ラプラのデータジャーナリズムの取り組みを指導し、2013年5月と2016年5月の選挙結果のリアルタイムの統計と分析に中心的な役割を果たした。ラプラーに入社する前は、フィリピンの主なニュース組織の一つであるABS-CBNのニュースウェブサイト、ABS-CBNNews.comの編集長を務めた。軍における腐敗と市民への軽視を取り上げた『内部に潜む敵(The Enemy Within)』を出版。2011年にマリア・レッサ氏とともにラプラを設立する直前に、その本はニュースブレーク社によって出版された。政府と腐敗、防衛部門、災害などの社会問題の報道で、「ハイメ・V・オンピン調査報道賞」、ユニセフとフィリピン新聞協会の「子どもに優しいジャーナリスト賞」)、アジア開発銀行研究所の「開発アジアジャーナリズム賞」などを受賞。

＊依光 隆明　YORIMITSU, Taka'aki

ジャーナリスト。朝日新聞諏訪支局長。高知新聞社会部長、朝日新聞特別報道部部長、編集委員などを経て現職。高知県庁の不正融資を追求した報道で日本新聞協会賞、東日本大震災での福島第一原発事故後の連載企画「プロメテウスの罠」で石橋湛山記念早稲田ジャーナリズム大賞、日本新聞協会賞を受賞。共著に『黒い陽炎：県闇融資究明の記録』(高知新聞社)など。

＊ジョエル・サイモン　SIMON, Joel

ジャーナリスト。2006年からジャーナリスト保護委員会（CPJ）の専務理事(Executive Director)。彼は委員会の拡張期を指揮し、免責反対のグローバルキャンペーン（Global Campaign Against Impunity）の推進やジャーナリスト支援プログラムの設立などを担当し、技術プログラムを作り公開することによりCPJのデジタル空間におけるプレスの自由を守る活動をリードした。世界中のCPJのミッションに参加し、アルゼンチンからジンバブエまで世界各国を訪問してきた。彼の指導の下、CPJは報道の自由を守る活動で「国際的な正義と人権におけるトーマス・J・ドッド賞」(Thomas J. Dodd Prize in International Justice and Human Rights)、ニュース＆ドキュメンタリー・エミー賞（News & Documentary Emmy）など多くの賞を受賞している。アムハースト大学とスタンフォード大学を卒業。著書は『危機を迎えるメキシコ：崩壊寸前の環境（Endangered Mexico: An Environment on the Edge)』Sierra Club Books, 1997年）や『新たな検閲：メディアの自由をめぐるグローバルな戦いの中で（The New Censorship: Inside the Global Battle for Media Freedom)』Columbia University Press, 2015年。

＊田中 裕　TANAKA, Hiroshi

博士号取得候補者（doctoral candidate)。早稲田大学教育学研究科博士後期課程在学。立命館大学産業社会学部卒業後、2009年に北國新聞社に入社。記者としての勤務を経たのち退職し、2013年に早稲田大学教育学研究科修士課程へ入学。2015年に同研究科修士課程修了。修士論文は「新聞言説の生産と構造――文明開化と鶏姦罪を舞台として」。そのほか、「空間の領有に向けた身体的実践――対象の実在化と抵抗の契機としての翻訳」『社会学評論』69巻1号、2018年。「公害反対運動における『場所』と運動体の相互接続――補助線としての『地域間』の連帯」『早稲田大学大学院教育学研究科紀要別冊』26号1、2018年。

＊アレッシア・チャラントラ　CERANTOLA, Alessia

ジャーナリスト。イタリア調査報道ジャーナリズムプロジェクト（IRPI）およびポットキャスト Radio Bullets の共同設立者で、ジャーナリスト。東アジア、報道の自由、汚職、環境に焦点を当てたジャーナリズム活動をしている。2007年以来、イタリア、日本、韓国、米国からのレポートや特集記事がメディア横断的に出版され、放送されている。これまでの受賞歴には、ユネスコと国境なき記者団が主催する「報道の自由賞」(The Freedom of the Press Award 2012, Austria)や欧州のジャーナリストを支援する非営利団体DIGが主催する「DIG賞」がある。2015～2016年にはパナマ文書報道（日本担当チーム）に参加。

賞した。そのうち2016年のピューリッツァー賞の公共奉仕部門賞を含めてピューリッツァー賞を5回、ジョージ・ポルク賞を6回、海外記者クラブ賞(Overseas Press Club Award)を15回受賞した。

＊キム・ヨンジン（金 鎔鎭） KIM, Yongjin

ジャーナリスト。韓国で初めて設立され、かつ唯一の非営利調査報道団体である韓国調査報道センター（KCIJ）の編集長。KCIJは「番犬（Watchdog）」ジャーナリズムを提供するネットニュースサイト、「ニュース打破」（ニュースタパ）を運営する。1987年に公共放送局のKBSでジャーナリズム活動を開始。韓国ジャーナリスト協会（Journalist Association of Korea）の韓国ジャーナリスト賞受賞。また、「今年の放送ジャーナリスト賞」（This Year' s Broadcasting Journalist Award）を3度受賞した。2005年に、KBSで調査報道部を設立し、指揮した。2013年、韓国における報道の自由が厳しく抑圧されていると感じたため、KBSを退社。その後、KCIJを設立した。著書は『彼らは知っているが私たちは知らない（They Know But We Don' t)』など。

＊熊田安伸 KUMADA, Yasunobu

ジャーナリスト。NHK報道局・ネットワーク報道部専任部長。1990年ＮＨＫ入局。報道局社会部で国税庁・外務省・国会などを担当、経済事件班デスク、検察キャップ、調査報道班デスクを務める。公金の使途を追及する調査報道を一貫して続け、2004年にはＮＨＫスペシャル「調査報告　日本道路公団」で芸術祭優秀賞。2006年には民事裁判で取材源に関する証言を拒否し、最高裁が「取材源の秘匿」を認める初判断を示した。2011年の東日本大震災では仙台局で震災キャップを務め、復興予算の使い道を追及したＮＨＫスペシャル「追跡 復興予算19兆円」（2013年）でギャラクシー賞や放送人グランプリなど。

＊鄭 寿泳 JUNG, SooYoung

社会学者。成均館大学新聞放送学科研究教授。博士（新聞学）。成均館大学新聞放送学科、同大学言論情報大学院修士課程を卒業した後、1999年秋に来日して、2007年春まで7年半を東京に滞在。上智大学大学院文学研究科新聞学専攻に在籍、石川旺教授の指導の下で、新聞学修士号・博士号を取得。主な研究領域はメディア規範論、マス・コミュニケーション、ジャーナリズムなど。単著に『アカウンタビリティー、新たなメディア規範』（ソウル:コミュニケーションブックス、2015年)、共著書に『韓国社会とメディアの公共性：争点と展望』（ソウル：ハンウル、2012年）など。論文には「共感とコンパッション、情動：ジャーナリズム分析と批評の外延を拡張する試み」『コミュニケーション理論』第11巻4号(韓国言論学会、2015年12月)など。

＊木村英昭　KIMURA, Hideaki
ジャーナリスト。特定非営利活動法人（ジャーナリズム NGO）ワセダクロニクル編集幹事。早稲田大学法学部を 1995 年に卒業後、朝日新聞社に入社。九州や北海道などで勤務後、東京本社特別報道部・経済部で福島第一原発事故の取材などを担当した。早稲田大学を拠点にした早稲田探査ジャーナリズムプロジェクト（WIJP）の立ち上げに伴い朝日新聞社を 2016 年 8 月に退社、同プロジェクトのニュース組織兼発信媒体であるワセダクロニクルの編集幹事に就き、現在に至る。東電テレビ会議公開キャンペーン報道で 2013 年の早稲田ジャーナリズム大賞特別賞、朝日新聞「プロメテウスの罠」取材班として早稲田ジャーナリズム大賞（2012 年）と日本新聞協会賞 ( 同 ) などを受賞。主著に『検証 福島原発事故 官邸の一〇〇時間』（岩波書店、2012 年）など。

＊ワセダクロニクル Waseda Chronicle
非営利・独立のジャーナリズム NGO。早稲田大学ジャーナリズム研究所のプロジェクトとして 2017 年 2 月 1 日に発足。世界探査ジャーナリズムネットワーク（GIJN: Global Investigative Journalism Network）には 2017 年 6 月に正式加盟する。強制不妊手術をめぐる一連の探査報道で、2018 年の貧困ジャーナリズム大賞を受賞。

◆執筆者・発言者（50 音順）
＊石丸 次郎　ISHIMARU, Jiro
ジャーナリスト。アジアプレス大阪事務所代表。朝鮮世界の現場取材がライフワーク。北朝鮮取材は国内に 3 回、朝中国境地帯には 1993 年以来約 100 回。これまで 1000 人近い北朝鮮の人々を取材した。2002 年より北朝鮮内部にジャーナリストを育成する活動を開始。「北朝鮮内部からの通信リムジンガン」の編集・発行人。主作品に『北朝鮮難民』（講談社）、『北朝鮮に帰ったジュナ』（NHK ハイビジョンスペシャル）など。

＊キャサリーン・キャロル　CARROLL, Kathleen
ジャーナリスト。元 AP 通信社シニア副社長（Senior Vice President）、編集長（Executive Editor）。2002 年から 2016 年にわたって世界最大の独立ニュース機関 AP 通信社で報道の最高責任者を務め、北朝鮮やミャンマーに新設された支局を含めて 100 以上の国で仕事をするジャーナリストたちから上がってくる取材原稿に対して責任をもっていた。ジャーナリスト保護委員会（CPJ）の理事・副会長を務め、2017 年に会長となる。2003 年から 2012 年までピューリッツァー賞理事会（Pullitzer Prize Board）のメンバーを務め、2016 年にはその共同理事長を務めた。AP 通信社では、キャロル氏の指導の下、ジャーナリストが多くの賞を受

◆編著者紹介

＊花田 達朗　HANADA, Tatsuro

社会学者。早稲田大学名誉教授、東京大学名誉教授。早稲田大学政治経済学部卒業、ミュンヘン大学大学院博士課程満期退学。東京大学大学院情報学環教授、学環長を経て、2006年より早稲田大学教育・総合科学学術院教授。2007年より同大学ジャーナリズム教育研究所所長、2015年よりジャーナリズム研究所所長を務めた。2018年3月定年退職。2017年に日本外国特派員協会(FCCJ)報道の自由推進賞フリープレスのサポーター部門（Freedom of Press Award, Supporter of the Free Press)を受賞。主2018年2月より『花田達朗ジャーナリズムコレクション』（全7巻、彩流社）の刊行開始。第2巻『ジャーナリズムの実践　主体・活動と倫理・教育 2 （2011~2017)』を刊行済み。

＊スティーブン・バトラー

ジャーナリスト。ジャーナリスト保護委員会（CPJ）のアジアプログラム・コーディネーター。コロンビア大学政治学博士号を取得。アジア全体でジャーナリズム活動を展開し、1980年代半ばには韓国を拠点にファイナンシャルタイムズやクリスチャン・サイエンス・モニターの記事を書き、その後ファイナンシャルタイムズに入社。東南アジア、ロンドン、東京を拠点に活動を続け、取材のために中国にも定期的に通った。東京に10年間滞在した後、U.S. News & World Reportに入社し、ワシントンに帰り、米国のアフガニスタン・イラクにおける戦争のときにKnight Ridder社のワシントン支局に勤めた。2016年にジャーナリスト保護委員会に入る前は、現代世界事情研究所（Institute of Current World Affairs）の専務理事として南アジアや東アジアを含め世界中の研究所員と連携したり、ネット雑誌「OYZ.com」のシニアエディターおよびライターを務めた。台湾、香港、中国に在住し、仕事をしてきた。

＊渡辺 周　WATANABE, Makoto

ジャーナリスト。特定非営利活動法人（ジャーナリズムNGO）ワセダクロニクル編集長。1998年に早稲田大学政治経済学部を卒業、日本テレビに入社。2000年に朝日新聞に移籍し、特別報道部などで探査報道を手がける。早稲田大学を拠点にした早稲田探査ジャーナリズムプロジェクト(WIJP)の立ち上げに伴い朝日新聞社を2016年3月に退社、同プロジェクトのニュース組織兼発信媒体であるワセダクロニクルの取材・報道の総責任者（編集長）に就き、現在に至る。2017年に日本外国特派員協会（FCCJ）報道の自由推進賞フリープレスのサポーター部門(Freedom of Press Award, Supporter of the Free Press)を受賞。共著に『探査ジャーナリズムとＮＧＯとの協働』など。

編著者
＊花田 達朗（はなだ・たつろう）…社会学者
＊スティーブン・バトラー…ジャーナリスト
＊渡辺 周（わたなべ・まこと）…ワセダクロニクル編集長
＊木村英昭（きむら・ひであき）…ワセダクロニクル編集幹事
＊ワセダクロニクル…非営利・独立のジャーナリズム NGO

# 探査ジャーナリズム／調査報道
## ――アジアで台頭する非営利ニュース組織

2018年10月19日　初版第一刷

編著者　花田達朗、スティーブン・バトラー、渡辺周、木村英昭、
ワセダクロニクル ©2018
発行者　竹内淳夫
発行所　株式会社 彩流社
〒102-0071 東京都千代田区富士見2-2-2
電話　03-3234-5931
FAX　03-3234-5932
http://www.sairyusha.co.jp/

編　集　出口綾子
装　丁　福田真一［DEN GRAPHICS］
印刷　モリモト印刷株式会社
製本　株式会社難波製本

Printed in Japan　ISBN978-4-7791-2497-6 C0036
定価はカバーに表示してあります。乱丁・落丁本はお取り替えいたします。